学生问题教育方案丛书

丛书主编：孟万金　官　群

青春期问题与教育方案

刘在花　编著

中国轻工业出版社

图书在版编目（CIP）数据

青春期问题与教育方案／刘在花编著．—北京：中国轻工业出版社，2009.9（2013.10重印）

（学生问题教育方案丛书）

ISBN 978-7-5019-6925-8

Ⅰ．青…　Ⅱ．刘…　Ⅲ．中学生－青春期－健康教育－研究　Ⅳ．G479

中国版本图书馆CIP数据核字（2009）第057233号

总 策 划：石　铁

责任编辑：朱　玲　覃云云　孔胜楠　　　封面设计：海马书装

责任终审：杜文勇　　　　　　　　　　　责任监印：吴维斌

出版发行：中国轻工业出版社（北京东长安街6号，邮编：100740）

印　　刷：三河市鑫金马印装有限公司

经　　销：各地新华书店

版　　次：2013年10月第1版第3次印刷

开　　本：710×1000　1/16　印张：18.50

字　　数：178千字

书　　号：ISBN 978-7-5019-6925-8　定价：28.00元

读者服务部邮购热线电话：400-698-1619　010-65125990　传真：010-65262933

发行电话：010-65128898　传真：010-85113293

网　　址：http://www.wqedu.com

电子信箱：wanqianedu1998@aliyun.com

如发现图书残缺请直接与我社读者服务部（邮购）联系调换

90105J5X101ZBW

丛书总序

孟万金
（中央教育科学研究所心理与特殊教育研究中心 主任）

教育的最终目的是培养身心和谐健康的人。学生的心理行为问题不仅影响着学生身心的和谐发展，也给教师带来了巨大的挑战和压力。许多中小学教师在教育实践中尝试摸索，却苦于找不到行之有效的方法。由此，帮助教师科学有效地应对学生的心理和行为问题，提高教师的心理健康教育能力，就成为教育心理学工作者责无旁贷的历史使命。

近年来，中央教育科学研究所心理与特殊教育研究中心全体研究人员根据上级领导制定的“服务决策，指导实践”的科研方向，建立起心理和行为实验室，潜心致力于学生心理和行为问题的研究。本中心不仅申请了多项国家级课题，进行深入的理论研究，还发展了上千所实验学校，深入实践，探索学生心理健康教育的途径和方法。大量的专业研究和实践使我们逐渐形成了解决学生心理和行为问题的思路，那就是：以积极心理健康教育思想为理论指导，以改变教师的认知为出发点，以提高教师的专业知识为基础，以案例分析和实践反思为手段，最终着眼于提高教师的教育能力。本套丛书就是我们多年研究的积累，也是我所主持的全国教育科学“十一五”规划课题（批准号：FBB060244）研究的阶段性成果，更是我们团队集体智慧的结晶。

本套丛书共包括六本，涉及学生的学习问题、行为问题、情绪问题、自我问题、品德问题以及青春期问题这六大类问题。它们一方面体现了学生完整的心理结构，同时也反映了教育现实中的集中而突出的问题。六本书的内容既相对独立，自成系统；又纵横兼顾，整体协调，逻辑统一。不同的读者可以根据自己的兴趣和实际需要，有针对性地阅读。

在编写上，本套丛书着意突出以下几个特点：

第一，实践性。本套丛书从教育实践中的典型案例入手，继而对案例中的问题进行分析解读，提炼有针对性的教育策略，最后通过教育个案展现解决学生问题的具体过程和方法，使读者易于操作。同时，书中搜集了大量优秀教师的经验和方法供广大读者参考和借鉴。在每章的最后还设立了“反思驿站”的环节，帮助教师针对自己的实践进行反思和改进，将学习与实践紧密结合，促进教师成长。

第二，科学性。书中所涉及的教育学、心理学的概念和知识力求体现专业性和科学性，对问题的分析和解决之道的论述言之有据，言之有理，言之有用。使读者能够获得客观准确的专业知识。

第三，可读性。本套丛书主要面对广大的一线教师，也可供学生家长阅读参考，内容通俗易懂，形式生动活泼。既有专业的教育学、心理学知识，也穿插了心理学故事、经典实验等丰富有趣的内容，帮助读者拓展思路，加深理解。

本套丛书由我和美国卡内基梅隆大学心理学专家、联合国教科文组织国际项目官员官群博士共同主编，我负责国内学生问题的收集、梳理和分类，官群博士负责国外关于学生问题及其对策研究等资料的收集和整理，在此基础上，确定了中国学生问题的六大类型和丛书编写的基本思路、框架、原则和体例以及丛书的整体设计。其中，刘在花博士撰写青春期问题与教育方案，单志艳博士撰写学生学习问题与教育方案，张彩云博士撰写学生行为问题与教育方案，赵小红老师撰写学生品德问题与教育方案，张冲博士和刘玉娟博士撰写学生情绪问题与教育方案，孙嘉卿博士撰写学生自我问题与教育方案。成书后我和官群博士负责总统稿，张彩云博士协助做了不少具体工作，提出了很好的建议，为本套丛书付出了大量心血。我的研究生李蒙、张静、刘美艳、秦建伟、崔凤琴、李娜、刘芳、赵庆协助做了一些外文资料的翻译和基层调研工作。

本套丛书的出版得到了中央教育科学研究所领导的关心和同志们的鼓励，得到了出版社总策划石铁先生和万千教育诸位编辑的悉心指导和帮助，在此一并致谢。

诚然，丛书也会有疏漏不当之处，敬请读者不吝指正。如果本套丛书能够帮助教师和家长解决一点当前学生心理与行为上的实际问题，则幸莫大焉！

是为序。

2009 年 5 月

前　言

近年来，因中学生青春期心理问题和心理困扰而造成的社会问题频频见诸于新闻媒体。这说明，中学生青春期问题教育已刻不容缓，如果贻误时机，将会给他们、家庭和社会造成不良影响。因此，重视中学生青春期心理问题和心理困扰，积极向他们开展心理健康教育与心理咨询工作，关注他们心理的健康成长，塑造健全的人格，培养积极乐观、豁达的人生态度和处事方式，已成为广大教育工作者和家长的普遍共识和迫切要求，也是心理学工作者义不容辞的责任。

本书是本人积十余年从事青少年心理与教育问题的理论研究以及长期从事心理咨询与心理治疗实践的成果。本书从教师的视角，揭示了如何对青春期的学生进行心理健康教育与心理咨询工作。

本书共有十章，内容翔实，资料丰富。第一章简要介绍了中学生青春期的生理、心理特点、中学生青春期易出现的心理问题以及中学生青春期问题教育策略，目的是给教师一个总体的认识。第二章至第十章内容围绕目前中学生青春期最常见的和最突出的心理问题和心理困扰展开，每章内容包括“章节导读”、“名家名言”、“情境故事”、“问题解析”、“教育策略”、“教育个案”和“反思驿站”几个部分。“章节导读”部分以问题的形式列出了每章要重点介绍的主要内容。“名家名言”部分是与每章内容密切相关的名言、警句等。“情境故事”部分是与每章内容相关的、发生在青春期中学生当中的一些典型的、鲜活的案例，以此引起教师的思考。“问题解析”部分从青少年自身、家庭、学校和社会四个角度剖析了中学生青春期问题发生的原因。“教育策略”部分从心理学、教育学视角提出了解决中学生青春期问题的对策、措施、建议和治疗方案等。“教育个案”部分向教师完整地展示了如何对存在青春期困扰的中学生典型个案进行教育的过程，以便教师掌握和灵活运用。“反思驿站”部分为教师提供了练习、体验、反思的园地，以利于教师学习、掌握新的思维方式和行为模式，改变原有的、不正确的处理问题的方式方法。

本书实用性强，所介绍的内容都是当前我国青春期中学生面临的主要问题和心理困扰。在写作风格上，力求浅显易懂，取消了专业性比较强、深奥难懂的心理学基本理论、心理咨询的基本理论与心理治疗方法，而是以案例的形式向教师娓娓道来，以便教师理解、掌握和运用。本书操作性强，避免了概念化和空泛化的缺陷，利于教师借鉴所介绍的方式方法，解决自身面临的实际问题。此外，该书结构严谨，逻辑性强，语言简练，案例生动、具体，可读性强。

衷心希望这本书能够对教师的工作、生活、学习有所帮助，对教师的教育教学有所改变。当然，本书不是包治百病的灵丹妙药，不可能完全适应于每一位教师。但是，我希望这本书确实能为教师提供一种正确的思路，展示一些行之有效的教育策略和方式方法。

在本书的写作过程中，本人查阅、参考了大量文献，在此向上述文献的作者致以深深的敬意和诚挚的感谢。如有疏漏之处，敬请谅解。

由于本人水平有限，书中不妥及错误之处在所难免，恳求读者批评指正！

刘在花

中央教育科学研究所心理与特殊教育研究中心

2009年4月29日

主编简介

孟万金　心理学博士，教授，博导。中央教育科学研究所心理与特殊教育研究中心主任，美国佛州大学客座教授。《中国特殊教育》杂志社社长。“中国大/中小学生积极心理品质量表”研制组中方联络员兼首席专家。

官　群　心理学博士，美国卡内基梅隆大学博士后，联合国教科文组织国际项目官员。中美英教育家网络联盟秘书长。“中国大/中小学生积极心理品质量表”研制组美方联络员兼首席专家。

作 者 简 介

刘在花，女，汉族，1975年2月生。籍贯：山东省诸城市。1994—1998年就读于山东师范大学教育系，1998—2001就读于山东师范大学教科院心理系，师从张承芬教授从事教育社会心理研究，获硕士学位，2001—2004就读于北京师范大学心理学院，师从许燕教授从事人格心理与心理咨询研究，获博士学位。2004年7月到中央教育科学研究所心理与特殊教育研究中心工作，担任《中国特殊教育》副主编，主要从事发展与教育心理、人格心理与心理咨询研究。世界银行课题主持人，教育部哲学社会科学规划重点课题、全国教育科学规划“十五”、“十一五”课题主要研究人员。截至目前，撰写《儿童社会智力》、《青春期问题与教育方案》两部专著，参编心理健康教材、广告心理学等多部著作。在《心理科学》、《中国教育学刊》、《当代教育科学》、《上海教育科研》、《中国特殊教育》、《教育科学研究》、《外国教育研究》、《民族教育研究》等全国中文核心期刊、全国哲社类核心期刊上发表学术论文30余篇。

目　录

第一章

走进中学生青春期的心理世界

青少年好比蝴蝶，他们经历着从毛毛虫到蝴蝶之间的层层蜕变。这种蜕变充满着潜能，但又很脆弱。

——世界卫生组织驻华代表 司徒农博士

★ 青春期是人生的哪一时期？

★ 青春期少年具有哪些生理和心理特点？

★ 为什么说青春期是一个充满矛盾的时期？

★ 中学生青春期会面临哪些主要问题？

第一节　青春期解读

青春期是个体生理和心理发生急剧变化发展的特殊时期，是个体从幼稚走向成熟、从家庭步入社会的重要转型时期。那么，到底何为青春期？中学生青春期的生理、心理特点有哪些？下面，我们就慢慢掀开青春期的神秘面纱。

一、何谓青春期?

青春期又叫青春发育期，有广义和狭义之分。青春期从广义上指从儿童发育到成人的过渡时期，狭义上指第二性征开始出现到性成熟以及体格发育完全的一段时期。青春期是人的一生中生长发育的重要时期，是决定人一生的体质品质、行为、性格和智力水平的关键阶段。因此，青春期被誉为是“人生的第二次诞生”。因为青春期的青少年生理发育和心理发育会发生急剧动荡变化，所以，心理学家称这一时期为“第二次危机”。一般来说，女孩子的青春期比男孩子早，大约从10～12岁开始，而男孩子则从12～14岁才开始。由于青春期开始的年龄个体差异很大，所以世界卫生组织（WHO）将青春期的年龄界定为10～19岁。

青春期可以分为三个阶段：

青春前期：10～13岁，人生长发育最快的阶段。

青春中期：13～17岁，以生殖器官和第二性征明显发育为特征，女性出现月经，男性出现遗精。

青春后期：17～19岁，生理上的变化逐渐缓慢下来，性器官和第二性征发育成熟。

二、触摸青春期——中学生青春期的生理、心理特点

心理学家霍尔认为，孩子到了青春期，他们的“身体与心理跟以前相比，大为不同，而发展的趋势是跳跃而来的。他们对于社会的义务感和新的爱情生活忽然惊醒”，“他们既不了解世界，又不了解本身生理的发展所引起的心理变化。”对青春期，不同的心理学家有不同的认识，霍尔用“危机时期”来概括，而盖脱则

用“暴风骤雨时期”来概括，弋特又用“疾风怒涛时期”来概括。究竟，青春期少年的生理、心理会发生哪些变化呢？

（一）青春期的生理特点

青春期是人体迅速生长发育的关键时期，也是继婴儿期后，人生第二个生长发育的高峰期。这一期间，不论少男还是少女，他们在身体内外部都会发生许多巨大而奇妙的变化。了解和掌握青春期的身体变化，便于教师帮助青少年顺利地度过青春期。

1. 女性青春期的生理特点

对于女性来说，青春期是指从月经来潮到生殖器官逐渐发育成熟的时期。他们这个时期的生理特点是身体及生殖器官发育很快、第二性征形成、开始出现月经。

(1) 全身发育：随着青春期的到来，全身发育迅速，逐步向成熟过渡。

(2) 生殖器官的发育：随着卵巢发育与性激素分泌的逐步增加，生殖器官的各部分也有明显的变化，称为第一性征。例如，外生殖器从幼稚型变为成人型。

(3) 第二性征：是指除生殖器官以外，女性所特有的征象。例如，女孩的音调变高，乳房丰满而隆起，出现腋毛及阴毛等。

(4) 月经来潮：月经初潮是青春期开始的一个重要标志。由于卵巢功能尚不健全，故初潮后月经周期也无一定规律，需经逐步调整才接近正常。

2. 男性青春期的生理特点

男性在青春期身体将发生一系列引人注目的生理变化，这个时期是男子成长发育的最佳时期。无论在形态上还是在生理上，男性都有较大的改变。除身高、体重猛增外，生殖器官逐渐向成熟的方面发展，另外第二性征发育，如声音变粗、胡须和腋毛开始长出等。

（二）青春期的心理特点

青春期是青少年生长发育的高峰期，也是心理发展的重大转折期和动荡期，此时其心理特点主要表现为：

1. 情绪情感特点

青少年的情绪情感世界丰富多彩，并且充满“狂风暴雨”，常常表现为感情冲动和短暂的不稳定状态，孤独、忧伤、激动、喜悦、愤怒等情绪微妙地交织在一起，形成一个强烈、动摇和不协调的情感世界。此时，他们的道德观也发生了很大变化，对成功人士、名人崇拜得五体投地，对坏人坏事疾恶如仇；他们追求公平公正，一旦发现某人有私心杂念，就会嗤之以鼻。青少年由于没有形成稳定、客观的分辨是非的能力，缺乏正确评价自己和他人的能力，对勇敢与强暴、美好与丑恶、民主与法制、友谊与哥们义气、理想和现实等没有明确的认识，导致情感不够稳定，很容易从一个极端走向另一个极端。

2. 人际交往特点

处在青春期的学生，他们与父母的沟通与交流逐渐减少，与同伴一起活动、交流的时间逐渐增多。他们把志趣相投的同学视为知心朋友，无话不谈，形影不离，视友谊至高无上，甚至为朋友两肋插刀。他们的这些行为正是典型的心理断乳表现，只是发生得太快，家长没有心理准备，所以很难理解。此时，家长越束缚他们，他们离家长越远，甚至逃离家庭。

同时，青春期是性心理萌芽期，性意识的骤然增长使得青少年对性知识特别感兴趣，对异性的神秘感产生强烈的好奇心，有比较强烈的交往欲望，主要表现为：开始注意自己形象，特别是异性同学对自己的评价；尝试与异性交往，但心理活动很复杂，在渴望接近对方的同时，又害怕别人发现，结果交往过程神神秘秘、羞羞答答，显得十分别扭。一般情况下，他们交往并不是真正意义的恋爱，只是彼此有共同的语言和彼此欣赏。但是，由于表现的异样，容易成为其他同学的谈资，一经某些同学的夸大处理便成为有色新闻，令当事人非常尴尬，甚至引发严重的心理负担，直接影响学习和生活。

3. 思维特点

思维是人的高级心理活动，初中阶段，青少年抽象逻辑思维开始发展，对一般问题能透过现象进行概括和总结；高中阶段，青少年抽象逻辑思维、创造性思维迅速发展，能够从不同的角度、多维立体地考虑问题，并且通过综合、分析、推理找出本质和规律。所以，在此阶段，他们好辩论，喜欢钻牛角尖，打破砂锅问到底；敢于挑战老师和家长，呈现出初生牛犊不怕虎的闯劲。此时，他们如果过度强调抽象逻辑思维，就容易脱离实际，得出片面结论或绝对化结论，如果过于推理论证，就有可能为坚持己见而表现为强词夺理。

（三）矛盾的青春期心理

1. 独立性和依赖性的矛盾

青春期的青少年在心理特点上最突出的表现是出现成人感，由此而增强了青少年的独立意识。例如，他们渐渐地在生活上、学习上不愿受父母、教师、长辈过多的照顾或干预，做什么事情都有自己的主张和意见，否则心理便产生厌烦情绪，对一些事物是非曲直的判断，不愿意听从父母的意见，并有强烈的表现自己意见的愿望；对一些传统的、权威的结论持异议，往往会提出过激的批评。但是，由于社会和生活经验不足，他们经常碰壁，又不得不从父母、老师那里去寻找方法、途径或帮助，再加上经济上不能独立，成人的权威作用又迫使他们去依赖成人，这样导致青少年产生既渴望摆脱父母、老师的管束，又渴望得到他们指导的矛盾心理。

2. 成人感与幼稚感的矛盾

青春期青少年的心理特点突出表现是出现成人感——认为自己已经成熟，长成大人了，因而在行为举止、思想认识、社会交往等方面，表现出成人的样式，在心理方面则渴望别人把他们看做大人，尊重他们、理解他们。但是，由于涉世不深、社会和生活经验不足以及知识的局限性，青少年在思想和行为上往往表现出比较大的盲目性，易做傻事、蠢事，带有明显的孩子气、幼稚性。

3. 开放性与闭锁性的矛盾

青春期的青少年需要与同龄人，特别是与异性、与父母平等交往，他们既愿意将内心的秘密坦率地告诉自己信赖的人，也渴望他人和自己一样彼此间敞开心扉。由于每个人的性格不同、想法不一，往往使他们的这种渴求找不到释放的对象，他们只好将一些事情隐藏在心中，有的还会以写日记的方式缓解心理上的矛盾。于是就形成既想让他人了解又害怕被他人了解的矛盾心理。

4. 渴求感与压抑感的矛盾

由于独立意识、抽象逻辑思维能力的增强和成人感的产生，青春期的青少年非常渴望融入社会、适应社会，渴望独立，渴望得到他人的理解、认可和尊重。另外，由于性的发育和成熟，青春期的青少年出现了与异性交往的渴求。比如，想了解异性，喜欢接近异性，想获得性知识，喜欢在异性面前表现自己，甚至出现朦胧的爱情念头等。但由于学校、家长和社会舆论的约束、限制，青春期的青少年在情感和性的认识上存在着既渴求压抑的矛盾状态。

5. 自制性和冲动性的矛盾

青春期的青少年在心理独立性、成人感出现的同时，自觉性和自制性也得到了加强，在与他人的交往中，他们主观上希望自己能随时自觉地遵守规则，履行义务，但客观上往往难以较好地控制自己的情感，有时会鲁莽行事，使自己陷入既想自制又易冲动的矛盾之中。

青春期青少年的心理就是在这种矛盾中形成并慢慢趋于成熟，是一个自然过程。教师要注意尊重与信任青少年，多与他们交流感情，了解他们的心理，协助他们把生活安排得充实且有意义。

行为检测

青春期的心理转折测试

每个人步入青春期这段"崎岖、狭窄而又坎坷"的人生峡谷时，都会遇到大量的关系适应问题。

心理卫生和精神疾病所说的适应，主要是指对人际关系、对社会的适应。怎样才算适应良好呢？一些心理学者通过研究提出40条标准，中学生可以根据这40条标准进行自我鉴定。

1. 对家庭、班级和学校的生活感到很习惯。
2. 能以一定的灵活性适应周围的人际关系。
3. 对事情总是有明确目的，在一般情况下能说到做到。
4. 当自己的行为遭到反对时，能及时地自我调整，不一意孤行。
5. 经常留心周围人际环境的变化。
6. 有助人为乐精神，肯关心帮助别人。
7. 对周围的人持信任态度。
8. 待人热情、友善，而不是冷漠无情。
9. 能站在别人角度体会他们的内心感情。

10. 讲良心，做了错事感到内疚。
11. 能基本正确地评价自己的各种品质。
12. 有适度的自尊心。
13. 以积极态度看待自己的形象。
14. 没有明显的自卑感。
15. 有一定的自我控制能力。
16. 在多数情况下能独立决定自己的行为。
17. 懂得学习的重要性，学习态度端正。
18. 对家庭和学校生活感兴趣，认为自己是幸福的。
19. 学习不感到非常困难，经过努力可以达到中等或中等以上水平。
20. 在集体生活中有一定的责任感，愿为集体出力。
21. 对学习和课外活动有主动精神。
22. 不做多数人反对的事。
23. 在集体中占有一定的位置，不是被遗忘的人。
24. 按时作息，睡眠良好。
25. 没有经常头痛现象。
26. 从来没有记忆突然减退、学习成绩大幅度下降的现象。
27. 能和异性同学正常交往。
28. 对自己的性发育情况有正确的了解和评价。
29. 对“性”的问题好奇，但不过分关注。
30. 没有不良的性行为习惯。
31. 没有明显地陷入早恋而不能自拔。
32. 在一般情况下，情绪正常、乐观。
33. 对困难和挫折有一定的承受能力。
34. 能控制自己的愤怒、焦躁和忧虑等不良情绪。
35. 有一定的胆量和勇敢精神。
36. 在多数情况下表现诚实。
37. 对不公正的事情表示气愤。
38. 愿意承担自己应承担的义务。

39. 对父母有爱和依恋之心。

40. 对自己的前途充满希望和信心。

计分方法与结果说明：

对每一题，先对照自己平时的实际表现想一想，能做到或基本能做到的记1分，否则记0分。总分在36分以上为适应非常好；29～35分为适应良好；24～28分为尚能适应；23分以下为适应不良；15分以下为严重适应不良。

[青春期的心理转折测试．广西教育，2007（7、8）：89.]

第二节 躁动的青春——中学生青春期问题扫描

面临内心的在青春期这一躁动的时期，青少年在生理和心理方面都会发生急剧变化，同时也会遇到诸多问题和困惑。

一、盲目追星

追星是青少年中普遍存在的现象。据调查，大约有85%的中学生坦言自己有崇拜的明星。其中，有一部分青少年甚至达到了狂热和痴迷的地步。盲目追星是指青少年对影视、歌唱、体育等各路明星的过度爱慕、追求、崇拜和迷恋。其表现为青少年毫无节制地整日沉浸在对明星的关注和幻想之中，并由此而对明星产生身心依赖。他们把能与歌星、影星、球星、笑星等见面、签名、留影、聊天等作为人生的全部内容和唯一追求。为了追星，他们一意孤行，不惜荒废学业，浪费青春，牺牲亲情、友情、家庭乃至健康与生命。青少年因盲目追星而发生的人间悲剧并不鲜见。

2003年4月1日晚，张国荣跳楼自杀。消息发布后的第二天，巴南区南泉的一名17岁少女就辍学，从此三年足不出户，不管什么人来找她，她都闭门不见。

2005年12月17日，在周杰伦广州演唱会上，17岁的瘫痪少年周枫服下了30粒安眠药，后经抢救脱险。经了解得知，周枫自杀的原因竟然是因为没有希望见到周杰伦，他坚持认为“为周杰伦死值得”。

2007年3月25日夜，发生了震惊全国的“杨丽娟事件”。兰州疯狂追星女杨丽娟因为不满足于只与偶像刘德华留影纪念，致使其年近七旬的老父杨勤冀跳海自杀。杨丽娟自1994年15岁时因为梦见了刘德华，便开始了其长达13年的漫漫“追星之旅”。她“专职”追星：不上学，不工作，足不出户，每天除了欣赏刘德华演唱会VCD外，就是从各种娱乐杂志上剪贴刘德华的相片。除了父母，杨丽娟几乎没有其他说话的对象。13年里，一家三口三次赴港、六次进京追“华仔”，倾家荡产。为了实现杨丽娟与刘德华见面的梦想，杨勤冀甚至想卖肾来筹措路费。

知识窗

一项对中学生的调查显示：在崇拜偶像一栏中，高达86%的学生选择了歌星、影星，其他14%的学生则选择了企业家、科学家等。由此可见青少年追星的程度。

二、早恋

2005年5月8日，南京一对夫妇“五一”旅游回来，发现15岁的上初中的儿子和同班女同学已在家同居。

2006年10月11日，云南省昭通市鲁甸县梭山中学初三学生彭启荣，制造了一起令人震惊的校园爆炸事件。16岁的少女蔡发春，成了无辜的牺牲者。事后警方发现彭的日记中有“我爱的人不爱我”之类的记载。

2007年夏天，江西某县一名15岁的女生莫名其妙地“发胖”，其母拉着女儿到医院做检查，结果让所有的人都大惊失色，这名女生竟然已怀孕5个月！经追问，胎儿的父亲是一名16岁高中男生。虽然女生在医院做了堕胎手术，但这事给两名花季少年的身心带来了无法弥补的伤害，男孩在家人的安排下远去广东上学，女孩则再也没有脸面重返学校，小小年纪就远走他乡打工去了。

2007年12月18日，《江南都市报》刊载了一条消息，令人触目惊心。南昌站南路一名年仅10岁的小学女生从7楼跳楼自杀，急送医院后宣告不治。记者从现场群众口中了解到，女孩跳下后被空中障碍物挡了一下，落地后神志还清醒，当有人问女孩为何坠楼，她轻声说是因为与男生的感情问题而不想活了。警方从女孩遗留的日记中，证实了现场群众的话属实，这名小学五年级女生，陷入早恋的泥沼不能自拔，在家长和学校的压力下，选择了轻生。

早恋是指经济上和生活上没有完全独立、距离法定结婚年龄还有很长一段时间的男女青少年之间所发生的恋情。早恋是青春期学生经常出现的现象，已经带有一定的公开性和普遍性，而且呈现低龄化趋势。据调查，深圳市中小学生中有早恋行为的男生占41%，女生占34.7%。《少男少女》杂志的一项调查表明，有的中学生透露他们有普通异性朋友，有的人还有“很知心，无话不说的异性朋友”。在11～19岁的青少年中，83.7%的男生、94.2%的女生想和异性相好。根据有关部门的抽样调查，我国初中学生约有15%、高中学生约有19%发生早恋行为，它已成为影响当代中学生健康成长的四大问题之一。

早恋对青春期学生的负面影响很大。第一，它影响学生正常的学习；第二，学生恋爱缺乏理智的思考，感情极易变化，而初恋失败的打击可能不仅影响学习进步，还会影响以后的前途，甚至走上自我毁灭的道路；第三，性发育提前与社会化的滞后，使他们恋爱时极易做出“越轨”的事情来，不仅会给学生带来心身伤害，而且还会制造许多社会问题；第四，容易走上犯罪道路。青青期学生谈恋爱时，一般会过分地关注自己的形象，男同学喜欢显示自己的大方。在得不到父母资助的情况下，很可能会铤而走险，做出违法的事情。

三、惧怕异性交往

山东师范大学教育科学研究所李鹰2006年对881名中学生异性交往现状及心理特点的研究表明：8.7%的中学生在异性面前表现出局促不安、心情紧张，9.8%的中学生同异性交往时感到害羞不安，32.4%的中学生不知道如何同异性交往，8.6%的中学生不敢和异性交往。

中国青年政治学院周华珍对城市近郊青少年异性交往问题的调查发现：有些青少年在异性交往中存在一些心理障碍。他们既有交往的欲望，又有不能获得异性认同和欣赏的担心。他们往往表现出自卑、羞怯、焦虑的心理，不愿与异性打交道，回避或躲避与异性沟通。

另有一位研究者曾对两所中学（一所城市中学、一所农村中学）初中三个年级共600名学生进行了抽样问卷调查，结果发现：有一半以上的学生已经在生理和心理上出现了明显的青春期表征，绝大多数学生已经进入青春期。在对异性交往的具体问题调查中，有22%的学生不反对早恋，23%的学生对处理他人隐私想法不得当，40%的学生对于和校外陌生异性见面及交友欠缺必要的思想准备和社会经验。这些数据表明，初中生对异性交往缺乏正确的认识。调查还发现，82%的学生希望老师能够在异性交往问题上给予他们更多的指导。

由此可见，惧怕异性交往是青少年在同异性交往时容易出现的问题之一，迫切需要教师的指导和帮助。

四、网络成瘾

随着互联网的日益普及，我国网民人数迅猛增加，目前全国的青少年学生网民数已经达到5800万，占总网民比例的1/3。其中，一些青少年由于无节制地使用网络，影响了正常的生活和学习，损害了身心健康，这种情况被称之为网络成瘾。网络成瘾也称病态互联网使用、互联网成瘾障碍、互联网依赖等，是指在无物质成瘾物作用下的上网行为冲动失控，表现为因为过度使用网络而导致个体的社会、心理功能损害。网络成瘾的青少年具体表现为：对网络的操作时间失控，而且随着兴趣的增强，欲罢不能，难以自拔，即使多次努力控制或停止上网也无济于事；上网时间不断延长，早上起床后就有一种立即上网的冲动；网上的内容反复出现在梦中或想象中，整日沉溺于网上聊天或网络游戏，而忽视了现实生活的存在；人际关系淡漠，经常感到孤独、失落、忧伤、思维迟钝、精力不足。网络成瘾的青少年同时还会伴有明显的躯体症状，如头晕眼花、失眠头痛、紧张焦虑、食欲不振、视力下降等。

目前，我国青少年网络成瘾的问题日渐突出，已经成为一个不容忽视的社会问题。中国青少年研究中心于2007年1月10日发布的《"十五"期间中国青年发展状况与"十一五"期间中国青年发展趋势研究报告》显示，在我国的青少年网民中，有13.2%的人上网成瘾，另有约13%的人存在网瘾倾向，其中13～17岁网民中网瘾比例最高，达17.1%。另据民盟北京市委提交的报告显示，北京市中学生网络成瘾者约有13万之多，占中学生总数的14.8%。北京市150多位政协委员历时4个月完成的调查报告还显示，中小学生上网人数达到81.3%，其中有七成的学生网民沉迷于网上聊天，有四成多经常光顾色情网站，互联网成为一部分青少年名副其实的"电子海洛因"。

知识窗

中学生沉迷于网络对学生的成长、对家庭、学校、社会构成了严重威胁，给当前的教育带来了较大的冲击。

首先，中学生沉迷网络严重影响了学业发展。中学生的年龄一般处在12～18岁之间，这正是长身体、长知识、长才干、立志向、成就理想的关键时刻。他们的主要任务是学习，也只有把主要的精力放在学习上，才能为今后的人生打下可持续发展的基础。一旦上网成瘾，耽误了大量学习时间和精力，即使人在学校，心也挂在网上，这势必严重地影响学习。

其次，中学生沉迷网络影响正常的人际交往。交往是人与人之间传递信息、沟通思想和交流情感的过程。良好的人际关系是社会生活的润滑剂和个人心情舒畅的兴奋剂，可以促进个人的健康发展。反之，则影响人的心理健康。中学生一旦上网成瘾，正常的、现实的人际交往就会受到影响。他们因混淆了虚拟世界和现实世界而产生交际障碍，因沉迷于网络世界而离群索居，因缺少正常的人际交往又备感失落，恶性循环之下，对网络产生更加强烈的依赖心理。

再次，中学生沉迷网络影响身心健康。中学生上网时间过长，生活节奏紊乱，饮食质量比正常生活低许多，睡眠时间减少，导致视力下降，体态笨拙，肩背肌肉劳损，免疫力功能减弱；长期沉迷网络，也会影响一个人正确的价值观、人生观、世界观的形成。

最后，中学生沉迷于网络将危及财产安全与人身安全。

（阳克余，2008）

五、逆反心理

朱智贤先生在《心理学大辞典》中指出：“逆反心理是客观环境与主体需要不相符时产生的一种心理活动。”逆反的实质是表现个性、突出自我。应该说，一定独立意向的盲目性和突出自我是逆反心理的两个本质特征。虽然逆反心理可能与一定行为相联系，但是逆反心理并不等于逆反行为。

逆反心理是一种单值、单向、单元、固执偏激的思维习惯，它使人无法客观地、正确地认识事物的本来面目，而采取错误的方法和途径去解决所面临的问题。逆反心理经常地、反复地出现，会形成一种狭隘的心理定势，无论何时何地都与常理背道而驰。

虽然逆反心理在一定程度上是青春期学生思维活跃、独立自主意识增强的表现，但它毕竟是一种反常心理。逆反心理过重会给青少年带来心理压力，容易造成青少年情绪失控，导致青少年对人对事产生多疑、偏执、冷漠、不合群、对抗社会等病态性格，直接影响到青少年与父母、教师之间的正常关系，导致青少年听不进父母和教师正确的教育和劝导，以至于逃学、离家出走，甚至走上违法犯罪的道路。

六、亲子冲突

亲子冲突是一种人际冲突，是在亲子交往中发生亲代与子代之间的紧张、不和谐、敌视甚至斗争的关系。亲子冲突既有言语方式的冲突，也有非言语方式的冲突，如观念或情绪的对立、沉默、退缩或逃避。

亲子关系是家长与孩子间的代际血缘关系，它既是青少年最早的人际关系，也是交往时间最长、最频繁及最为稳定的一种关系，因此对青少年的影响最大。亲子关系是青少年与父母之间一种垂直的关系。在正常的情况下，垂直关系的主要功能是为青少年提供安全和保护，教给青少年知识和技能。积极的亲子关系，会使青少年感受到爱与被尊重，对自己、他人和周围环境有积极、乐观的认识和期望，乐于与父母以外的人交往，形成比较积极的同伴关系和师生关系。亲子关系不良的青少年，容易对自己、他人和周围环境产生不良认识和消极体验，并影响其与同伴和教师的交往，同伴关系和师生关系也往往较为消极。亲子冲突是一种不良的亲子关系，频繁的亲子冲突会给青少年带来诸多的负面影响，没有处理好亲子关系的青少年更容易出现行为和情绪问题，甚至会发生更为严重的不良行为、反社会行为（如违法犯罪、酗酒、吸烟、吸毒、低自尊、性行为、学习成绩差和自杀行为等）。例如，2000年1月17日发生的震惊全国的“徐力杀母案”。

徐力是浙江省金华市第四中学高二学生。他出生在一个普通的工人家庭。母亲吴凤仙是金华县食品公司职工。由于徐父长期在外地火车站工作，徐力从小到大基本上是在母亲的悉心照料下成长的。母亲吴凤仙工资不高，就帮别人加工毛线衣赚点钱供儿子读书，让孩子过着“吃穿全包，一心读书”的生活。初中升高中时，徐力考进了学校的重点班，但高一上半学期排名全班倒数第2名。通过努力，高一下半学期，徐力一跃到了第10名。吴凤仙喜出望外，要儿子以后每次期中、期末考试都排在班级前10名。然而，悲剧也就从这时候埋下了种子。

1999年11月底，吴凤仙参加家长会议时得知，徐力这学期期中考试的成绩排在班级第18名。回家后，吴凤仙很生气，狠狠地打了儿子一顿。徐力喜欢踢足球，吴凤仙就说：“以后你再去踢足球，我就把你的腿打断。”重压之下的徐力感到母亲对自己管得太严，而且母亲提出的目标无法实现，深感委屈和压抑。

2000年1月17日中午，徐力从学校回家吃完中饭后，想看会儿电视。吴凤仙提醒儿子期末考试要考前10名。徐力回答说：“很难考的，不可能考得到。”母子之间再次为学习发生冲突。绝望中，徐力从门口拿起一把木柄榔头朝正在绣花的母亲后脑砸去，将母亲活活砸死。

青春期是亲子冲突的高发期。近年来，我国青少年亲子冲突大有愈演愈烈之势，因亲子冲突而发生的血案频频发生。因此，教师必须帮助学生及时有效地化解亲子冲突，以便维持和促进亲子关系的和谐，避免因冲突升级而导致严重的后果。

七、逃学

逃学，有时又称为旷课，是指学生未经允许，尤其是未经校方的批准，没有正当理由而未能上学。逃学既是学校教育中常见的问题，在青少年中占有一定的比例，也是社会生活中最令老师、家长头痛、伤心的一种行为。

江苏省南京市疾病预防控制中心王志勇等（2007）对南京地区13个区县、56所学校、168个班级的7161名在校初一至高三学生的逃学行为进行了调查，调查结果显示：逃学行为总的发生率为6.2%，随着年龄的增长，逃学的发生率逐渐升高；男生（9.1%）的逃学行为显著高于女生（3.3%）；高中生（9.5%）的逃学行为显著高于初中生（4.8%）；但是，城区与乡村差异无统计学意义（具体情况见表1）。

表1　逃学行为的年龄、性别、年级和地区分布

统计项目		调查人数	逃学人数	发生率（%）
年龄（岁）	*≤12	357	11	3.1
	13	1311	31	2.4
	14	1612	80	5.0
	15	1676	106	6.3
	16	903	59	6.5
	17	734	63	8.6
	≥18	568	92	16.2
性别*	女	3624	120	3.3
	男	3537	322	9.1
年级*	初中	5084	244	4.8
	高中	2077	198	9.5
地区	城区	3410	218	6.4
	乡村	3751	224	6.0
合计		7161	442	6.2

注：* 不同亚组人群逃学行为的分布差异存在统计学意义，$P < 0.05$。

青少年逃学往往导致辍学，多次逃学的学生可能会养成习惯性逃学，与集体关系疏远，对老师和同学产生抵触。逃学也为青少年产生不良行为提供了机会，因为逃学的青少年由于涉世不深很容易成为坏人教唆犯罪的对象，所以逃学常常同违法犯罪行为紧密相连。近年来，由于家庭、学校以及社会等多方面压力的影响不断增大，青少年逃学现象比例有不断提高的趋势，这给我们的家长和教育工作者敲响了警钟，必须引起高度重视。

八、吸烟、饮酒

吸烟、饮酒不仅严重危害人类健康，而且会造成巨大的经济损失，成为社会的公害。例如，世界卫生组织最近的报告显示：目前世界上每年死于与吸烟有关疾病的人口约有300万，大多数是在发达国家。预计到2025年，与烟草有关的疾病造成的死亡人数将达到1000万，其中700万在发展中国家，仅在中国就将达200万。近年来，国内对50万人口吸烟情况的抽样调查结果表明，15岁以上人群平均吸烟率为33.9%，其中男性为61%（20岁以上男性吸烟率高达68.9%），女性为7%，全国吸烟人口近3亿。尤为令人担忧的是，在大、中、小学生中，吸烟率随年龄、学龄的增长而显著上升，开始吸烟的年龄越来越小，有的从10～14

岁即开始吸烟。《2008年中国控烟报告》公布：我国现有13～18岁青少年1.3亿，据保守估算，吸烟者约1500万，尝试吸烟者不下4000万，遭受二手烟雾危害的人数高达6500万。

广东省疾病预防控制中心聂少萍等（2008）对广东省5个城市、20574名青少年的成瘾行为（吸烟、饮酒、吸毒、玩游戏机、上网等）进行了问卷调查。以下是其中部分调查结果：（1）吸烟。30.43%的青少年尝试吸烟，5.06%的青少年目前吸烟，7.84%的青少年经常吸烟。男生吸烟比例明显高于女生；不同学校类型中青少年吸烟报告率以中等职校生最高，其次为大学，普通中学明显高于重点中学；尝试吸烟以经济较差地区的报告率最高。（2）饮酒。67.45%的青少年尝试饮酒，24.98%的青少年目前饮酒，8.59%的青少年重度饮酒，15.31%的青少年醉酒。饮酒报告率男生明显高于女生；从初中到大学，饮酒报告率有随年级的升高而上升，尤以目前饮酒明显，大学男生是初中男生的2.6倍；重度饮酒、醉酒比例普通中学明显高于重点中学。经济状况较好地区青少年饮酒比例明显高于经济状况中、差等地区。

重庆大学支愧云等（2008）对1699名青少年调查表明：（1）吸烟人数及发生率。51.4%吸过烟（包括吸一口或两口烟），14.2%近期内吸过烟（在调查前的1个月内至少有1天吸过1整支烟），8.0%经常吸烟（在调查前的1个月内每天至少吸1支烟），其中0.3%吸烟严重（在调查前的1个月内每天至少吸10支烟）。（2）饮酒人数及发生率。76.5%喝过酒（包括一两口），36.7%近期内喝过酒（调查前的30天），27.7%在调查前的一个月内喝醉过，13.9%在调查前的一个月内曾在学校里喝过，37.1%在13岁前就开始喝酒。（3）不同特征的学生吸烟、饮酒的情况。中职生吸烟的比例明显高于高中生，高中生高于初中生，大学生高于高中生和初中生。男生吸烟的比例显著高于女生。大学生的饮酒比例显著高于中职生和高中生，中职生和高中生又显著高于初中生。男生饮酒所占的比例明显高于女生。

由上可见，青少年吸烟、饮酒的现象较为普遍，并表现出随年龄增长而上升的趋势。青少年吸烟、饮酒是成瘾行为，不仅是健康问题，而且是社会问题。青少年吸烟、饮酒行为常常与意外伤害行为、离家出走、吸毒、暴力、自杀等问题行为以及减肥、不合理饮食等相关联，是其他健康危险行为的早期征兆。与非吸烟、饮酒的青少年相比，吸烟、饮酒的青少年更容易发生药物滥用和不安全性行为，其心理发育、课余生活和对学校环境的适应均受到消极影响。青少年物质成瘾而引发的健康问题和社会问题日益凸显，为了帮助青少年健康成长，教师、家长、学校、社会对此绝不能掉以轻心。

九、自杀

2000年6月18日，贵阳市贵铁一中13岁的初一学生周某在课间休息时，突然拿出一份“遗书”当众宣读后纵身从三楼跳下，当场死亡。

2005年6月21日，辽宁大连16岁的小梅因为母亲没有给其买偶像张国荣的CD，并说了张国荣的一些坏话，就在家中自杀身亡。小梅生前曾是父母和老师的骄傲，不但学习成绩优秀，还能讲一口流利的英语，擅长演讲，喜欢弹奏电子琴。

2006年10月5日，盐城市龙岗镇初级中学初一（1）班学生胡芸芸（化名）因不堪忍受同班同学邵梅（化名）的恐吓和辱骂，趁父亲上班，喝下剧毒农药身亡。

自杀是因社会心理冲突而产生的一种蓄意终止自己生命、有目的、有计划的自我毁灭行为，是青少年人群主要的非正常死亡原因之一，并呈上升趋势。自杀是一个严重的社会问题和公共卫生问题。在我国，自杀问题尤其是青少年自杀问题较为严重，每年约25万青少年自杀死亡。

自杀未遂是自杀行为最强的预测因素之一。至于青少年自杀的未遂率，尚缺全国性的统计数据。按自杀未遂与既遂的通常比例（10.20 : 1）推算，我国每年自杀未遂者达数百万之众。据安徽省合肥市对3所中学共2466名学生进行的自杀行为调查结果显示，自杀未遂率高达中学生总人数的3.0%。南京大学庄勋等（2007）对南通市3798名高中生的调查也证实，高中生自杀未遂率为3.0%。

自杀意念（向）指有寻死的愿望，但没有采取任何实际行动。它包含两种情况：一是准备自杀，即有自杀意愿，并选择了自杀的方法和时间，或者写好了遗书，安排好了后事，但尚未采取实际的行动；二是仅仅有死的念头，没有自杀计划和自杀准备。自杀意念往往是自杀行动的先兆。2001年，南京市教育科学研究所对南京市近2000名小学生做了一次抽样调查，发现40.11%的小学生说过“不如死掉的好”这句话。另一项针对上海市2500名儿童的调查结果（高鸿云，2004）显示：有24.0%的孩子有过自杀念头；15.2%的孩子认真考虑过要采取行动；5.85%的孩子自杀未遂。江苏省疾病预防控制中心张熳（2007）对江苏省5120名中学生的调查发现：中学生自杀意念发生率为15.35%。而在20世纪70年代以前，我国没有儿童自杀的报道。

青少年自杀是一个不容忽视的社会问题，自杀不仅给个人和家庭带来伤害，也给社会造成严重的影响。青少年自杀是一种十分复杂的生理－心理－社会现象，对此认真分析其产生的原因，提出相应的对策进行干预显得尤为重要。

第三节　可塑的青春——中学生青春期问题教育策略

青春期既是人一生中疾风骤雨的时期，又是极为重要的阶段，青少年具有非常大的可塑性。如何引导青少年微笑地走过花季雨季，这是家庭、学校和社会共同的责任。在了解和减少青春期心理问题的产生和处理青春期问题时，我们不仅要考虑其生理因素，更重要的是应关注学校因素、家庭因素和社会因素。应把对青少年的担忧变成了解、理解、关心和帮助，培养、挖掘和发扬他们的优点，加强学校、家庭、社会等多方面的协作，为青少年创造良好的生活、学习、发展环境，维护和增进他们的心理健康，帮助他们顺利地度过青春期，促进他们身心健康地成长。

一、提供面向全体学生的学校心理辅导

（一）心理辅导及其特点

心理辅导是根据学生心理发展的特征与规律、由教育者设计和组织的教育性活动。心理辅导常以活动为基本方式，引发学生的主观体验和感受，在此基础上对学生的心理状态进行积极的影响和调节，达到形成和改善学生心理健康的目的。

例如，针对中学生中比较普遍存在的早恋问题，教师可以组织学生开展关于“中学生早恋弊大于利还是利大于弊”的辩论。

【反方】恋爱可以满足中学生情感发展的需要。

【反方】恋爱有助于增加对异性的了解。

【反方】恋爱中异性的交往是浪漫的。

【正方】恋爱容易使青少年陷入两人世界的狭小圈子里。

【正方】恋爱会限制个体与更多的异性交往，并不能真正地了解异性。

【正方】面对恋爱中异性交往时产生的摩擦与挫折，中学生的协调能力是有限的，面对学习的压力，如何解决其间的矛盾？

……

通过辩论，可以帮助中学生正确认识和处理早恋问题。因为中学生能否恋爱的结论是经由他们辩论得出的，所以比较容易被中学生接受，这比教师口头的说教效果要好得多。

心理辅导可以面向全体学生进行，也可以面对学生个体进行。其中，心理辅导的对象既包括心理基本正常的学生，也包括已经出现较严重心理障碍或心理问题的学生。心理辅导涉及的内容非常广泛，包括学生的学习、情绪情感、思想品德、行为、人际交往、青春期等方面的问题，都可以通过心理辅导予以调节、指导和帮助。心理辅导既可以是预防性的——针对学生可能遇到的但尚未发生的事件，也可以是补救性的——针对学生已经遇到的带有普遍性的困惑和问题。

例如，班上有某个同学与父母发生冲突，为了帮助该同学正确处理亲子关系，班主任利用主题班会，设计了让学生模拟解决亲子冲突的活动。此次心理辅导活动既可以帮助该同学化解亲子冲突，也能引导班里其他同学正确处理亲子关系。也就是说，班主任设计的模拟解决亲子冲突的活动，既具有补救性，也具有预防性。

知识窗

青春期教育的内涵

青春期教育有狭义和广义之分。从狭义上说，青春期教育主要是性教育，要讲生命孕育和诞生的基本知识，青春发育的生理规律，青春体貌的变化，性欲望、性吸引、性冲动和性宣泄的生理与心理现象，性的安全健康和身心保护，还要讲预防意外怀孕、预防性病、艾滋病、反对滥用毒品等知识。从广义上说，青春期教育作为人生教育，它还应当传授性的价值观念、性的社会行为规范与道德责任，性的法律界限与防止性暴力等知识，教导人际交往特别是两性交往的知识与技能，帮助青少年学习关于两性之间的友情、爱情、择偶、婚姻等人生课程，懂得性别社会化、性别差异与性别角色、两性尊重与平等的基本概念。

（二）心理辅导的原则

为了确保心理辅导活动的效果，在心理辅导过程中，必须坚持遵循以下几个原则：

1. 主体性原则

主体性原则是指心理辅导活动要以学生为主体，满足学生需要是心理辅导活动的出发点。在心理辅导过程中，学生的主体性地位要得到实实在在的体现。

教师要在心理辅导活动中贯彻主体性原则，必须做到以下三点：

(1) 教师的所有准备都要首先从学生出发。

(2) 尽可能地提供和创造条件，使学生成为心理辅导中的“主角”，并让他们意识到这一点，也就是将学生的主体地位具体化，使学生“理直气壮”地倾诉心声、宣泄情感、发表意见……创造这样的机会，对于心理辅导取得成效极为重要。

(3) 教师必须尽其所能，全面了解学生。教师不仅要熟知学生身心发展的一般规律，而且应当将一般规律的认识具体化，包括学生的思想观点、兴趣爱好、行为方式、热门话题等。

2. 民主性原则

民主性原则是指心理辅导要在民主型师生关系中进行。也就是说，作为辅导者的教师与作为被辅导者的学生，在辅导活动中是平等的，享有同样的人格尊严，享有同样的表达自己思想感情的权利。民主性原则要求教师杜绝居高临下式的说教，代之以彼此平等的讨论、沟通；重视学生的意见，并且最大程度地表示理解；尊重学生的人格。

3. 参与性原则

参与性原则是指心理辅导活动要以教育者和受教育者双方的参与为条件。一方面，要求所有学生充分地参与；另一方面，要求教师平等地参与。为了保证师生双方，特别是学生积极参与心理辅导活动，教师必须做到：保证给每个学生机会；注意学生的特殊需求并给予实际帮助；教师必须以班级平等一员的身份参与。

4. 多样性原则

多样性原则是指心理辅导中出现的许多问题的答案是开放性、多样化的，并不是非此即彼或唯一的；教学中的具体形式和方法，也应该而且最好是多样的、富于变化的。为保证多样性原则的实现，教师必须允许不同意见存在，并自觉地、主动地以多样性的教学适应不同学生的需求。

二、开展面向学生个体的学校心理咨询活动

（一）学校心理咨询的定义

学校心理咨询是指学校咨询人员运用心理学的原理和方法，针对学生不同年龄阶段的特点，对学生的学习、适应、发展、择业等问题给予直接或间接的帮助和指导，并对有关心理问题或心理困扰提供咨询服务，防止问题进一步发展为严重的心理障碍或危险的过激行为。

（二）学校心理咨询的基本步骤

我们这里所讲的学校心理咨询的基本步骤主要适用于个别面谈咨询，当然，其他形式的咨询也与之类似。

1. 开端：建立良好和恰当的咨询关系

当来访学生到心理咨询室求助时，心理咨询老师应该热情而自然地对他们表示欢迎，请他们入座，并扼要介绍心理咨询的性质和原则。特别要讲明尊重隐私的保密性原则。告诉来访学生在心理咨询室可以对自己的心理问题畅所欲言，所谈的问题，教师会对其保密，绝不会向任何人泄露。对于来访学生的任何困难，心理咨询老师会尽量给予帮助。这样，便于消除来访学生初次见面的陌生感，缓解其紧张情绪，解除其心理顾虑和思想负担。心理咨询老师能否与来访学生建立相互信任关系是心理咨询能否成功的关键所在。

2. 了解问题：掌握来访学生的意图和存在的心理问题

第二阶段主要是通过来访学生的自述，了解其存在的问题。了解问题包括两个方面：一是来访学生的基本情况，如姓名、性别、年龄、年级、班级、家庭情况等；二是来访学生存在的心理问题。了解来访学生的基本情况有助于分析其心理问题产生的社会背景。如果来访学生不愿意透露自己的姓名，咨询老师也不要急于追问，这样可以使来访学生彻底打消顾虑。待来访学生消除疑虑之后，其才愿意说出自己的姓名。心理咨询老师通过来访学生的自述和必要的询问，弄清他们究竟被什么问题困扰、问题的严重程度如何、问题的持续时间有多久、问题产生的原因是什么、其本人对该问题有何认识或看法。

例如：

来访学生：我现在很痛苦，干什么事情都提不起精神。

咨询老师：什么事情让你这么痛苦呢？

来访学生：昨天晚上我跟爸爸吵架了。

咨询老师：跟爸爸吵架确实会影响你的情绪。

来访学生：是的，所以我才会感到痛苦。

咨询老师：能跟老师谈谈什么原因导致你们父子吵架吗？

……

3. 分析诊断：辨明来访学生问题的类型、性质和严重程度

在咨询过程中，分析诊断和了解问题是结合在一起进行的。从来访学生踏入咨询室到主动倾诉自己的问题，咨询老师在了解情况的过程中也在同时进行分析和诊断。首先要弄清来访学生的问题属于何种类型，是青春期发育问题，还是生活中的人际关系问题等；从程度上看，是正常人的情绪困扰、心理失衡，还是人格障碍、精神疾病等。这些都是分析诊断中必须搞清的问题。唯有如此，才便于心理咨询老师选择恰当的帮助方法。

4. 帮助指导：与来访学生共商对策，以求解决问题

在此阶段，心理咨询老师应利用自己丰富的专业知识和对人性的深刻领悟，在对来访学生心情和处境充分理解的基础上，帮助其分析自己问题的性质，寻找问题产生的根源，树立解决心理问题的信心，商谈解决问题的对策。心理咨询老师要与来访学生一起搜索可供选择的对策或方案，预测、评估每一个方案或每一种对策的优劣，并进行比较判断。心理咨询老师切忌为来访学生硬性规定行动方案或解决对策，越俎代庖。通过充分讨论后，来访学生一般会从多方面受到启发，形成新的思路。最后，对于如何行动，心理咨询老师要尊重来访学生的意愿。

下面，我们仍以上面的咨询案例进行说明。

来访学生：填报高考志愿问题。我第一志愿想报B校，而爸爸却让我报A校。

咨询老师：噢，原来是这么回事。你是根据哪些因素来选择学校的呢？

来访学生：学校的知名度、学费高低、离家远近。

咨询老师：你认为各个因素的重要性是多少呢？

来访学生：学校的知名度（50%）、学费高低（30%）、离家远近（20%）。

咨询老师：下面我们就上面三个因素分别评估A、B、C三校。满意程度由低到高计为1～5分。咱们一起做一个比较吧。

		A	B	C
50%	M	5	2	1
30%	F	2	4	5
20%	J	2	4	3
		3.5	3.0	2.6

来访学生：看来，爸爸是对的，我决定报考A校。

5. 结尾：结束咨询谈话，讨论下一步的安排

通过前四个阶段的谈话，主要进程已进行完毕，咨询进入尾声。如果咨询谈话比较成功，来访学生很可能主动谈自己的感受，告知自己的收获和下一步的行动计划。对此，咨询人员应给予积极的支持和鼓励，进一步增强其解决心理问题的信心。咨询一般需要多次进行，要约定下次谈话的时间。咨询如暂告结束，就要说一些期盼和祝愿的话，欢迎他有问题时再来。

参考文献

1. 17岁中学生"徐力杀母案"引起社会各界深刻反思[EB/OL]. [2007-01-08] http://www.cnr.cn/zhuanti1/ragdqc/xgbd/200701/t20070108_504371291.html.
2. 郭建立，纪福新. 怎样对待中学生出现的早恋现象[J]. 科学教育研究，2007（2）: 14.
3. 胡蓉. 一枚酸涩的苦果——谈谈中小学生早恋[J]. 江西教育（管理版），2008（1A）: 11.
4. 胡莹，李东明，主编. 青春期教育[M]. 北京：北京理工大学出版社，2004.
5. 孔劲松. 谈中学生逆反心理的成因与调适[J]. 湖北广播电视大学学报，2008，28（2）: 156-157.
6. 孔令芝. 群"星"灿烂，你追哪一颗？[J]. 中学政史地，2007（6）: 5-6.
7. 李德敏，冷晓赟，刘德荣，中学生网络成瘾的流行病学调查[J]. 中国健康心理学杂志，2008，16（7）: 766-767.
8. 李建军. 青少年自杀行为的低龄化问题研究[J]. 贵州大学学报（社会科学版），2006，24（6）: 67-75.
9. 李鹰. 中学生异性交往的现状及心理特点[J]. 教育研究，2006（9）: 74-81
10. 梁婉倩. 中学生早恋现象及其教育[J]. 教育导刊，1999（5）: 22-24.
11. 刘鹃，金全意. 中学生早恋现象研究综述[J]. 无锡职业技术学院学报，2007，6（3）: 24-26.
12. 刘文成，刘畅. 青少年网络成瘾的分析与矫治措施[J]. 青年工作，2007（4）: 17-20.
13. 聂少萍，马文军，李海康，等. 广东省城市青少年成瘾行为流行状况分析[J]. 中国学校卫生，2008，29（7）: 598-560.
14. 李文惠. 我国中学生青春期卫生与青春期健康教育现状[J]. 职业与健康，2007，23（10）: 857-859.
15. 郑晓江. 青少年自杀及暴力现象的生死哲学透视[J]. 中国德育，2007，2（1）: 29-32.

16. 丛立新，主编．人民教育出版社政治室，编著．小学心理健康教育[M]．北京：人民教育出版社，1999．

17. 逃学[EB/OL].
[2006-11-30] http://baike.baidu.com/view/638276.htm.

18. 王莹．学生追星现象的校本教育对策[J]．天津市教科院学报，2006（4）：89-90.

19. 王志勇，李解权，梁亚琼，等．南京地区中学生逃学行为及其与抑郁障碍的流行病学联系[J]．职业与健康，2007，23（14）：1188-1190.

20. 阳克余．中学生沉迷于网络的原因及对策探讨[J]．当代教育论坛，2008（4）：60-61.

21. 杨建勇．“三要三不”原则——浅谈生物教学中的初中生异性交往教育[J]．科学教育，2008（2）：71-72.

22. 张敏，王礼桂，邢艳菲．中学生自杀意念及其影响因素研究[J]．中国学校卫生，2007，28（5）：429-432.

23. 张小乔．心理咨询的理论与操作[M]．北京：中国人民大学出版社，1998．

24. 支愧云，陈永进．青少年学生吸烟饮酒及其他药物使用的现状调查[J]．中国健康教育，2008，24（2）：95-98.

25. 中国戒烟．青少年吸烟心理探析[EB/OL].
[2006-07-05] http://www.jyan.cn/XYYJK/QSNXY/200607/213.html

26. 周华珍．城市近郊青少年异性交往问题的调查分析[J]．中国青年研究，2008（7）：50-55.

第二章

盲目追星与教育

人的一生是漫长的，但关键处往往只有几步，特别是当人年轻的时候。

——现代作家　柳青

章节导读

★ 青春期学生盲目“追星”的表现有哪些？

★ 如何鉴别青春期学生是否沉迷于“追星”？

★ 青春期学生为什么疯狂“追星”？

★ 教师应该如何引导青青期学生理智地“追星”？

青少年追星并不稀奇，谁没有自己的偶像呢！房间里贴上姚明的巨幅海报，理一个和明星一样的发型，穿戴和明星一样的服饰，购买明星的画册，看明星演的电影或电视剧，约几个“粉丝”去听明星的音乐会……不就是追星嘛，一点也不新鲜呀！可我们这里要说的是梅梅，大家想了解她是怎样“追星”的吗？那就让我们“晒晒”她的“追星日记”，了解一下她“追星”的心路历程吧！

情境故事

我的最爱周杰伦

×月×日

我是超级“玉米”，我爱宇春，我们都叫她春春。我认为春春帅呆了，酷毙了，青春四射，感情真挚，活力十足，歌唱得好，舞跳得棒，真是迷死人了！我用的手机是春春代言的，吃的糖果是春春代言的，理的发型也和春春的一样。听说春春出了写真集——《沐宇春风》，我还特意到书店买了一本呢！我的同学小峰说“李宇春是个‘假小子’，不像女孩”，气得我和他打了一架，为此，我还被老师叫到办公室批评教育了一顿。

×月×日

今天下了英语课，我头昏脑胀。在灌了一脑子的英文符号后，我感到晕头转向，非常疲惫，所以当小杰把耳机塞到我耳朵里时，我没有拒绝。

“素胚勾勒出青花笔锋浓转淡，瓶身描绘的牡丹一如你初妆，冉冉檀香透过窗心事我了然，宣纸上走笔至此搁一半；釉色渲染仕女图韵味被私藏，而你嫣然的一笑如含苞待放，你的美一缕飘散去到我去不了的地方……”这首歌却出乎我的意料，无论意境还是词义都有让人惊艳的感觉，低调而华丽，很有味道，犹如一张温暖的老照片，一段温柔的往事，很美……于是，我翻来覆去地听了有十几遍。

小杰告诉我这是周杰伦的新歌《青花瓷》。原来是周杰伦的歌呀，我不禁大吃一惊。其实我以前也听过周杰伦的歌，可觉得他唱的歌太快，简直就是靡靡之音。虽然男同胞们超迷，可我觉得周杰伦也没什么：吐字有点不清——男同胞却说这叫“有型”；眼睛眯成一条缝——他们却说这叫“眯眼看世界——清楚”。记得以前，班里几个男生整天在课间又跳又吼叫着“快使用双截棍哼哼哈兮，快使用双截棍哼哼哈兮，习武之人切记仁者无敌，是谁在练太极风生水起，快使用双截棍哼哼哈兮，快使用双截棍哼哼哈兮……”那时，我想：“妈呀！这哪是歌呀？真叫人精神错乱，是不是这几个男生神经出了什么问题？”说实话，当时我确实对周杰伦没有什么好感，简直就是反感。现在看来，我应该重新认识一下他了。

×月×日

自从听了《青花瓷》以后，我移情别恋，迷上了周杰伦，简直就像走火入魔一样。为了对周杰伦有一个全面的了解，我通过电视、广播、网络等媒体广泛收集有关周杰伦的资料。

不仅如此，我还挪用妈妈给的零用钱，购买了周杰伦的磁带、CD、画册及其有关的书籍、报刊和资料等。卧室里、课桌上、文具盒上、书包上、甚至课本上，只要是伸手可及的地方，到处都贴上了周杰伦的照片。我每天都哼着周杰伦的歌曲，学习也无精打采。至于周杰伦演的影视剧，我百看不厌。为了表达对他的喜爱，我偷偷地给他写了很多信，可是每次信寄出都杳无音信。我想要是有一天跟周杰伦见一面该多好呀！为此，我每晚都辗转反侧，夜不能寐，说来也怪，真有这么一晚上我梦见周杰伦了。当时，他亲切地握着我的手，跟我聊天呢！

×月×日

现在，我已经是周杰伦最忠实的“铁杆粉丝”了，每天和同学们谈论周杰伦，相互了解、通报关于周杰伦的每一条消息。每天放学回家后，趁妈妈不注意的时候，我就把周杰伦的磁带塞进学英语的复读机里听。嘿嘿，听他的歌真过瘾，真陶醉呀！真是天有不测风云，今晚妈妈突然闯进我的卧室，发现了这个隐藏已久的秘密。结果可想而知，磁带被妈妈没收了。妈妈气得说：“你整天装模作样刻苦学习，难怪你成绩上不去呢？原来把时间都用在听歌上了”。我辩解说：“我们老师说了，学习要劳逸结合，累的时候，可以听音乐放松一下”。没想到我这么一说，不但没有让妈妈消气，反而气得她火冒三丈，手直哆嗦。“上次你英语考试不及格，你还骗我说题目出的太难，现在我明白了，都是崇拜偶像惹的祸。你知道不知道像你这样的中学生成天想着追星，脑子里只想着明星吃什么穿什么住哪里喜欢什么，结果成绩一落千丈，甚至有的学生辍学、自杀。成天惦记着这些乱七八糟的东西，能考上重点高中吗？”

老妈的责备如疾风骤雨，扑面而来，我的脑袋简直就要爆炸了。我每句想辩解的话刚说个开头，就被老妈打断。哎哟，真是弱势群体呀！“战争”的结果以我失败告终。老妈把我精心收藏的周杰伦的磁带、CD、画册、书籍、报刊、资料等统统付之一炬。看着自己心爱的宝贝在一瞬间化为乌有，我的心都碎了，眼泪禁不住流了下来。

×月×日

和老妈冷战已经五六天了。唉，毕竟是两代人呀！这可能就是人们常说的“代沟”吧！可在我看来，我和老妈之间存在着永远不能跨越的鸿沟。

这星期，周杰伦就要来我市开演唱会了。真是让人既兴奋又激动。可是，想想我现在的处境，简直就是霜打的茄子——蔫了。我们班上的“粉丝”们欣喜若狂，已经开始行动，在一起筹划如何买票、如何说服家长、参加演唱会时如何着装、如何表达对周杰伦的支持等等。这些我都看在眼里，急在心里。每当“粉丝”们讨论演唱会时，我只好灰溜溜地躲开。

看来，我与演唱会是无缘了。上次惹恼了老妈，现在她还生我气呢。别说看演唱会，恐怕连看电视转播的机会都没有了。唉！仰慕的人近在咫尺，却不能相见，真是人间悲剧呀！一想起这些，我就茶不思，饭不想，无精打采，学习早已被我抛到九霄云外。

×月×日

今天晚上就是演唱会了。可恶的老师偏偏宣布明天要“摸底”考试。我心想老师们怎么这么不通情达理呀！看着自己费九牛二虎之力从霏霏那里弄来的门票，我开始了激烈的思想斗争。我该怎样躲过老妈的“追击”去参加演唱会呢？我又该如何应付明天的考试呢？……

哼！我决定豁出去了，想见周杰伦的强烈欲望战胜了一切担忧和顾虑。我如愿以偿，我的心中比蜜还甜呢！虽然我的座次比较靠后，虽然我离周杰伦比较远不能近距离与之接触，虽然我只能通过大屏幕看他激情的表演，但是这已经让我如醉如痴了。整个晚上，我跟随着周杰伦唱呀跳呀叫呀……

第二天，考场上我昏昏欲睡，昨晚的一幕幕像过电影似的不时在我眼前浮现。不用说，我考得一塌糊涂。回家后，自然免不了老妈的一顿臭骂！

×月×日

看着“摸底”考试卷上胡编乱造的答案和可怜的考试成绩，我心乱如麻。我是不是“追星”太狂热了？“追星”对我学习的冲击力到底有多大？……我陷入了沉思。

中考的脚步越来越近了，我把最近收集的周杰伦的相关资料锁了起来，心想等中考结束时再看吧！现在，离中考还有两个月了，是我应该好好学习的时候了。

第一节 问题解析——“星星”焉知我心

青少年追星的原因非常多，主要可以概括为以下三点：明星的吸引力、青少年自身的生理和心理特点、环境的影响。

一、明星的吸引力

社会心理学研究表明，能力、外貌、报酬、相似、互补、邻近、熟悉等因素大大影响人际吸引的程度。影视、广播、报刊、杂志、音像制品、网络等大众传播媒介对明星的“形”“声”“事”等加以高频率、大容量、立体式的“包装”、宣传，使得他们能在短时间内家喻户晓、童叟皆知，从而形成比其他领域的明星强大得多的名人效应和轰动效应。这就为盲目追星的出现准备了社会前提条件。

我国的一项调查证实，大约有85%的中学生坦言自己有崇拜的明星。关于为什么把某个明星当做自己的偶像，20%的中学生喜欢明星的容貌，70%的学生喜欢明星的才华，而喜欢明星的道德品质的学生只占所调查人数的10%。

能力是影响人际吸引的重要因素。一个人的能力大小与使他人喜欢程度的高低有密切关系。一般说来，在其他条件相当时，一个人越有能力就越受人喜欢。正是因为明星们有能力、有才华，所以才引起青少年的崇拜，上述调查中70%的青少年喜欢明星的才华，说明能力（才华）既是青少年崇拜明星的主要原因，也是影响人际吸引的最主要因素。

外貌在人际吸引中的作用是非常重要的。一般来说，人们更加喜欢那些外貌漂亮的人。为什么漂亮的人受人喜欢呢？伯斯奇德和沃尔斯特列举了如下四个理由：第一，我们从各方面的习得知道，漂亮的人才值得爱，不论在电影还是在其他文学作品中，被爱的人常常是漂亮的，因此，美貌起到了爱的反应线索的作用。第二，同漂亮的人在一起，在别人面前就显得荣耀和光彩；第三，人们有个老框框，就是认为漂亮的人还有其他方面好的属性，即光环效应；第四，漂亮的人看着就舒服，使人有美的满足感。青少年渴望爱情和美丽的仪表，渴望理解和接纳。青少年追逐的明星特别是娱乐明星，几乎都有漂亮的外表、潇洒的风度、优雅的谈吐，在经过媒体的一番精心包装后，更是风姿绰约、仪态万方，亮丽可人，而这些都是一般人可望而不可及的。明星这些颇具魅力的人际吸引因素首先会令青少年尤其是异性青少年迷恋和倾倒。因此，20% 的中学生将崇拜明星的原因归结为容貌。

人们彼此之间的某些相似特征是导致相互喜欢与吸引的重要因素。“物以类聚，人以群分”，人们通常喜欢那些在各方面与自己存在某种程度相似的人。相似的范围很广，但主要体现在态度、信仰、爱好、兴趣等方面。其中，态度、价值观念的相似尤为重要。在相似性引起喜欢的问题上有一个重要现象，那就是对于相似性过分夸大的倾向。娱乐明星的作品如歌曲表演，以通俗易懂的歌词、琅琅上口的曲调、切合实际感受的主题内容、美妙的舞姿、精湛的演技，唱出青少年的心声，道出了青少年生活中的喜怒哀乐。所以，它们在一定程度上对青少年起到了特有的理解、慰藉、激励、指导、娱乐乃至宣泄作用，填补了他们寂寞空虚的心灵，成为他们心中的精神寄托。加上明星投入、激情的表演及传媒极力夸张渲染，很容易引起青少年情感的共鸣，拉近明星与青少年之间的距离，使青少年产生一种亲近感。青少年从对歌曲本身的喜爱会反过来强化他们对歌星本人的喜爱，从而形成“爱屋及乌”的光环效应。另外，明星所取得的事业上的成功，包括极高的社会知名度、潮水般的鲜花和掌声、丰厚的收入、优越的物质和精神生活条件等，都是青少年羡慕和追求的内容，成为青少年盲目追星的原始驱动力。

二、青少年身体成熟与心理断乳之间的矛盾

来自明星的吸引力是青少年追星的诱因，为青少年盲目追星提供了条件和可能性；然而，青少年是否盲目追星还与其自身的生理、心理特点密切相关。

（一）青少年身体的成熟

青春期是人的心理发展的“断乳期”，是人生中最起伏、动荡与躁动的一个转折时期，其标志是个体从生物性体验向个人和社会性体验的转变。处于该时期的青少年，一方面，由于性成熟、身体外形的变化、智力和自我意识的不断发展，萌发出对自身、对事物、对人生和社会的许多好奇、热情与憧憬；另一方面，由于青少年身心发展还不成熟，在突然面对身心发展引发的一系列新问题以及社会文化赋予的各种挑战与义务时，会出现心理负荷与心理承受力之间的失调，产生不

良的心理状态。盲目追星就是由于青少年长时间沉溺于对明星的幻想当中而引起的一系列以植物神经系统功能紊乱为主要症状的症候群。生理理论认为，人脑中有“快乐中枢”，每当盲目追星的青少年幻想明星时，它会对大脑产生化学反应式的刺激，并释放一种名为多巴胺的物质，进而使人产生快感。如果这种刺激是经常性的，大脑会强化自身的这种化学反应，从而产生盲目追星行为。

（二）青少年心理的断乳

1. 从众心理

从众也称为遵从或相符，是指通过向社会压力让步以使自己的认知及行为符合群体的、社会的标准和规范。青春期是青少年心理成熟和发展的不完善期，他们虽然自主性有所发展，但是判断能力和认识能力不强，容易冲动和受外界的引导，因而在心理上仍然需要得到周围人的认同和融合感，从众意识强。他们关于自己的观点，总是和团体的形象“我们”——即同龄人的典型形象——相联系的。因此，当感到自己的行为或言论与周围人的不一致、自己的观点与大多数人的观点不同、自己的思想落后于流行的话题时，他们就会在心理上感受到一种来自团体或群体的压力，迫使他们不得不改变自己最初的言行、观点或思想，努力参与到团体之中，以期与之达成一致，以克服由于脱离群体而产生的孤独感。情境故事中“每天和同学们谈论周杰伦，相互了解、通报关于周杰伦的每一条消息”，就是从众心理的真实写照。

2. 崇拜心理

青少年的人生观、价值观虽已形成，但是都不太稳定，这个时期最容易滋生崇拜心理。青少年所追逐的“明星”，男性大多英俊潇洒、风流倜傥，扮演的也多是些义胆冲天、侠骨柔肠的铮铮铁汉；女性则沉鱼落雁、羞花闭月，扮演的也多是些娇媚可人、温柔善良的亭亭玉女；体育明星也都英姿飒爽、气势逼人，在赛场上更有翻云覆雨、左右全局之势。这些难免让正处在青春期的青少年羡慕、迷恋、崇拜甚至疯狂。在青少年看来，他们与所崇拜的明星之间存在着一种强烈的私人关系，这种关系被他们形容为“心心相印”。他们往往把个人的喜、怒、哀、乐与自己崇拜的明星联系在一起，甚至连自己的言谈举止、穿着打扮等都一味地模仿明星，这样的追星势必会影响他们对学习的关注。情境故事中的梅梅使用李宇春代言的手机、吃李宇春代言的糖果、理李宇春的发型、买李宇春的写真集、因同学侮辱李宇春而打架等都是其崇拜李宇春的缘故。还有这么一个同学，非常崇拜谢霆锋。因为谢霆锋不苟言笑，原本开朗活泼的他也变得不爱说话，无论谁与他说话，能不回答的就尽量不回答。当教师问他为什么要这样做时，他却说"不说话那才叫'酷'"！

3. 模仿心理

模仿是在没有外界控制的条件下，个体受到他人行为的刺激，从而自觉或不自觉地使自己的行为与他人相仿。模仿可以分为有意识模仿和无意识模仿两大类。无意识模仿并不是绝对的无意识，而只是程度相对低一些。有意识模仿是模仿者有动机、有期望的模仿，即使不甚了解他人行为的具体意义，也会感到模仿这种行为对自己有好处。青少年追星大多数是有意识模仿。这是因为青少年具有表演性人格，也就是说"舞台上的自我"。所谓"舞台上的自我"是指个体无论何时何地都感觉到自己是众人注目的焦点，所以他们对自己的衣着打扮、言行举止，在感觉上都如同是舞台上的明星，受到万众瞩目。青少年渴望自主、期待展示自我，希望自己成为大家关注的中心，而各路明星恰恰是舞台上的主角，他们通过其面具式舞台展示自我，吸引了无数追星族的"眼球"，进而形成狂热的崇拜。无论是明星的一言一行、一举一动，还是明星的穿着打扮等，似乎都能形成一种时尚，引导一种潮流，代表一种精神。所以，青少年为了能够与明星趋同，达到相似的"舞台"效果，他们也亦步亦趋，想方设法地模仿明星的行为举止、着装等，力求与明星相同。

4. 爱恋心理

进入青春期后，青少年生理上逐渐走向成熟，第二性征逐渐明显，逐渐萌发了对异性的好奇和向往，他们通常感情细腻、敏感、丰富，容易动情并因此而陷入感情的漩涡中；他们在困惑、羞怯、茫然中开始萌发对异性朦胧的爱恋。然而，由于青春期所特有的羞涩等心理的影响，其与异性交往时往往表现得特别的紧张，甚至以一种反向的交往形式出现，借以掩盖其内心的向往。同时，由于受我国传统文化"男女授受不亲"等影响，青少年正常的异性之间的交往基本上处于一种真空状态，正是这种真空状态的出现，增强了青少年对异性的好奇感，以至于几乎每个青少年都有自己理想中的"白马王子"或"白雪公主"。而那些帅气、漂亮、被传媒精心包装美化了的明星自然而然就成了他们理想中"佳偶"，加之其脱离现实生活的舞台形象，往往让涉世不深的青少年形成一种完美的形象，进而成为其意念中爱恋的对象甚至会达到疯狂的程度。他们幻想着自己与异性偶像之间能够上演类似于影视剧中感人至深、缠绵悱恻的浪漫故事，希望对方感情投入、用情专一，不容许他人对自己的异性偶像明星有所玷污。震惊全国的兰州“全职追星女”杨丽娟，自1994年开始迷恋刘德华，疯狂追星13年。她曾经梦见刘德华的照片，照片的两边写着“你这样走进我，你与我真情相遇”。梦醒后，杨丽娟发誓“不见刘德华，我决不嫁人”。杨丽娟疯狂追星就是其爱恋明星刘德华的典型表现。

5. 归属心理

人本主义心理学创始人马斯洛提出了著名的“需要层次理论”。他认为，人的需要是由以下五个等级的需要构成的：生理需要、安全需要、归属和爱的需要、尊重的需要和自我实现的需要。这五种需要都是人们最基本的需要。这些需要是与生俱来的，它们构成了不同的等级或水平，并成为激励和指引个体行为的力量。青少年所需面对的最主要问题是归属和爱的需要。由于生理和心理发展的原因，青少年正处于一种“心理断乳”期。此时，青少年对父母的依恋和认同作用逐渐减少，自主性和独立性增强。他们与同伴的关系越来越密切，一些私事、知心话愿意与同伴诉说和分享。在追星族中，他们不仅有与自己有相同感受的同伴，可以同声一气、同舟共济；而且在明星的音乐、影视或其他活动中，青少年还可以使自己陶醉于其中，获得一种心灵上暂时的平静与安慰，填补由于脱离对父母依赖而产生的“情感真空”，进而满足其归属和爱的需要。

三、环境的影响

家庭、学校和大众传播媒体是影响青少年盲目追星的重要因素。

家庭是个体社会化起点，在青少年社会化过程中发挥着非常重要的作用。家庭中影响个体社会化的因素很多，其中父母的教养方式和家庭气氛尤为重要。所谓教养方式即是父母对子女教育、训练、哺育的社会化方式。它有两层含义：一是教养态度；二是教养行为。教养态度是指父母在教育、哺育子女时所持的知识、信念、情绪及行为倾向；教养行为是指父母在教育、哺育子女时所采取的实际行动。父母的教养方式可以分为溺爱型、放任型、专制型、民主型。情境故事中梅梅妈妈采取了专制型教育方式：面对女儿追星，非常愤怒，不仅没有与女儿就追星问题沟通，反而一味责备梅梅，并将梅梅搜集的“宝贝”付之一炬。这样粗暴的专制型教育方式，不但达不到预期效果，还会引起孩子反感，进而激起其强烈的追星欲望。结果梅梅还是义无反顾地听周杰伦的演唱会去了。“杨丽娟事件”中，她的父母采取了溺爱型教养方式：纵容娇宠，百般呵护，不考虑家庭的实际情况，无条件地满足女儿的一切要求和愿望，这在无形当中支持、强化了她盲目追逐刘德华的行为。

青少年在校期间，学习任务非常繁重，面临巨大的升学和就业压力，导致相当一部分青少年产生紧张、恐惧、焦虑、抑郁、悲观等心理问题。当青少年遇到的烦恼或产生的心理问题不能及时消除时，他们往往会投身于对明星的崇拜，借以掩盖学业和就业压力给自己带来的难以排遣的紧张、恐惧、焦虑和沮丧，从而获得心理的补偿和平衡。另外，学校文化生活单调、乏味，艺术教育缺乏活力，这也会造成青少年盲目追星。因而，学校应当反思：音乐教学应该怎样引导学生欣赏严肃高雅的作品、音乐教学应该怎样引导学生欣赏流行歌曲、教师应该如何引导学生追星等一系列问题。

大众传播媒体是以报刊、图书、电影、广播、电视、网络等为工具，面向大众的信息沟通方式。大众传播媒体迅速地向人们提供有关社会事件和社会变革的信息，还向人们提供各种不同的角色模式、角色评价、价值标准、行为规范，对个体社会化起着潜移默化的作用。大众传播媒体到底起什么作用，不在于传播形式本身，而在于传播的内容和对受众的引导是否得当。青少年处在一定的社会文化环境中，不可避免地受到大众传播媒体的影响。由于青少年的思想不成熟，辨别力比较低，加之商品经济的刺激，使广播、电视、报刊、杂志、网络等对娱乐明星、体育明星等过多的关注和宣传，导致青少年自觉或不自觉地受到影响，甚至达到“疯狂”的地步。这些都直接或间接地影响了青少年的生活方式。一些不负责任的媒体，过度放大明星的光环，过度宣扬明星过人之处，却忽视了明星作为一个正常人所具备的一般品质。个别媒体甚至在利益的驱动下，根本不考虑或忽视、抛弃了自身所肩负的责任，为了吸引受众的眼球，不惜一切代价炒作明星，而身心尚未完全成熟的青少年很容易受到媒体炒作的暗示，浑然不觉地加入到追星大军中。

第二节 教育策略——“星星”点灯

作为教师，你了解自己所在班级的学生吗？他们的追星程度如何？有多少学生盲目“追星”或过度“追星”？要想回答上述问题，不妨用以下测验了解一下本班学生的“追星”指数。

行为检测

你的“追星”指数是多少

当看到下面的问题时，你脑海中一瞬间浮现的是什么？请从A、B中选出最接近的答案。

1. 节假日，你最想做什么？

A 游乐园　　B 睡午觉

2. 偶像——

A 海报　　B 演唱会

3. 卡通商品，是什么？

A KITTY 猫　　B 米老鼠

4. 夜晚——

A 床铺　　B 星星

5. 大排长龙——

A 买票　　B 热门的商品

6. 毕业典礼——

A 眼泪　　B 告白

7. 医院——

A 打针　　B 护士

8. 零食——

A 巧克力　　　　B 土豆片

9. 约会——

A 等待　　　　B 浪漫晚餐

测试方法：

	1	2	3	4	5	6	7	8	9
A	5	5	5	1	5	1	5	1	1
B	1	1	1	5	1	5	1	5	5

35 分以上——A；34～29 分——B；28～21 分——C；20 分以下——D。

测试结果：

A. “追星”指数100%　你是一个非常热衷于“追星”的人。一有流行的东西，你一定会飞奔而至；对流行的商店，你宁愿排长龙也要去光顾；跟着明星跑也是可能性很高的。对于此类型的人，最需要注意的就是理智追星，不要让追星影响到自己正常的学习、生活。

B. “追星”指数80%　你是个颇会“追星”的人。特别是有了喜欢的偶像时，你会非常喜欢他（她），是那种会尽力去收集这个偶像周边商品的类型。不过，你可要量力而为哦！小心别闹经济危机。

C. “追星”指数55%　你是那种隐藏式“追星”的人。你尽管平常并不是那么“追星”，不过只要一去参加演唱会，或是在大街上发现偶像时，你就会在瞬间失去理智，突然热切地追着偶像跑。看来你也要注意，不要一时头脑发热哦！

D. “追星”指数25%　你的“追星”指数似乎很低，你是不是对流行的东西和明星的反应都很冷淡呢？不过你似乎偶尔会想享受一下追星的气氛，去找个和你志同道合的朋友吧！追起星来就不尴尬了。

（邹珉，2003）

好了，经过上面的小测验，你应该对本班同学“追星”的情况了如指掌了。面对“追星”指数较高的A、B、C三类同学，你是否感到忧心忡忡、束手无策呢？下面，我们介绍几种策略以帮助和引领青少年正确“追星”。

一、给予学生疏导而不是干涉

教师作为成年人，已经能比较理智地看待明星，即使比较欣赏或喜欢某一明星，也不会像青少年一样迷恋和狂热。因而，对青少年追星，教师习惯用一种成年人的眼光去看待和审视，视“追星”为洪水猛兽，摇头叹息，忧心忡忡，往往采取“堵”的方式，批评指责，欲处置而后快。事实上，不考虑青少年的身心发展特点而把成年人心理强加给未成年人，这是不公平的，也是不可行的。强行干涉学生“追星”行为，往往达不到预期的教育效果。由于青少年的逆反心理比较强，教师越禁锢学生“追星”，学生的“追星”欲望反而越强烈。其道理与大禹治水如出一辙：鲧用“息壤”堵洪水，结果水越受堵，洪灾越厉害；禹则采用疏的方法，让水得其道而行，最终成功治理了洪水。对待青少年追星也是一样。有一些教师在对学生追逐的“明星”没有任何了解的情况下，就对学生生硬地讲这些明星怎么不好，企图以说教的方式改变学生的追星观，这很容易引起学生反感，最终导致教师花了很多时间、精力和心血，却收效甚微。

那么，教师到底应该采取什么办法疏导盲目追星的学生呢？采取与学生讨论、心理剧、写信等方法都是比较好的。

例如，教师可以召开“理性面对偶像崇拜，不盲目‘追星’”的主题班会，班会上，可以先让学生观看郭达、蔡明和赵丽蓉三人合演的小品“追星族”（该小品可以从网上直接下载视频），然后让学生对照自己的实际情况，结合小品内容，进行讨论，经教师引导，学生会得出结论：可以喜欢一些明星，但不能盲目追星。

针对情境故事中盲目追逐周杰伦的同学梅梅，教师不妨给她写这样一封信：

> 梅梅：
>
> 你好！今天咱们探讨一下追星的问题。
>
> 俗话说：追着光走，能长生不老；赶着太阳，能延续生命；跟着时尚，能永葆青春。如今流行追星，追星已成为一种时尚。我知道，在众多的明星中，你崇拜、仰慕周杰伦肯定有你的理由。你知道吗？我也很喜欢他。当我工作劳累的时候，我经常听周杰伦的歌。但是，我们也要知道，做任何事都应该有个度。

追星也不例外，毕竟它只是我们生活中的一小部分，而不是我们生活的全部，因此，我们不要因为太重视它而遗忘了生活中美好的另一面。现在你的主要任务是学习，在学习之余听听自己喜欢的歌星唱的歌，放松一下，劳逸结合是好事。但是，如果你把太多的时间花费在自己喜欢的明星上，而耽误了学习，我就不赞同了。当然，我也有疏忽之处。作为老师，我以前没有跟你讲解、讨论、分享“追星”问题，希望你能体谅我。

孔子云：“择其善者而从之，其不善者而改之。”俗话说：金无足赤，人无完人。让我们共同携手，改正不善，好吗？梅梅，如果你对此有什么疑惑或不解的地方，我欢迎你随时跟我聊聊或直接给我写信。

祝好！

××老师

×月×日

上面教师所写的感情真挚的信，既对学生过度追星做出了评价，也坦然承认了自己教育上的失误。与一味训斥、批评学生相比，这种向学生敞开心扉的表达比较容易被学生接受。

知识窗

心理剧（psychodrama）又称社会剧，系维也纳精神病学家莫雷诺（J.L.Moreno）首创。它借助舞台表演的形式，在指导者的引领、支持和帮助之下，使个体重新经历情绪冲突的体验；在探索个体人格特征、人际关系、心理矛盾等过程中，让个体通过行为模仿或行为替代尝试改变自己旧有的行为或学习新的行为，使心理问题得到解决 。

心理剧包括指导者、主角、配角及观众四种基本角色。在演出之前，指导者首先应该在团体中建立一种宽容和接纳的氛围，向扮演者及观众描述要探索的关系和基本情境；在演出中，指导者作为心理剧的评估者，可以暂停演出，对演出做出评价，保证角色是恰当的，也可以参与演出；演出结束后，指导者负责组织讨论。主角应由有心理健康问题的学生担任。在指导者的帮助下，主角将既具有强烈内心冲突的情绪问题、又具有代表性的事件作为心理剧的素材，通过参加心理剧的演出逐步解决自己的问题。通常，指导者会建议主角演多个角色，而且在别人演出时让主角仔细观看。主角可以选择并指导配角。配角是主角生活中的重要他人，其任务就是为主角提供真实情境，演出时配角投入情绪越多，主角的真实感觉就越强。配角一般由主角选择。观众虽然不扮演角色，但可能对扮演者产生认同作用。对主角来说，观众代表着现实世界，在这个世界中，主角可以感受到自己被接纳，得到了别人的支持，从而有益于其心理问题的解决。心理剧一般分为暖身、演出和分享三个阶段（耿柳娜，2007）。关于心理剧的具体运用，详见本章第三节教育个案部分。

二、帮助学生认清“明星”的成功绝非偶然

处在青春期的青少年都在编织自己的“明星梦”，教师应及时引导学生认清“明星”是如何产生的。“明星梦”犹如七色的肥皂泡，非常容易破裂。“明星”拥有的声誉和财富绝非一蹴而就、唾手可得。明星也是凡人，不是神，他们是靠“台上一分钟，台下十年功”练出来的，是靠自己的努力才换来今天的成功的，在成名过程中，他们也遭遇过困难与挫折。因而，“明星梦”要变成生活中的现实绝非易事，需要付出艰辛的努力和辛勤的汗水，并且需要具有较强的抗挫折能力。客观公正地说，大多数明星的成功不是靠光鲜亮丽的外表、机遇好或运气好，而是靠自身的实力和优良品格。一般而言，要想成为娱乐明星和体育明星必须具备两个条件：一是“明星”必须具有一定的特殊天赋或特长，而这种天赋和特长并不是每一个人都具有的；二是“明星”都经历了十分激烈的甚至非常残酷的竞争过程，而这种激烈和残酷的竞争不是每一个人都能够承受的。正因为如此，“明星”永远只能是极少数人。当学生对明星成功的奥秘、对明星和自我之间的差距有了正确而清晰的认识之后，他们就会逐渐趋于理性。

例如，周杰伦是青少年心中的“天王”，教师可以给学生展示“周杰伦是怎样成功”的案例，引导学生讨论“周杰伦成功是否有秘诀？”“青少年应该向周杰伦学习什么？”“周杰伦的成功对青少年有何启发？”等一系列问题。

经典案例

周杰伦是怎样成功的？

小时候，周杰伦是一个沉默寡言、害羞敏感的孩子。年幼的时候，周杰伦父母亲就离婚了，其后，他便和妈妈、外祖母生活在一起。一个在普通家庭中长大的孩子、没有显赫的家庭背景、没有出身于演艺世家、曾被中学老师认为有“学习障碍”的孩子，日后竟然成了天王巨星。那么，周杰伦到底是怎样成功的呢？

由于父母离异，母亲把所有的希望都寄托在周杰伦身上。3岁时，母亲见他在音乐方面很有天赋，就拿出所有的积蓄为他购买了一架钢琴。孩子都有爱玩的天性，周杰伦也不例外。每次练琴的时候，一听到窗外小伙伴的嬉闹声，他就坐不住了，弹琴也心不在焉。母亲只好拿一根棍子逼迫他练琴。母亲的“棍棒教育”使得周杰伦弹得一手好琴，但是也使他养成了孤僻的性格，不爱说话，学习成绩较差。

上高中后，周杰伦依然沉浸在音乐爱好之中。由于学习成绩不好，他没有考上大学。高中毕业后，周杰伦到一家餐馆当了服务生。工作虽然烦琐、辛苦，但是周杰伦仍然坚持自己对音乐的追求。每次发工资后，他做的第一件事就是购买磁带。平时，他就把单放机带在身边，没事就听音乐。一次，心情不错的周杰伦托着一盘菜，边走边唱，一不留神，撞到了一个女服务员身上。盘子打碎自不必说，更糟糕的是烫伤了女服务员。为此，周杰伦被餐厅经理扣掉半个月工资。自然，当月周杰伦计划买磁带的钱就没有了。

事过不久，餐厅老板为提高品位，在餐厅里配备了一架钢琴，以便为客人奏乐助兴。可请来的好几名钢琴师，由于不合老板的口味都被炒了鱿鱼。一天下班后，手痒的周杰伦趁老板不在，用那架崭新的钢琴演奏了一首他自己刚刚创作的歌曲，这让同事们大吃一惊：原来他还会弹钢琴！餐厅老板听说后，就让周杰伦担任琴师在大厅里弹奏自己创作的乐曲。从此以后，周杰伦再也不用当服务员了，而是每天坐在钢琴前演奏。

1997年，周杰伦报名参加了电视台的一个娱乐节目——《超猛新人王》，首次登台表演以失败告终！当时，该节目主持人吴宗宪也是台湾阿尔发音乐公司的老板，看了周杰伦的歌谱后，认为他演奏的歌谱不仅十分复杂，而且还抄写得工工整整，于是便邀请周杰伦到他的音乐公司专职写歌，周杰伦欣然同意了。

周杰伦由于从小就打下扎实的音乐功底，很快就创作出了大量的歌曲。但是，吴宗宪认为周杰伦写的歌词比较怪异，音乐圈内几乎没有人喜欢。因而，每当周杰伦把自己创作的手稿给吴宗宪时，吴宗宪只好把他的手稿放在一边。一天，周杰伦又拿着自己新创作的歌曲给吴宗宪看，看着他那得意的样子，吴宗宪就想激他一下。吴宗宪接过手稿后，看都没看一眼，就将歌曲揉成一团，扔进了垃圾桶。看着这一情形，周杰伦一言不发，转身离去。挫折并没有压跨周杰伦，他夜以继日地工作，平均每天创作一首歌曲。终于，吴宗宪被周杰伦的执着、勤奋感动了，答应找歌手演唱周杰伦的作品。吴宗宪将周杰伦创作的《眼泪知道》的歌曲推荐给当时的天王级歌星刘德华演唱。刘德华看了歌词以后拒绝演唱。之后，周杰伦又为当时火爆华语乐坛的张惠妹写了一首歌——《双截棍》。他原以为张惠妹比较前卫，应该容易接受这首歌。然而，出乎周杰伦的意料，张惠妹竟也拒绝演。面对一次次的失败和打击，周杰伦感到迷惘和困惑，他甚至开始怀疑自己是否具有音乐创作能力。

就在周杰伦蒙受沉重打击、消极颓废时，吴宗宪看到了周杰伦对音乐独特的理解力，决定给他另一次机会——让他登台演唱自己创作的歌曲。但是有一个前提条件：周杰伦要在10天之内创作出50首歌曲，吴宗宪从中挑选10首，制作成唱片。于是，周杰伦通宵达旦地创作，最终在规定期限内完成了创作任务。经过大半年的精心制作，周杰伦的第一张专辑——《杰伦》问世。令人意想不到的是，该专辑刚一上市，就被歌迷抢购一空，并在当年流行音乐评选中，一举夺得台湾流行音乐金曲奖的最佳流行音乐演唱专辑、最佳制作人和最佳作曲人三项大奖。随后，周杰伦的第二张专辑《范特西》横空出世，很快风靡了整个华语乐坛。2002年初，在第八届全球华语音乐榜中榜评选过程中，周杰伦一举夺得2001年“最受欢迎男歌手”奖。从此以后，华语流行歌坛几乎成了周杰伦的天下，他独特的音乐曲风、桀骜不驯的外表、潇洒的风度都成为歌迷们热烈追捧的焦点。

从一名普通的餐厅服务员成长为家喻户晓的“亚洲小天王”，谁曾想到周杰伦的成名之路竟是如此坎坷！难怪周杰伦在接受美国《时代》杂志以及英国路透社专访时说："明星梦并不是遥不可及的，其实，任何人都可以做，只要你肯努力。我之所以能有今天，就是我永不服输的结果。"

（http：//www.atmlm.com/blog/html/18/3718-28828.html）

三、引导学生将"追星"转换为自己学习的动力

青少年"追星"是普遍存在的社会现象，"追星"本身没有错，关键是要把握好"追星"的尺度和方向，盲目"追星"和"追星成瘾"都是不成熟的表现，需要教师积极引导。所以，教师在繁忙的教学工作之余，一定要抽出时间和学生谈心，以一种朋友的身份去了解青少年的内心世界和情感需求，进而帮助他们减轻或消除各种心理和生理上的困惑与压力。学生喜欢一个人、一件事，肯定有他/她喜欢的理由，教师要尊重和理解学生，试着从学生的角度进行思考，学会换位思考，从青少年的身心特点出发看待他们所面对的问题，循循善诱，旁敲侧击，引导学生克服片面"追星"，倡导学生虚心"学星"。

"追星"实际上是一种榜样认同和学习，提供什么榜样或展示什么样的榜样对青少年成长十分重要。榜样的力量是无穷的，教师要因势利导，充分发挥"明星"强大的号召力和感染力，启发学生寻找明星真正值得崇拜的地方，体会他们的人格之美和成功背后的拼搏精神，学习他们具有坚定的目标和远大的理想，学习他们的优良品质和过人之处，见贤思齐，快乐地"追星"。让"星星"点灯，照亮学生人生的旅程。

另外，教师要向学生有意识地介绍各行各业都有明星。除影视明星、歌星、体育明星外，还有政治明星、学术明星、文化明星、科技明星、军事明星等等，教师可以讲述他们的求学历程、奋斗经历或感人事迹，让更多的"星星"在学生的心里一起闪耀。通过这些介绍可以在一定程度上纠正学生单一、片面的偶像观，树立学生正确的偶像崇拜观，引导他们关注各行各业的成功人士，打开他们对未来的广阔构思。

教师要引导青少年根据自己的实际情况和主客观条件，选择和确定自己心中的"星"，并且也要像那些明星一样，通过努力奋斗去实现自己的梦想，切不可盲

目“追星”，耽误学业。例如，教师可以向学生介绍数学家孙小礼“追星”的故事，引导学生了解和掌握如何将追星的热情转化为学习的动力。

经典案例

数学家孙小礼如此“追星”

《莱布尼茨与中国文化》一书的作者——北京大学科学与社会研究中心首任主任、专家孙小礼教授自称是莱布尼茨忠实的“粉丝”。孙小礼年轻时十分崇拜百科全书式的科学家莱布尼茨，从此默默“追星”。莱布尼茨的原著70%是拉丁文的，25%是法文的，极少数是德文的。1963年，孙小礼就购买了一批法文和德文课本，她要开始法文和德文的学习。老师都找好了，是请严宝瑜先生帮她找的。但很快就是两年“四清”，紧接着又是十年“文革”。于是，她的计划“破产”了。转眼到了20世纪80年代，孙小礼看到一些报刊文章说，莱布尼茨是受周易“八卦”的影响才发明二进制的，这个被质疑的说法成为她日后一直关注并竭力要搞清楚的课题。1986年，北京大学数学系要举行纪念莱布尼茨诞辰340周年的活动，身为数学系教授的孙小礼一头扎进图书馆，贪婪地阅读了大量的关于莱布尼茨的文献，看到这个300多年前百科全书式人物的种种成就和他在历史上获得的极高评价，她再一次被折服了。在给学生做了关于莱布尼茨的学术报告后，孙小礼说：“从此，关注和阅读莱布尼茨的资料就成了我的一项个人爱好。”2000年夏，孙小礼利用去欧洲参加学术会议的机会，专程访问了德国汉诺威市莱布尼茨档案馆。

“追星”，原本无可厚非啊！崇拜一个大学问者的成就，进而对他的学问、成就产生浓厚的兴趣，了解他，研究他，从而使偶像成为自己学术研究的目标，将“追星”的热情转化为自己奋斗始终的动力——这就是孙小礼给我们的启示。

（报刊文摘，2007）

此外，教师也可以开展“群星璀璨”的班会活动。以下，就是具体的活动设计内容：

【活动目的】

使学生对明星有一个客观的认识，帮助学生克服“盲目追星”，引导学生学习明星的优点或长处。

【活动准备】

1. 教师制定活动方案：活动内容、活动时间和活动方式。
2. 教师向学生推荐有关名人的书籍。例如：《中国历史上的名人》《中外名人传记》《名人传奇》《世界杰出人物的少年时代》《获诺贝尔奖科学家传记》《体育影视名人故事》等。
3. 教师让学生通过收看电视节目、听广播、搜索互联网、翻阅报刊、杂志等了解各行各业的明星。
4. 教师随机将本班同学分为两组（甲、乙组），每组成员之间，相互合作，互通信息。

【活动设计】

※明星大家谈

教师：不论在文明璀璨的古代社会，还是在经济飞速发展的现代社会，都涌现出了许许多多的明星。正是一颗颗闪亮的“星星”，让无垠的夜空令人心驰神往。我们常常会仰望那璀璨的“星星”，寻找我们的梦想。你追星，我追星，大家都在追星。今天，就让我们敞开心扉，说明星，谈明星，学明星。下面，请大家说出各自喜欢的明星并说明喜欢的理由。

（注：教师要根据学生回答的情况，统计学生所喜欢的明星及其原因，并将其归类。）

※各抒己见

在对学生追星的原因进行归类后，教师引导学生讨论，“我们到底应该喜欢明星什么？”“明星有哪些值得我们学习的地方？”“明星是否也有缺点或不足？”等。

■ 抢答题：明星知多少

教师：下面，是抢答题。请甲、乙两组同学准备好，请注意听各题。哪组答对的题数多，哪组就获胜。

◆ 说出历史上5位著名的科学家及他们的历史贡献

◆ 说出当代5位著名的科学家及他们所做的贡献

◆ 说出5位艺术家及其所做的贡献

◆ 说出5位作家及其代表作

◆ 说出5位诗人及其代表作

◆ 说出5位政治家及其贡献

◆ 说出当今5位影视歌明星及其成名作

◆ 说出当今5位体育明星及其获奖情况

（教师总结：通过刚才的比赛，我们可以看出各行各业都有明星——不仅影视歌娱乐界出明星，政界、军界也出明星。很多政治家、军事家、科学家为人类历史、国家和社会发展做出了巨大的贡献，他们也是当之无愧的明星。）

■ **模仿秀**

教师：每个人都有自己喜欢的明星。下面，请各组选出5名代表，模仿自己喜欢、崇拜的明星。

（注：模仿活动结束后，教师要让每个同学谈谈自己的感受。）

※ **结束语**

教师：今天的班会活动，大家踊跃参加，积极思考，敞开心扉，畅所欲言，大胆地展示了自我。大家今后要善于发现和充分挖掘明星身上的优点，以明星为榜样，努力学习，积极进取。

四、引导学生参加各种活动和运动

教师应告诉学生：追星不应成为青少年感情上的唯一依托，要学会参加各种有意义的活动和运动来充实自己，寻找理想的坐标，进一步拓展自己的交往空间。例如，教师可以通过引导学生参加各种活动和体育锻炼，借以转移学生盲目“追星”的兴趣和注意力，培养学生广泛的爱好和兴趣。在学习之余，学生可以参加的活动既包括校内活动，也包括校外活动（如社会公益活动、爬山、绘画比赛和歌唱比赛等）；既包括室内活动，也包括室外活动。这些健康、有益的活动和运动，不仅能增强学生的体质，而且可以丰富学生的生活，开阔学生的视野，提高学生的人际交往能力，为学生搭建展示自己的舞台，使学生获得成就感、满足感和自豪感，了解自己存在的价值，从而积极地、勇敢地、乐观地面对生活，减少追星的时间和淡化对“明星”疯狂迷恋的情感，最终达到促进青少年健康成长的目的。

经典研究

浙江传媒学院章洁和方建移等2007年对浙江省4562名中学生的偶像崇拜情况做了调查，结果如下：

表1　青少年偶像选择情况比较

偶像类型	男生		女生		合计	
	频数	频率	频数	频率	频数	频率
明星	1769	81.6	1767	73.8	3536	77.5
超女	33	1.52	239	9.99	272	5.96
传媒 & IT 业人员	43	1.98	45	1.88	88	1.92
虚构人物	30	1.38	32	1.33	62	1.36
媒介人物小计	1875	86.4	2083	87	3958	86.8
杰出人物	69	3.18	84	3.51	153	3.35
政治人物	76	3.5	50	2.9	126	2.76
中间人物小计	145	6.68	134	6.41	279	6.11
父母	42	1.94	79	3.3	121	2.65
自己	61	2.81	32	1.33	93	2.34
亲属	8	0.37	24	1	32	0.70
老师	14	0.65	17	0.71	31	0.68
同学	13	0.60	10	0.42	33	0.50
非媒介人物小计	138	6.37	162	6.76	310	6.87
其他	11	0.51	14	0.59	25	0.55
合计	2169	100	2393	100	4562	100

表2　排名前10位的偶像

名次	选择	频次	名次	选择	频次
1	周杰伦	780	6	周星驰	118
2	林俊杰	167	7	周笔畅	112
3	刘德华	147	8	谢霆锋	111
4	潘玮柏	140	9	李宇春	106
5	成龙	128	10	姚明	104

（《新闻实践》，2006.11）

第三节 教育个案——群“星”灿烂，你追哪一颗

一、典型个案

小丽（化名），女，初中二年级，学习成绩比较优异。近半年来，她疯狂地迷上了“超级女声”李宇春。她可谓是李宇春的忠实崇拜者，整日忙于收集李宇春的写真、CD、海报等资料，甚至连李宇春喜欢用什么牌子的牙膏等生活细节都了如指掌。由于整天忙着追星，致使其上课不能认真听讲，下课不能按时完成作业，期中考试成绩下降。

二、教育过程

小丽的变化，引起了班主任张老师的注意。由于本班也有其他同学存在盲目追星的现象，于是，张老师决定采用心理剧的形式纠正小丽盲目追星行为，引导小丽及全班同学正确地看待偶像。

（一）热身阶段

班主任张老师（扮演指导者的角色）在讲台（讲台在此代替舞台）上对同学们（扮演观众角色）说：“在我们周围，每个同学都有自己崇拜的偶像，可能崇拜偶像的方式有所不同。下面，我们将上演一部有关偶像崇拜的心理剧。小丽同学曾几次主动报名要求参加演出，经过我们讨论，决定让她来演主角，并由她来选定几名配角。在此，感谢大家为这部心理剧的剧情编排、台词修改、道具制作所付出的辛勤劳动。在演出过程中，请各位同学认真观看，与剧中人物换位思考。演出完毕后，我会组织大家讨论，希望每个人都畅所欲言。”

（说明：在热身阶段，张老师非常注意调动演出人员的表演积极性和观众的观看欲望，营造一种温暖、接纳、共感的氛围，使演员投入地进行演出。而且，他只提及主角主动参与，不涉及她自身的问题，这样可以使主角的饰演者受到鼓舞，能更真实地再现自己的情况和感受。）

（二）演出过程

剧中主要人物有：M（盲目追星的小丽）、N（小丽的好朋友小美）、B（白燕

升)、T（张老师)、L（李宇春)。

1. 第一场景

说明：场景设置目的是通过真实情境的再现，揭示发现问题的过程。M与N两个好朋友在放学路上的谈话，使两种不同的追星心理形成鲜明对比，以展现主角M追星的盲目性。

角色安排：主角M由小丽本人扮演，配角N由小丽挑选的一名同学小美扮演。

旁白：N正走在放学回家的路上，M拿着一张李宇春的海报追上来。

M：（掩饰不住的兴奋）你看，我在音像店排了很长时间队，才买到我的偶像李宇春的海报！

N：真帅！我知道她的歌唱得很好，还是“超级女声”全国总冠军呢！

M：不止这些！看她的发型、衣服，都特别酷！我最近正在攒零用钱，准备去剪成她那样的发型。对了，你的偶像是谁呢？

N：我的偶像是中央电视台戏曲频道著名主持人白燕升！

M：（很惊讶）啊！你的偶像居然是白燕升？老气横秋的。不就是会主持个节目，唱两句老掉牙的戏嘛！这年头谁还听那个。

N：（有点生气地）可他是一位有内涵、有修养的人。

M：（撇撇嘴）都21世纪的年轻人了，怎么还喜欢那种偶像！

N：（淡淡地一笑）萝卜青菜各有所爱！或许你更喜欢那些时尚的、漂亮的明星；可我欣赏的不仅是白燕升的外在气质，更是他那种奋斗不息的精神。（摆摆手）好了，我们回家吧！

旁白：M吐吐舌头，望着N的背影扮了个鬼脸。

2. 第二场景

说明：场景设置目的是具体表现N的追星方式，让主角在旁观看、学习，了解另外一种追星方式。由于这一幕主要是N的一段心路历程，因此将由其他同学扮演白燕升，和N进行面对面的谈话，从而使人物内心世界更直观地外化。

角色安排：N仍由小美扮演，白燕升（B）由小强扮演，小丽作为观众观看演出。

旁白：期中考试快到了，N正在家里备考。

N：这道物理题太难了，做了半个小时还没解出来。（把笔使劲摔在桌子上）不做了！

旁白：N很生气地躺倒在床上。这时，白燕升（B）走到她床前。

B：怎么，这么快就放弃了？你不是说这次一定要考第一吗？

N：（矛盾地）我也不想放弃，可是……题太难了！我似乎失去信心了！

B：有志向的人是不会轻易放弃自己的目标的！

N：是的……我明白……可是……

旁白：抬起头，望着B。

N：您现在这么成功，是怎样一步一步走过来的呢？

B：我以前是学中文的，毕业那年，为了能从事喜欢的播音工作，没有服从分配，几经周折进了河北电视台，后来又转到中央电视台做了主持人。

N：您宁愿冒着找不到工作的风险，也要去追寻梦想，做优秀的主持人？

B：（语重心长地）是呀！对了，还有一段插曲呢！我刚到中央电视台工作的时候，主要是“打杂”，一连在几个节目中被呼来唤去。那一年，我换了七次住处，花完了曾经积攒的几万元钱。这还不算什么，最难受的是内心的孤独，觉得自己是多余的人，在哪里也干不出成绩！

N：在那么艰苦的条件下，您想过放弃吗？

B：当然！那时总怀疑自己当初的选择，也一度想退缩。但我最终还是咬着牙坚持下来，才有了我的今天。如果当初我像你这样轻易地就放弃自己的志向，哪能有今天的成绩呢？

旁白：N低着头没有说话，紧紧地握着拳头。

B：你现在明白应该怎样做了吧？

N：（坚定地）知道了！我应该踏踏实实地复习！不能遇到这么点小困难就放弃！

旁白：N不久就把题解出来了，这使她信心倍增。

3．第三场景

说明：场景设置的目的是让主角展现自己在期中考试备考期间的行为表现，并与上一场N的追星方式形成对比，使主角认识到自己的追星方式所带来的不利之处。

角色安排：张老师（T）由同学小刚扮演，M由小丽扮演、N由小美扮演。

旁白：课堂上，老师在讲课，M却在津津有味地看李宇春的写真集。

T：M同学，请你回答一下这个问题！

旁白：M没有听到，还在看。同桌碰了碰她，她慌忙地抬起头看着老师，站起来。

M：这个……这个……我不会。

T：快期中考试了，大家要珍惜上课的时间，集中精力听讲。请坐。

M低着头坐下。

旁白：下课后，N走过来。

N：M，咱们一起复习吧，有不懂的问题还可以讨论一下！

M：啊？一块儿复习呀？我今天没时间。

N：（惊讶地）忙什么呢？

M：春春刚出了一张新专辑！我得赶紧去音像店，去晚了就买不到了！（背起包匆匆走了）。

4. 第四场景

说明：场景设置目的是通过老师的引导、同学之间的交流，使M真正认识到自己的追星方式是不对的，并懂得怎样正确对待明星。说明老师适当的引导对帮助青少年正确认识追星现象的重要性。

角色安排：M由小丽扮演，N由小美扮演，T由小刚扮演。另由两名同学分别扮演同学甲（S1）、同学乙（S2）。

旁白：班会上，老师正在总结这次期中考试情况。

T：同学们，这次期中考试，我们班N同学考得最好，全班第一！

旁白：大家都向N投去羡慕的目光，鼓掌。M趴在桌子上，眼里含着泪花。

T：（温和地）M，我知道你这次没考好，心里难受。我们都愿意帮你进步。是不是，同学们？

齐喊：是！

M：（M缓缓坐直身子，擦干眼泪，低着头）谢谢大家！

T：那我们帮助M分析一下她这次没考好的原因吧！

N：老师，我觉得M对李宇春太痴迷了。

M：（不服气地）你也追星。为什么你没有影响学习呢？

T：为什么两个同学都追星，一个没影响学习，而另一个学习成绩下降呢？

S1：在复习阶段，M 上课不注意听讲，作业也总完不成，是不是课下也没好好复习呀？

S2：那一段时间，常见她拿着李宇春的海报，上课还听MP3！

T：（温和地）M，是这样吗？

M：（惭愧地点点头）我只忙着做春春的铁杆“玉米”了！

T：那么，N，请你谈谈你是怎样追星的呢？

N：我的“偶像”是中央电视台戏曲频道主持人白燕升，我崇拜的不是他的外表，而是他的内涵。大家都知道，他是一位优秀的主持人。他依靠不懈的努力与顽强的拼搏才拥有今天的成绩，这就是我喜欢他的原因！

S1：老师，我明白了。主要原因是她们两个人的追星方式不一样，M 更注重明星的外在，N 更注重内涵！

旁白：T 满意地点点头。

S2：我们应该学习明星努力奋斗的精神，而不应只看他们表面有多风光，他们也一定为此付出了许多努力。

M：（恍然大悟地）我明白了！我以前太注重追求明星的外在了，其实春春也是一个坚强、上进的好学生！

T：（高兴地）好！经过大家的讨论，M 同学已经认识到了自己的错误，并且知道了怎样去改正，我们大家祝愿她能很快地提高自己的成绩！

旁白：大家鼓掌。

5. 第五场景

说明：场景设置目的主要是让小丽扮演李宇春，李宇春在演出结束后接受记者采访时遇到M，向M诉说自己求艺练歌的艰苦历程。目的是通过角色互换，使M更深刻地感悟自己不当的追星方式，进一步了解偶像的内在优点，坚定向偶像学习的决心。

角色安排：李宇春（L）由小丽扮演，M由小美扮演，另由几位同学扮演记者。

旁白：李宇春演出结束后，记者蜂拥上前采访，M 也夹在其中。

M：（奋力向 L 面前挤）：春春，我是你的歌迷，请帮我签个名！

旁白：L 注意到 M，拿过笔来表示要给她签名。

M：（挺起胸，高喊）在这里签！

旁白：L 笑着看了看她，在她的衣服上签了名。

M：（兴奋地）谢谢你，我特别崇拜你！以后我也要像你这样出名。

L：（看着 M，笑了）你为什么想出名呢？

M：（兴奋地）出了名可以穿漂亮的衣服，剪时尚的发型……

L：可你想过没有？这要靠自己不断努力、不断克服困难才能成功？

M：这点我倒没想过！难道你还碰到过什么困难，（好奇地）能讲讲吗？

L：当然可以！我从小就喜欢唱歌，但进入音乐院校之前，却未接受过正规的音乐训练，因而基本功不扎实……总感觉自己不如周围训练有素的同学，非常失落和自卑。

M：你当时肯定很痛苦！那后来呢？

L：后来我经历了许多称得上为练歌而“废寝忘食”的日子。好多人夸我有唱歌的天赋，其实我的成绩也是通过努力得来的！

M：那你经过刻苦练功，以后就一帆风顺了吧？

L：（笑着摇摇头）大三的时候，我参加了中央电视台全国青年歌手大奖赛四川赛区选拔赛。没想到，在学校的比赛中就被淘汰了。那时，刚刚树立起的信心就又经历了一次沉重打击！后来，在老师和同学的鼓励下，我挣扎着振作起来。人嘛，总要为自己的梦想努力！

M：真没想到原来你也遇到过这么多挫折、困难。你奋斗不息的精神真令我敬佩。我要向你学习，经过努力实现我的梦想！

L：祝你早日实现梦想！

M：谢谢！我一定会努力的！

（三）分享

演出结束后，张老师指导同学们，就“什么样的人值得我们崇拜？”“如何崇拜“明星”？”、“如何帮助周围有类似问题的同学？”等问题进行了讨论。通过讨论，大家都认识到了应该怎样做才是最好的“追星”方式。主角小丽在演出后，也认识到自己“追星”的盲目性，与同学讨论后更加坚定了改变“追星”方式的决心。

三、教育结果

转眼间，一学期结束了。期终考试，小丽的学习成绩赶了上来。虽然每天的学习生活比较忙碌，但是她觉得自己过得非常充实。对于自己的“追星”历程，她感慨万千：“我曾经走入‘追星’的误区，上课也想着‘明星’，让我痛失学习机会。如今，我对‘明星’已经有了正确的认识，已经学会控制自己的感情了。现在，‘追星’只是我的‘业余爱好’而已。”*

---

*该教育个案根据耿柳娜《心理剧在心理健康教育中的应用示例》改编而成。

反思驿站

● 经过“追星指数测试”，你班上盲目“追星”的学生有哪些？

● 经了解，盲目“追星”学生追捧的“明星”分别是：

● 经过与盲目“追星”学生的沟通，得知他们“追星”的原因分别是：

● 对盲目“追星”的学生，你以前采取了哪些教育策略？这些教育策略取得的效果如何？与本章介绍的教育策略相比，你以前采取的教育策略有哪些利弊？

● 经过本章的学习，对盲目“追星”的学生，你拟采取哪些教育策略：

● 青少年时期，你崇拜的“明星”是：

● 青少年时崇拜的明星对你产生的影响是：

● 你青少年时崇拜明星的原因是：

● 虽然现在你已经是成人了，但是你也有自己喜欢或仰慕的明星，与青少年时相比，你的心态有了哪些变化？

● 青少年时“追星”的经历，对你现在处理学生过度“追星”有何影响？

● 根据你“追星”的亲身经历，有哪些经验或想法可以与学生一起分享？

____

____

____

____

参考文献

1. 报刊文摘 . 数学家孙小礼如此“追星”[EB/OL].
[2009-03-10] http://www.yast.org/ReadNews.asp?NewsID=9248.

2. 段兴利 . 对青少年病态追星的探讨[J]. 当代青年研究，2007（8）：70-75.

3. 耿柳娜，刘金秀. 心理剧在心理健康教育中的应用示例[J]. 中国特殊教育，2007（1）：93-96.

4. 孔令芝 . 群“星”灿烂，你追哪一颗？[J]. 中学政史地，2007（6）：5-6.

5. 彭聃龄，主编 . 普通心理学[M]. 北京：北京师范大学出版社，1993.

6. 全国 13 所高等院校《社会心理学》编写组 . 社会心理学（修订版）[M]. 天津：南开大学出版社，1998.

7. 孙天威，杨志刚 . 对青少年追星现象的心理学分析及教育策略[J]. 教学与管理，2002（6）：21-23.

8. 向周杰伦学习如何成功！[EB/OL].
[2007-05-18] http://www.atmlm.com/blog/html/18/3718-28828.html

9. 邹珉 . 你的心事我猜！猜！猜！[M]. 上海：上海远东出版社，2003.

第三章

早恋问题与教育

青年男子谁个不善钟情？

妙龄女子谁个不善怀春？

这是我们人性中的至圣至神。

——德国诗人 歌德

章节导读

★ 青春期学生早恋是否正常？

★ 什么原因造成青春期学生早恋？

★ 教师应该如何疏导青春期学生早恋的情结？

★ 学校应该怎样与家长合作，帮助青春期学生摆脱早恋？

情境故事

羞答答的玫瑰静悄悄地开

我在一所普通高中读书，学习成绩一直名列前茅。虽然老师整天督促我们要好好学习，不要陷入早恋的漩涡；但是，同学中成双成对的还真不少呢。谈恋爱到底是什么样子呢？听好朋友媛媛说，没人追的女孩要么长得“质量”太差，要么人际关系糟糕透顶。我认为自己的人际关系不错，难道是我的“质量”太差吗？为了验证这一问题，我给他写了一封情书。没想到，他竟然回信说很早就喜欢我。就这样，我和他开始了浪漫的恋爱。

他是谁呢？他叫阿鹏，长得很帅，是我们班的第一帅哥，是我心中的“白马王子”。他对我非常好，同学有欺负我的，他就替我出气。他篮球打得不错，唱歌也很好，让同学们羡慕不已。我们一起上学，放学后一起回家。节假日，我们经常手挽着手逛公园、看电影。和他在一起，我非常开心，总觉得时间过得非常快。

自从和阿鹏相恋后，上课时我总是分心，脑海里不时浮现出我们相处时的甜蜜情景；下课后，我无心做作业，焦急地等待着放学，盼望着他马上来到我身边。……转眼间，期终考试结束了，我的学习成绩一落千丈。

当发生这一切时，我非常着急，想拼命学习，恶补落下的功课，可是不知为什么，我眼前总是飘忽着他的身影。于是，我的思绪又悄悄地飞到那诱人的、如醉如痴的爱河边。

我该怎么办呢？有什么办法可以帮助我尽快走出情感的误区吗？

上面是一名高二女生写给学校心理咨询老师的一封绝密信件。早恋是青春期的一个敏感话题，也是教师、家长、学生熟悉而又无法回避的一个话题。上面的女孩为什么会坠入情网？教师应该如何引导她走出情感的沼泽地？

第一节 问题解析——苦涩的青苹果

2007年，辽阳中医药学院吴丹彤对该校864名学生青春期恋爱行为进行了调查，结果表明：32%的学生认为早恋的根本原因是青春期的冲动、情窦初开；29%的学生认为是对异性的好感；22%的学生认为是闲得无聊；12%的学生认为是由于受现在电视、电影中谈情说爱的影响，自已想尝试一下；5%的学生认为是真正对异性的喜欢。

上述调查在一定程度上揭示了青青期学生早恋的部分原因。实质上，青春期学生早恋的原因是多方面的，既有当代青少年的生理、心理发育提前的原因，也有家庭、学校、社会方面的原因。

一、生理成熟与性意识的觉醒

生理成熟及性意识觉醒是青春期学生早恋产生的身心发展方面的原因。青少年从青春期开始，下丘脑垂体性腺系统分泌各种激素，性器官迅速发育成熟，开始出现第二性征，此时青少年生理上会产生急剧的变化。另外，随着社会的发展，人们生活水平的日益提高，青少年的性发育、性成熟也有提前的趋势。第二性征成熟对青少年心理和行为产生了重要影响。伴随着性成熟，青春期青少年的性意识也逐渐觉醒，对异性的好奇心及神秘感不断加强，对异性会产生有别于同学间友谊的希望，驱使他们开始关注异性、接近异性、追求异性，容易产生爱慕和追求的情感，并沉浸在爱情的梦幻之中。由于青春期青少年的心理发展水平与生理成熟程度相比滞后，思维较片面化和肤浅化，自我控制能力较差，所以，很容易因感情冲动而发生早恋。

青春期学生生理的成熟、发展导致其心理也发生了巨大的变化。一是成人感增强。他们认为自己已经是成人了，因而常常模仿成人的行为举止，样样向成人看齐，以显示自己已长大了。二是学生对自己、对他人的关心评价已发生了变化。他们开始关心自己的形象，注重自己在他人尤其是异性心目中的地位，平时非常注意穿着打扮，喜欢像“孔雀开屏” 那样向异性展现自己的魅力。同时，他们对异性容易产生兴趣和爱慕，希望能爱和被爱。在“爱”和“性”需要的驱使下，他们渴求了解异性，希望同异性交往，并在交往中感到兴奋和满足。

另外，青春期学生具有极强的模仿性，当受到爱情歌曲、言情小说、影视等影响时，他们便试图模仿、尝试。特别是当同学中有人正在谈“恋爱”时，他们更容易受感染，增强模仿的强烈愿望。青少年的新奇感、叛逆心理及寻找爱与归属的需要也催动了恋情的萌发。

最后，心理错觉也是青春期学生早恋产生的原因。在学生生活中，往往有这种情形：男女一方在学习上、生活上给对方予以一定关心和帮助，这原本是一种纯真的友情，而对方却把这种纯真的友情误解为爱情，产生心理错觉，于是暗地里滋生了一种爱慕，有的甚至直接向对方求爱，发展为早恋。

二、家庭温暖与关爱的缺乏

家庭是社会的细胞。如果把社会比作海洋，那么家庭就是港湾，是孩子们停泊靠岸、养精蓄锐的地方。缺少家庭温暖和爱护是导致青少年早恋的重要原因。研究表明，青少年青春期早恋大多数与家庭因素有关。其一，家庭关系紧张，家庭生活冷漠、压抑，缺乏家庭温暖，不能获得足够的感情关注；其二，家庭结构残缺（丧偶、离异等），缺少爱抚，渴望获得异性的爱；其三，有些学生的家长工作繁忙，无暇顾及子女或长期在外地工作，子女隔代抚养或寄托给他人等，缺乏与子女心理与感情上的交流和沟通，忽略子女的情感需要，使得子女情感需要得不到满足；其四，有些家长教育方法不当，简单粗暴、野蛮无礼，或对子女不闻不问，任其自由发展；其五，有些家长沾染上某些恶习，或行为不检点，使学生对家庭不满。如此等等，都会使青春期学生在感情上得不到满足，不得不从家庭之外的异性朋友那里求得安慰，获得满足，取得补偿。所以，有心理学工作者声明，如果孩子从家长那里得到足够的爱，他们通常会处理好与异性交往的关系，早恋发生的几率就会大大降低。

此外，现在的青少年普遍早熟，而许多家长对孩子进入青春期了解甚少，甚至毫不知情，有的即使知道了也遮遮掩掩、神神秘秘，反倒激起了他们的好奇心。当得知子女早恋时，有的家长大惊小怪、小题大做，严重伤害了学生的自尊心，在逆反心理的作用下，他们很容易产生破罐子破摔的心理，比如：你不让我早恋，我偏要早恋；你不让我怎么样，我就偏要怎么样。

三、青春期教育缺失和性教育保守

青春期教育缺失和性教育保守是早恋产生的主要教育原因。目前，虽然性教育已经引起了学校的重视，但是许多学校青春期性教育并没有正常地开展。不少教师对性教育保守，思想转不过来，总是羞于启齿，遮遮掩掩，闪烁其词。教材中关于性生理的章节，教师的习惯做法是避开不讲，让学生自己看。在得不到良好教育的情况下，学生只能凭借自己的一知半解来认识性问题，或通过其他途径满足好奇心。据报道，上海某中学112名中学生是从以下途径获得性知识的：29%是从书刊中看到；57%是从同龄人互相传说中获得；8%是从电影录像中看到；从父母老师口里听到的只有6%。性教育的保守加深了相互接触的愿望，有可能直接或间接地导致一些学生早恋。

教育方式不当是早恋产生的另一个重要因素。现在，有些学校对“早恋”严厉禁止，采取各种高压手段，希望能够扼制住“早恋”之风。但是，学校却没有一个明显的界限区别“早恋”与正常的异性交往，教师的心目中也没有一个科学的划分，因此有些正常的异性交往往往被误认为是早恋。有的教师对男女同学之间正常的异性交往大惊小怪，如临大敌，粗暴干涉，采用讥讽、训斥的语气，严重伤害了学生的自尊心，致使学生产生逆反心理，促成其早恋；还有的老师把早恋看成是学生“作风不正派”或是“思想品德有问题”，忽视了对学生性心理的分析、引导与教育。

此外，学生学习成绩差也容易导致早恋。调查发现：学习成绩差的学生比成绩好的学生更容易早恋。这是因为成绩差的学生常常不受老师欢迎和重视，在学习上很少受到老师的关心和照顾，他们根本体验不到学习的乐趣，心理压力比较大。于是，他们便把无处打发的精力和时间转向爱情，转向社会，以弥补感情上的空虚。

四、社会价值观念和传媒中不良信息的影响

不良的社会价值观念和传媒中不良信息的影响是青春期学生产生早恋的重要社会原因。对外开放政策的实施，许多优秀的思想文化进入并渗透到社会各个领

知识窗

在《羊城晚报》举办的"我看中学生早恋"座谈会上，中学生真言吐露内心世界，说起早恋产生的原因，他们七嘴八舌归纳出如下类型：

攀比式	跟风，人有我有，好像有个异性朋友站在自己身边就很了不起似的。
逆反式	本来仅属友情，但被老师、同学误认为谈恋爱，既然背上了"黑锅"，干脆就做给他们看，真心谈起恋爱来。
怂恿式	原来对某同学没有意思，同窗好友一说"你跟她很般配"，便斗胆追求起对方。
游戏式	从"拍拖"开始就知道这是一场没有结果的游戏，但机会来了还是要试一下。
好奇式	对异性生理构造和情感世界充满好奇心和神秘感，试图通过谈恋爱来了解；受淫秽书刊或黄色影碟的刺激，产生找异性发泄欲望的邪念。
解闷式	因功课紧张或父母不和产生烦恼、压力，急需找异性朋友倾诉苦闷，放松自己。学校有做不完的作业、考不完的试题，让学生感到很累、很枯燥，而这时要是有一个异性朋友在身边互相安慰，就可以缓解功课压力。

（梁婉倩，1999）

域，但不可否认的是一些诸如性解放、性自由等思潮也随之涌入。人们的爱情观、交友观不可避免地受到冲击，发生了很大的变化。主要表现在对性问题越来越开放，婚姻的功利色彩越来越浓，这都会对青少年产生耳濡目染、潜移默化的影响。此外，青春期学生由于性成熟而引起的性心理变化，如果他们恰恰在这个时期受某些不良影响的侵袭，就很难抵制诱惑。传媒中不良信息的影响和误导就是青春期学生产生早恋的催化剂。媒体对浪漫爱情的大力渲染，为中学生提供了大量生动、有感染力的恋爱榜样，对青少年早恋起到了推波助澜的作用。一些淫秽书刊、黄色网站、杂志中露骨的色情描写，电影、电视、录像、影碟、电脑软件中有关两性关系的感性形象的塑造，对于分析能力和判断能力正在发展中的青少年具有很强的吸引力和诱惑力，迎合了他们猎奇、求刺激的欲望，具有明显的消极影响和毒害作用，令情窦初开、意志力薄弱的青少年表现出过高的兴奋性和强烈的性冲动，很容易接受并且东施效颦。

第二节 教育策略——疏导早恋情结

毋庸置疑，早恋不但会使学生精力分散，严重影响其正常学习，也会转移其他学生的注意力，进而影响到班级和学校的学习气氛。面对早恋，学校、老师、家长“谈虎色变”，往往一看到苗头就方寸大乱，不分青红皂白，一律实行“大棒”政策，往往多方联合以扼杀。有的学校甚至将学生餐厅按性别划分，给学生交往装上“防火墙”，而这种如临大敌的做法导致的结果却是两败俱伤，最终问题得不到彻底、有效的解决。由于早恋行为的产生是复杂的，早恋双方有一定的感情基础，所以，对早恋学生的教育策略必须讲究艺术，对症下药，有的放矢。

一、端正对青春期学生早恋的认识

由于生理和心理的发展、成熟，青春期学生向往异性，容易出现爱情的幻想和冲动，这是青春发育期的一种正常的生理反应和心理现象，是人的本能，是人性的自然表现，是人的情感世界中美丽而珍贵的东西。哪个男子不钟情？哪个女子不怀春？这是人性中至真至纯的东西。早恋对学生来讲，无论最终的结果如何，都是一种心理体验与发展。正确的态度是解决早恋现象的关键。所谓正确的态度包括以下三点：

第一，不鄙视。教师要充分理解、尊重和宽容学生，以客观、冷静的态度对待学生的情感问题，而不能把早恋看成是思想龌龊的表现，看成是“十恶不赦”。

第二，不张扬。早恋学生往往怕老师和家长知道，一般多从事“地下活动”，教师一旦发现要为学生保守秘密，而不能公开示众。

第三，不避讳。对早恋学生要私下里开诚布公地交流思想，通过摆事实、讲道理，让学生认识到早恋可能的危害。

二、采用恰当方法，疏导早恋情结

如何处理和解决学生的早恋问题是一件让教师棘手、费力气的事情。如果采取下列案例中“收取早恋保证金”“早恋要开除”“男女生保持44厘米距离防止早恋”等“堵”的做法，或者一味地对学生进行训斥和责骂，很容易让学生产生紧张情绪，引起逆反心理，从而加强其早恋的决心。如果教师放任不管的话，又会给学生的学业造成极大的负面影响。因此，教师绝不能掉以轻心，应给予高度重视，采取恰当的疏导策略，帮助学生顺利走出“早恋”的误区。

案例展示

处理早恋的对策

案例一

2005年11月13日，吉林省德惠市实验中学召开全校家长会，每位学生家长都收到了一份协议书，其大致内容是，学生如果违反了早恋、上网、逃课等10条校规，将要受到学校的批评、警告等纪律处分，乃至开除学籍，要求家长和学生在协议书上签字。

案例二

南京某中学要求男女生保持44厘米距离防止早恋。

案例三

陕西一中学向早恋学生强收保证金，其具体规定为：谈恋爱的学生，男女都要交300元保证不谈恋爱，即使一个人转学，另一个人还得交300元。

1. 故事说理法

教师可以开展“我看早恋”“我说早恋”“早恋，请离我远点”等主题班会。班会活动期间，可以用故事引导学生，帮助学生掌握与异性相处的分寸，进而树立科学的恋爱观、交友观。例如，教师可以向学生讲述“买衣服的故事”：

一个女同学“五一劳动节”放假期间与妈妈一起去买衣服。第一天，在很快逛完了镇上所有的服装店后，这个同学就相中了某一店内的两件衣服并央求妈妈购买。但是，无论她如何恳求，妈妈就是不掏钱给她买。第二天，妈妈带她去了县城，在辗转奔波于各家服装店的过程中，这个同学经过仔细比较、精心挑选，最终又找到了比上次更为称心的两件衣服。与上一次一样，妈妈还是不同意让她买下来。第三天，妈妈又把这个同学带到了省城。服装城里琳琅满目、款式各异的服装让这个女生大开眼界。看过了所有服装店，经反复试穿后，这个同学最终挑选了两件非常满意的衣服。出乎意料的是，这次妈妈竟然爽快地给她买了下来。

教师可以利用这个故事与恋爱做类比。小范围看到的衣服并不一定是自己最喜欢、最满意的，恋爱也是如此。每个人在不同年龄、不同知识水平和不同道德修养阶段，有着迥然不同的择偶标准，只有等到身心成熟了，眼界宽了，有了广泛的对比和正确的辨别以后，才能基本“定型”，找到适合自己的终身伴侣。

2．活动转移法

青春期学生正处于身心加速发展时期，精力充沛、求知欲强，教师可以开展丰富多彩的活动，如音乐舞蹈、摄影集邮、田径球赛、写作绘画等开放式的集体活动，通过这些活动加强同学之间的广泛交往，增加同学了解和接触异性的机会，降低青少年对异性的神秘感、紧张感和羞涩感，满足青少年对异性的好奇心，转移青春期的性冲动，便于发展异性之间的友谊，转移早恋的兴奋中心，使精神有所寄托，情感得到升华，从而避免早恋。

3．比喻说理法

早恋的喻体有很多，如可以用梨花作早恋的喻体。教师可以让学生收集一月份时刚开放的梨花在班会上用。虽然搜集一月份的梨花有些难度，但是总能找到几朵。针对收集到的梨花，老师让同学们讨论一月份的梨花能否结出果实。经过同学们激烈的讨论和教师的引导，大家很容易得出以下结论：一月份的梨花结不出梨来，因为提前开放的娇嫩花朵熬不过寒风刺骨的冬天。这时，教师可以进一步引导学生：早恋就好比是一月份的梨花，纵然开花结果，也绽放不出美丽的花朵，果实必定苦涩。同学们现在是未成年人，正处在长身体、长知识的大好时机，应该奋起直追、只争朝夕，不要因为迷恋沿途的风景，而耽误了自己求知的黄金时期。青少年时谈恋爱因为没有经济基础和社会经验，往往没有结果，甚至会贻误终生。现实中活生生的案例不胜枚举。

4．做学生的知心朋友

教师要有针对性地对早恋学生进行个别教育，要保护学生的个人隐私，发现学生出现早恋倾向或早恋行为，应该以诚恳的态度晓之以理，动之以情，导之以行。教师要做学生可以信赖的知心朋友，乐意听他们诉说，站在学生的立场上分析早恋产生的原因和带来的后果，并提出参考性建议，而不能让学生自己去蛮干，甚至走上极端。写信、个别谈话等都比较容易拉近教师与学生之间的距离，有效地疏导早恋情结。例如：当得知自己班上的一个学生早恋后，一位教师给他写了如下一封信：

给“早恋”学生回信

既然你信任老师，那我首先表示感谢。毕竟人与人之间最宝贵的莫过于信任了。我就说几句自己的看法吧。从读书到现在，我在学校已经待了30多年，你说的事我毫不奇怪。在你也许感到新奇、牵肠挂肚，在我看来却是稀松平常。

首先，我不认为不可原谅，因为到了你们这个年龄，相互间产生对异性同学的喜欢，再平常不过了，如果一点感觉都没有倒显得奇怪了。

其次，我也不认为有什么大逆不道。因为，我不否认少男少女之间这种想法的纯洁和甜蜜，它远远胜过成人之间夹杂了过多世故和功利的交往。

但，我绝不赞成将这种只应藏于心里的美好付诸实施。每个人心底都有一扇轻易不会开启的门，里面藏着许多不为人知的东西。有的可以在合适的时候拿出来与人共享，有的也许永远只应成为自己一人把玩的宝物，只可以置于心灵的深处，在不为人知的时刻，激励自己，照亮心灵些许阴暗的角落，提醒自己分秒不得懈怠。对美好的向往是人之本性，中学阶段正是充满梦想的时候，超越梦想才是最大的快乐。

我曾说过这很正常，现在还这样认为。合理不等于合适，正常也不代表正确。

就像春天，小树发芽了。这时，无论从什么地方伸出枝条来都很正常，但为了更好成长，就不得不把有些枝条修去。

就像夏天，成长的棉花生机勃勃。这时，叶间长出很多枝叶来，这是正常的，并且看上去也很是青翠可爱。但为了秋后能收到棉花，就得把它们全部摘掉。

……

作为老师，作为也有女儿的父亲，作为也经历过青春年少的长者，我衷心希望：将这种美好深埋心间吧，现在不是它生长的节令。我不希望自己的学生品尝苦涩。这样的例子太多了，多得让人叹息，让人无奈。

真的！到此为止吧。

不谈功利，不讲学习，只为了谱就本该更美丽的篇章，为了将来真正的美好，放弃眼前的诱惑吧！

（山东章丘枣园中学，赵宝国）

三、加强青春期“性”与“爱”的教育

1. 加强青春期“性”教育

科学的性教育是预防和解决青春期早恋现象的基础工程。“性”是青春期学生必然会遇到的事情。既然如此，对“性”就不是要不要回避、要不要讲的问题，而是如何面对、如何讲的问题。因此，教师不但要对青春期学生进行必要的、科学的性教育，而且要以科学的、严肃的态度对待性教育。性教育内容包括性知识、性道德和性法制教育。

(1) 性知识教育。“一个在深圳、珠海等全国25个城市，对初一至高三年级男女学生的抽样调查表明，初中男生只有21.3%～33.5%、女生只有18.6%～35.8%已获得有限的青春期卫生知识和性知识。有80%以上的学生迫切渴望获得性知识。”由此可见性知识教育的匮乏和开展性知识教育的必要性。教师要向青春期学生讲解性器官的解剖结构、功能以及第二性征发育的特点，向他们解释人是怎样生长发育起来的、什么是第二性征及其发育特点，并指导他们掌握性生理、心理卫生和保健知识，以消除他们对异性的神秘感，树立正确的性意识，以平常心迎接“青春信息”。

(2) 性道德教育。青春期是个性发展的重要阶段，是人的自然习惯和社会性处在大变动的时期，在处理两性关系上，青少年如果缺乏对文明的性道德规范的全面了解，就会使自己的行为失去准则。因而，教师应该帮助青少年树立正确而科学的性道德观念，使青少年认识到：应该遵循哪些性道德准则，应该具备哪些心理品质，应该防止哪些不良品质，帮助青少年全面掌握性道德规范，学会分辨真善美，做个有道德修养的人。因为这不仅关系到青少年整个的道德面貌，而且关系到将来的婚恋是否一帆风顺，也是防止青少年在恋爱过程中产生“越轨行为”的重要前提条件。

(3) 性法制教育。在性法制教育中，教师要向学生宣传和解释与两性关系有关的法制知识，使他们了解两性关系中哪些行为是合法的、哪些行为是违法的、哪些行为要受到刑事处罚以及什么样的行为将受到什么样的处罚等，增强青少年的法制观念，减少和避免性过失行为。

2. 加强青春期“爱”的教育

“情感”问题是困扰青春期学生最大的问题。这包括对情感的理解以及情感尺度的把握。对爱情的思考是青春期学生的正常表现。要防止青少年早恋，教师就要加大情感教育的力度，指导学生理解恋爱是怎么回事、爱情的真正意义是什么、为什么青少年不适宜谈恋爱、被人追求该怎么办、如何与异性交往等一系列问题，帮助他们树立正确的恋爱观、交友观。那么，教师到底应该如何对青春期学生进行爱的教育呢？答案是在语文、社会、思想品德等学科教学中渗透进行。

平顶山市实验高中语文组的张利好老师就是利用语文教学对青少年进行“爱”的教育。中学语文课本中有众多描写爱情的经典作品，这无异于一个天然的宝库。下面是张老师利用语文课本中的经典爱情作品的案例。

> 在《杜十娘怒沉百宝箱》中，杜十娘的爱情是那样的刚烈纯粹、神圣高贵，宁可以身殉了那一份真爱，也不愿让世俗的铜臭玷污，爱情无关美貌，无关金钱；在《西厢记》中，莺莺的爱情生于相互欣赏、相互理解，在她看来，中状元做高官不过是“蜗角虚名，蝇头微利”，“但得一个并头莲，煞强如状元及第”，爱情无关门第；在《牡丹亭》中，爱情超越了生死；在《孔雀东南飞》中，真爱感动了蛮横、霸道、固执的焦母和势利的刘兄；在《边城》中，爱的美丽在于她的朦胧纯真；在《罗密欧与朱丽叶》中，爱的美丽在于那如火山爆发般的激情，封建壁垒挡不住那熊熊燃烧的爱情之火；在《致橡树》中，更是告诉我们什么才是真爱；在《长生殿》中，杨贵妃的情悔展示真爱不在于占有和索取，而是真正地为对方着想，考虑对方的幸福和事业；在《与妻书》中，那种超越了个人卿卿我我、超越了生死相许的爱，那种“吾充吾爱汝之心，助天下人爱其所爱”的崇高，更是惊天地泣鬼神的人间大爱，真爱在于奉献。

张老师带领学生品味文学经典，并结合中学生生活实际，有针对性地引导学生正确认识爱情这一美好的情感，帮助学生认清什么是真正的爱情，如何正确处理、控制、疏导自己的感情，引导学生在领略爱情的美好和神圣时，让学生接受美的熏陶，丰富学生的感情，提高学生的审美情趣，从而引导学生正确审视爱情，树立高尚美好的爱情观。

四、家校合作，形成教育合力

2007年，吴丹彤在对青春期学生恋爱行为的调查中发现：38%的学生怕家长知道自己早恋，17%的学生怕教师知道自己早恋，26%的学生抱着无所谓的态度，19%的学生没有考虑外界对自己早恋的看法。由此可见，绝大多数学生知道家长、学校反对早恋，首先不愿家长知道，其次不愿教师知道，这说明在早恋问题的处理上，家长的意见、态度和影响力超过教师。这是因为家长一般深知早恋的严重危害性，平时对孩子的异性交往监督很严，更是百般遏制早恋。所以，学校要与家庭合作，争取家长的配合，形成教育合力，这对于预防、引导青春期学生正确对待早恋和解除早恋的困惑非常必要。

首先，教师要加强与家长的沟通与联系，双方应就学生的教育问题达成共识，采取正确的方法引导学生，而不是在出问题时向家长诉苦、告状。其次，学校应定期面向家长开展青春期系列讲座，既要向家长介绍有关青春期发育以及青少年生理卫生、心理发育、心理健康的有关知识，也要对家长进行青春期子女教育方法的培训。让家长掌握教育子女的正确方法：关心孩子——尊重孩子——走近孩子——理解孩子——引导孩子，帮助子女顺利度过青春期。最后，在有条件的情况下，学校也可以为家长开办一些与青少年交流的讨论会。让家长明白，家长对子女的教育要建立在尊重他们人格的基础上，重在以情感人、以理育人，让孩子沐浴在浓浓的亲情中，帮助他们尽快走出情感沼泽。

第三节　教育个案——与早恋干杯

一、典型个案

一天上午，我正在备课。忽然，办公室的门打开了，只见语文老师王老师满脸怒色地领着学生小丽进来了。王老师翻开记分册，手指敲着桌子：“你看，你这次语文测验的成绩多差。你不但不知进取，竟然在作文课上给小军写情书。你还知道什么叫羞耻吗……” 虽然，王老师连珠炮似的数落着小丽的不好表现，小丽却撇着嘴，一副心不在焉的样子。最后，王老师生气地将小丽交给我这个班主任处理。我知道在这个场合下小丽会很尴尬，不可能说出什么来，更听不进老师的只言片语。于是，我把她带到操场上单独谈话。

二、教育过程

在操场上，我俩并肩而行。

师：小丽，其实我很早就听说了关于你在谈恋爱的风言风语，因为没有证据，我也就没有追查此事。没有及时引导你正常处理情感困惑是我工作的失误。现在，即使有了证据，我也不会责怪你，因为这是学生青春期这一年龄阶段都会出现的正常现象。小丽，班里那么多男生，你唯独喜欢、爱慕小军，肯定是有原因的，不知你能否跟老师聊一聊？

小丽：他很帅、团结同学、有才华、乐于助人……”（她不假思索地说出了十几条）

师：嗯，你刚才讲的这些确实是他的优点，他是很优秀，说明你很有眼光，也有自己的主见，善于观察问题、分析问题，你说的他的这些优点就好像老师给他写的评语，看来我们看问题有共同点呀，哈哈……

小丽：……（她没说话，半低着头，红着脸，抿着小嘴笑）

师：咱们班是不是还有比小军更优秀的男同学呢？

小丽：我没比较过，我认为他在我心中是完美无缺的。

师：那我给你一周的时间，你细心地观察一下：在做同一件事情时，他和小强相比（小强是班里的另一个优秀男生，学习委员，他和小军是好朋友，经常在一起学习、运动、玩耍），谁处理得更好些，顺便找找小强的优点。

一周后我找到小丽。

师：怎么样？有什么收获吗？

小丽：有一点，我观察了几天……（她吞吞吐吐）我以前没发现，其实小军也有缺点，而且……（她脸一红，头一低，不说了）

师：看来你观察得确实很仔细……（我微笑着鼓励她继续说）

小丽：老师我真的怕你笑话我，我现在觉得小强也有很多优点，有时候小强处理问题比小军得当。（随即，她举了几个例子）

师：哈哈，这几天你的眼界开阔了不少呀，真是在我的意料之外，你想听听我的意见吗（看到时机成熟，我觉得我应该发挥自己的作用了）？现在，我们就好像坐在汽车上向目标方向前进，沿途的风景很美，如果你禁不住眼前风景的吸引而途中下车去游览，当你再上车时，你就会发现汽车已驶向另一目的地了。人的一生就好像在爬一座高山，每一程都有不同的风景，你现在离山顶还远着呢，更谈不上一览众山小。因此，你一定要控制自己，把那份情感埋藏在自己的心灵深处，待日后长大、自立时，再去享用它！

……

我知道，只靠与小丽这么一次谈话，很难一下子斩断她的情思。于是，谈话结束以后，我搜集了一些关于青春期生理、心理知识以及相关的书籍交给她阅读，并让她定期写一些读后感。不知不觉，三周过去了……

三、教育结果

一个月之后，我收到小丽写给我的一封信。信中说："老师，曾经有一段时间，我陷入早恋的沼泽地而不能自拔，是您以兄长般的关爱给我指点迷津，帮助我排忧解难。现在，我已经顺利走出了早恋的误区。在此，我真诚地谢谢您！放心吧，老师，今后我一定不会辜负您对我的希望和信任。您就拭目以待吧！"

反思驿站

● 一天，你下班回家在公交车站牌处等车的空隙，看见一对穿校服的男女中学生开始亲热起来。男孩的两只手捧着女孩的脸，女孩的两只手揽着男孩的腰。他们含情脉脉，不时会心一笑，俨然“大人般地恋爱”。没多久，两人就在众目睽睽之下忘情地拥吻。你走近一看，原来是自己班上的两个学生。这时，你的第一反应是什么？你打算如何处理他们之间的早恋问题？

● 在了解本章的内容之前，你通常采取哪些策略解决学生的早恋问题？你采取的策略与本章所介绍的策略相比，有何异同？有何利弊？

● 在你青春期时，你们班或你们学校是否有同学早恋？教师通常是怎样处理早恋的？他们采取的方法对你是否产生过影响？

● 青春期时，你是否对异性充满好奇？你是否也暗恋过某个异性？虽然青春已逝，你是否依稀记得那时微妙的心理变化？那种微妙的心理是否有助于你理解当前青春期学生的心理？

____

____

____

____

参考文献

1. 邓良勇．疏导中学生早恋的几点做法[J]. 四川工程职业技术学院学报，2007（2）：61-62.

2. 黄志法，杨锦平．心灵透析——学校心理辅导案例选粹[M]. 上海：百家出版社，2002.

3. 吉林一中学与家长签协议 上网早恋要开除[EB/OL]. [2005-11-17] http://edu.people.com.cn/GB/1054/3864497.html.

4. 梁婉倩．中学生早恋现象及其教育[J]. 教育导刊，1999（5）：22-24.

5. 南京中学要求男女生保持44厘米距离防止早恋[EB/OL]. [2007-05-17] http://www.qingdaonews.com/content/2007-05/17/content_7759680.htm.

6. 陕西一中学向早恋学生强收保证金 违纪与钱挂钩[EB/OL]. [2007-08-03] http://www.zjol.com.cn/05society/system/2007/08/03/008665015.shtml.

7. 吴丹彤．学生青春期恋爱行为调查[J]. 卫生职业教育，2007，25（17）：109-110.

8. 张琼．中学生“早恋”问题分析与对策[J]. 广东教育·教研，2007（3）：7-8.

第四章

惧怕异性交往与教育

青年男女应当保持真诚的关系，也就是说，要有这样一种关系，无论对任何事物，不夸大，也不低估。如果彼此不欺骗，如果尊重自己也尊重他人，这时候，不管保持什么样的关系——友谊、爱慕等关系——那都是健全的关系。

——前苏联著名教育家 马卡连柯

章节导读

★ 青春期学生为什么害怕同异性进行交往？

★ 青春期学生异性交往的积极作用有哪些？

★ 教师应该如何开展青春期学生异性交往教育？

★ 教师应该怎样利用系统脱敏疗法，消除青春期学生异性交往的紧张情绪？

情境故事

让我烦恼，让我忧

故事一：

升入中学后，我很怕出现与异性相处的事，常常感到烦躁不安，提心吊胆。在每次与男同学商讨事情或问题的过程中，我都只把重点说出来，不敢加任何修饰词，怕谈话时间太长了会引起大家的误会。有一次，我和一个干部商量班里的事情，因为过于紧张，所以说话颠三倒四，语无伦次，以致时间太长，产生了误会，使我不敢再与对方说话，无法正常维持我们之间的友谊。可是，不说话又不行，许多事情都要与他商量。这件事一直困扰着我，让我无法把精力百分之百地投入到学习和工作中去。

故事二：

小涛是一名高二学生，看起来是一个性格内向、腼腆的孩子，整天一个人闷头学习，害怕与女生交往，更不会主动上前与女生说话。每次看到女生时，他都非常紧张，脸红，心跳加快，不敢抬头看对方，手足无措，像躲避瘟疫似地躲着女生。看到其他男同学和女生交往自如，谈笑风生，他非常羡慕。于是，他决定改变现状。可是，不知怎么回事，不管怎么努力都无济于事，见了女生后他依旧神情不自然，脸红脖子粗，感到无话可说或者是不知说什么好。为此，小涛苦恼不已，一气之下索性干脆不理女生了。

以上是发生在北京两名中学生身上惧怕异性交往的真实故事，如何指导青春期青少年与异性正常交往已成为学校、家庭、社会共同关心、配合教育的重要问题。把握住青少年生理、心理的发展变化，了解青少年学生异性交往的特点，有助于对他们进行正确的引导和教育，使青春期男女适应自身的生理和心理变化，调整自己与环境及他人的关系，保持身心的平衡与健康，顺利实现向成年期的过渡。

第一节 问题解析——异性是个谜

随着青春期的来临，青少年在生理和心理上都会发生很大变化，生理上的变化促使心理上也发生相应的变化：开始表现出对异性的倾慕与向往，普遍希望加强对异性的了解，得到异性的欣赏、接纳。他们对异性的兴趣与日俱增，与异性交往的需求随着身体的发育和成熟日益强烈，希望自己能更多地与异性交往，有什么苦衷和心里话也愿意向异性朋友倾诉。但是，有部分青少年却不敢与异性交往，羞于谈异性，与异性说话时则脸红、出汗、心跳、呼吸加快、语言不连贯等，出现异性交往障碍。为什么部分青少年惧怕与异性进行正常交往？是什么原因导致部分青少年在异性面前感到紧张、不安？是谁为部分青少年的异性交往戴上了沉重的枷锁？

一、性意识的发展与自我脆弱的心理

（一）青春期性意识的发展

研究表明，青少年性意识的发展一般可以分为性抵触期、仰慕长者期、向往异性期和恋爱期。一般说来，处于性抵触期的青少年容易惧怕异性交往。在性激素的作用下，青少年开始具有朦胧的性意识，总想远远避开异性，这一点在女性青少年身上表现得尤为明显。第二性征的出现使青少年对自己身体上所发生的明显变化感到困惑、茫然与害羞，对异性本能地加以疏远和排斥，部分人甚至会对异性产生反感。

（二）自我心理方面的因素

自卑。自卑的青少年往往自己看不起自己，总认为自己不如别人，造成与异性交往时，缩手缩脚、畏首畏尾，失去信心。因此，自卑的青少年容易惧怕异性交往。

过分敏感。青春期青少年由于非常敏感、脆弱，又非常看重周围同学的评价，所以十分关注和在意自己言行的后果，对异性对自己言行的评价特别敏感。在同异性交往时，他们既担心自己的言行给异性留下不好的印象，又害怕异性在背后议论自己，尤其是害怕听到异性对自己否定性的评价。因此，这类青少年在同异性交往过程中经常说话吞吞吐吐、颠三倒四，行动迟疑不决、拖泥带水，不果断，不坚决，跟异性在一起时感到紧张、不自在、格格不入。

自尊水平、自信程度和语言能力对青少年的异性交往行为水平有重要的影响。自尊水平、自信心低和语言能力差的青少年异性交往能力往往比较差。学生的能力和努力程度，对异性人际关系的形成与发展有重要影响。

知识窗

2006年，山东师范大学教育科学研究所李鹰对881名中学生异性交往现状及心理特点进行了研究，部分研究结果如下：

表1　中学生异性交往的动机

题目	选项	男（%）	女（%）	全体（%）
中学生异性交往的原因	感情需要	19.0	11.8	15.6
	好奇、想试试看	41.3	50.4	45.6
	弥补精神空虚	25.1	22.9	24.0
	学习压力太大	14.9	14.8	/

表2　中学生异性交往的态度

题目	选项	男（%）	女（%）	全体（%）
你认为中学生同异性交往是	必要的	56.4	53.4	55.0
	可有可无	33.3	31.5	32.5
	没必要	6.3	8.6	7.3
	有害处	4.0	6.5	5.2
你同异性交往的意向是	渴望交往	9.1	4.0	6.8
	愿意交往	50.6	44.7	47.9
	无所谓	37.1	43.5	40.0
	不愿交往	3.2	7.8	5.3
你认为中学生和异性交往时可以允许的限度是	几个人一起活动	67.4	84.3	75.2
	两个人单独约会	10.0	5.8	8.1
	握手、挽臂	15.7	7.8	12.0
	接吻、拥抱	7.0	2.0	4.7

（《教育研究》，2006，9）

二、师长错误的异性交往观与青春期教育的缺失

（一）师长对异性交往的偏见和误解

家长、教师受传统文化和观念的影响，对青少年异性交往产生了一些错误认识，对异性交往问题采取回避和敏感的态度，避而不谈或视而不见，阻碍了青少年的异性交往。

中国青年政治学院周华珍调查发现：62.8%的家长认为过密的异性交往对孩子学习有很大的负面影响，76.3%的教师认为过密的异性交往对学生学习有很大和较大的负面影响。家长、教师认为青少年异性交往可能发展成为早恋的占40.5%和51.7%。家长和教师的态度首先反映出他们对青少年异性交往的教育理念比较滞后，对其重要性认识不足，限制和排除大于肯定和引导。其突出表现是：封锁有关性知识和描写爱情的书刊，尽可能阻止异性青少年之间单独相处和交往，向青少年讲述异性单独相处和交往的危险往往危言耸听，讥讽青少年注意打扮、修饰、关注自我形象的意向和行为，嘲讽和打击青少年对异性的兴趣等。其结果必然导致青少年不知道如何与异性进行交往，不敢或不愿意接近异性。

（二）师长对学生青春期教育的缺失

研究表明，绝大多数青少年希望与异性交往，认为与异性交往是必要的，渴望提高自己与异性交往的能力。随着年级的增长，他们与异性交往的愿望更趋于强烈。但是，家庭、学校提供的教育和指导往往满足不了他们的需求。家庭、学校青春期教育内容的缺失直接导致了青少年异性交往能力的欠缺。周华珍调查发现，41.6%的青少年想得到有关异性交往的知识和技巧，但是41.8%的家长和22.1%的教师对青少年异性交往的知识和技巧传授较少。

三、传统文化偏见的影响

传统文化中主张束缚男女交往，“男女受授不亲”的思想还影响甚远。我国历史上曾有这样的记载：一名女子被一个不相识的男子碰了一下手臂，这名女子就心甘情愿地将那条手臂砍了下来，以示贞洁。虽然这种事情在今天决不会发生，但是传统伦理观念的影响根深蒂固，还没有彻底消除。当年鲁迅先生所嘲讽的“见一封信，疑是情书了；闻一声笑，以为是怀春了；只要是男人来访，就是情夫；为

什么上公园呢？总该是赴密约”，类似现象隐约可见。一些青少年比较保守，惧怕同异性交往，担心遭到周围同学、成年人的另眼相待，担心别人误解，不敢表达内心的愿望，畏惧周围的压力。现实中，这种情况确实存在，一些人包括教师、家长和同学，对异性之间的交往高度警觉和敏感，喜欢大惊小怪、指手画脚、评头论足，使青少年对同异性交往顾虑重重，畏缩不前。

第二节　教育策略——打开心灵的枷锁

对于人的一生来讲，青春期只是人生发展的一个必经阶段。学生长大后，总有一天要涉足社会，不管干什么，与异性交往都是必然的。因此，作为老师，我们有责任和义务帮助学生掌握与异性交往的艺术，而不是一味地禁止和封堵。要提倡男女生正常交往，建立健康的友谊；要教会学生如何与异性正常交往，避免学生惧怕异性交往，产生异性交往障碍。那么，教师怎样才能帮助青少年打开惧怕异性交往的枷锁呢？

一、正确认识青春期异性交往

（一）现代社会的发展需要青少年具有与异性交往的能力

当今社会是一个信息社会，社会化程度越来越高，人与人之间的交往越来越频繁。正如美国心理学家W·巴克所说："人离不开人——他要学习他们，伤害他们，支配他们……总之，人需要与其他人在一起。"青少年是社会成员中不可缺少的一个重要组成部分，他们自然需要具有与异性交往的能力，需要学习与提高与异性交往的技巧。教师只有培养学生与异性交往的意识和观念，才能帮助青少年树立正确的两性观念，提高合作能力，适应现代社会的发展。

（二）青春期异性交往有利于促进青少年发展

心理学家认为，青少年青春期是个体社会化的关键期，在这一时期，个体与异性同伴的正常交往对他们的成长和发展具有重要的适应意义，主要表现在以下四个方面：

(1) 促进青少年同一感的发展。美国著名发展心理学家埃里克森认为，青少年阶段的关键任务是发展同一感。异性交往有利于他们建立清晰的自我感知。异性交往及其自我概念能够影响个体的自我价值感。

(2) 增进青少年的心理健康。异性交往可以满足青少年的心理需求，从而达到心理平衡。反之，缺乏异性交往会导致适应不良，引起性心理扭曲、性变态等问题。

(3) 增进青少年间的友谊，为日后获得成熟的爱情奠定基础。健康的异性交往，扩大了青少年的交友范围，使他们友谊的发展不再仅仅局限于同性同学的狭小圈子；同时，青少年通过与异性交往，从对方身上学到的优点又能够迁移到与同性同学的交往过程中。

(4) 促进青少年的社会性发展。与异性同伴的良好关系有助于青少年获得熟练的社交技巧。良好的异性同伴关系能使青少年具有安全感和归属感，有利于情绪的社会化，有利于培养青少年对社会进行积极探索的精神。

此外，通过与异性交往，还可以使男女学生在智力上取长补短，从而提高智力活动水平和学习效率；也有利于个性上相互丰富，形成豁达开朗的性格。

上述异性交往对青少年成长和发展的积极作用也得到了实证研究的支持。周华珍研究发现：青少年在回答“在与异性交往中”感到开心的占47.4%，体会到快乐的占50.9%，认为异性交往对自己学习有帮助的占63.5%。从调查结果可以看出，所有学生都选择了在“在学习”上“有帮助”。他们觉得异性交往对学习、生活没有多大消极影响。

基于上述原因，作为陪伴青少年度过青春期的主要人物教师，应正确理解和认识青春期青少年异性交往的必要性和可行性，理解他们的情感需求，积极鼓励、支持他们正常的异性交往；重视那些拒绝与异性交往的青少年，善于与他们进行沟通和交流，及时正面地指导他们走出青春期的情感迷惘，以健康、积极的心态应对异性交往中出现的问题。

二、开展青春期异性交往教育

学校是一个特殊的文化环境，对青春期学生异性交往起着重要的塑造作用。由于青少年成长的关键期是在学校中度过的，因此，学校应成为青春期学生异性交往教育的主要阵地，并担起这一重任。学校青春期异性交往教育的主要内容包括：青春期心理特点分析、爱情教育及异性交往的具体方式等。由学校进行青春期异性交往教育，青少年比较容易接受并能收到良好教育效果。

（一）开展青春期异性交往讲座

学校可以定期邀请一些知名专家、学者、特级教师等做关于青春期异性交往的讲座或报告，让学生认识青春期异性交往，揭开青春期两性间的神秘面纱，既可填补青春期异性交往教育的空缺，又能引导学生学到青春期异性交往的知识，提供各种及时解答学生困惑的机会，从而破解学生心中的疑团。

（二）培养青少年健康的异性交往意识

教师要有目的地培养学生健康的异性交往意识：引导青少年在面对异性交往时，既不敏感，也不回避。教师要向学生讲明：性别差异仅仅是一种性别角色的不同，男女之间的交往，只不过是不同角色之间的交往，男女同学之间应该敢于进行异性交往和结交异性朋友，鼓励异性同学广泛接触，友好相处。无论是男同学还是女同学，都不应该把性别作为是否可以接触、交往的前提。男同学、女同学都是同学。同学之间不存在可以接触还是不可以接触的问题，更不能人为地设置障碍。只要有利于学习和进步，不管是男同学还是女同学，都要自然、落落大方、从容不迫地与异性同学进行交往。

（三）帮助青少年知晓自己与异性交往的能力

“知彼知己，百战不殆。”教师既要了解青少年异性交往的能力，也要帮助青少年自己了解与异性交往的能力，如此才能科学、有效、有针对性地培养青少年的异性交往能力，打破青少年异性交往的障碍。教师可以对青少年进行下面的行为测验，以帮助他们知晓自己与异性交往的能力，然后根据测验结果因材施教。

行为检测

你与异性交往能力如何？

回答下面几个问题，每个问题做“是”（打✓）或非（打×）两种回答。请你认真完成。

1. 与异性交往太少。（　）
2. 与异性来往感觉不自然。（　）
3. 不知道与异性相处如何适可而止。（　）
4. 暗自思慕异性。（　）
5. 瞧不起异性。（　）
6. 被异性瞧不起。（　）

[评分标准]

打“√”的给1分，打“×”的给0分。

解释：

得分4～6分：说明你在与异性交往的过程中存在较为严重的困扰。

得分2～3分：表明你与异性同学交往的行为困扰程度一般，与异性同学交往你有时觉得愉快，有时感觉是负担，你不懂得如何与异性交往才是最适宜的。

得分0～1分：表明你懂得如何正确处理与异性朋友之间的关系。

（四）引导青少年掌握与异性相处的艺术

异性交往是人际交往的重要内容之一，也是青少年成长中的必修课和应掌握的生活技巧。那么，应该如何指导青少年修好异性交往这门必修课呢？杜威认为，“学习是伴随连续不断的活动或作业而来的，这些活动或作业有社会的目的，并利用典型的社会情景题材。”所以，教师可以召开有关异性交往的主题班会，结合典型案例，引导学生掌握与异性同学相处的艺术，指导学生的异性交往，提高学生的异性交往能力。

例如，教师可以给学生呈现“禁止男女生一对一交流”的典型案例：

2007年7月初，广西宜州市一中出台了《男女同学交往若干规定》“男女同学（包括学生干部）商讨学习、工作、生活中的问题须在教室、走廊等灯光明亮的地方。当教室、走廊等交谈地方无其他人在场时，不能进行一对一交谈……”

教师可以让学生就“禁止男女生一对一交流”案例结合本章开头的两个情境故事，引导全班同学讨论以下几个异性交往的问题：

(1) 是否有必要进行异性交往？

(2) 如何看待异性同学之间的交往？

(3) 女生与男生交往时应该注意哪些问题？

(4) 男生与女生交往时应该注意哪些问题？

(5) 异性同学交往时应该遵守哪些原则？

(6) 请每个同学结合自己与异性同学交往的实际情况，谈谈异性同学身上有哪些优点和长处？

(7) 请每个同学结合自己与异性同学交往的实际情况，谈谈自己在与异性同学交往的过程中有哪些收获？

(8) 上述案例中“禁止男女生一对一交流”的举措是否得当？

此外，教师也可以将异性交往的一些原则和技巧，编成脍炙人口的歌谣，便于青少年记忆和学习。例如，教师可以编写如下歌谣：

男女同学来交往，行为举止应大方。
过分随便讨人厌，过于冷淡也不当。
如果你想出风头，卖弄过后要遭殃。
掌握分寸待异性，取长补短情高尚。

知识窗

1. 异性同学交往的原则

(1) 坦诚相待：双方的看法、感受、态度尽量坦诚相告，争取相互充分地了解。(2) 共进互助：交往双方应将友谊看成是共同成长、相互鼓励、一起进步的动力。(3) 自然大方：在与异性交往过程中的表情动作、言谈举止都要力求自然真实，懂礼节，有礼貌，不可夸张做作、忸怩作态，这是建立正常异性关系的重要前提。(4) 往来适度：注意把握好异性交往的广度与深度，选择交往的适宜方式，以被大多数人所接受作为衡量交往是否适宜的尺度。

2. 异性同学交往的注意事项

(1) 提倡广泛交往：不要只与某个特定的异性同学交往，这容易使友谊“变质”。争取同许多个异性同学发展友谊，才能全面促进自身的发展。

(2) 避免单独行动：节假日最好不要与异性朋友单独出游，单独相处时要注意选择环境和场所，尽量不在偏僻昏暗处长谈。

(3) 态度亲切友善：对待异性同学与同性同学有许多不同，注意把握谈话内容和玩笑尺度，注意尊重对方，态度友好。

(4) 避免产生误解：言语、动作、表情、态度明确适当，不要令对方产生误解。如果发现误解的苗头，要及时澄清。

（俞国良，2002）

（五）帮助青少年树立与异性交往的信心

惧怕异性交往是社交恐惧症的一种。社交恐惧症往往缘于个体过于自卑，以至无法做出正常的社会应对。心理学研究发现，许多患有社交恐惧症的人，他们在社会交往中的实际表现，要比他们自认为的要好。为此，心理专家录下了一些患社交恐怖症的人与他人的谈话过程，然后让别人评判。评判者认为，社交恐怖症患者与普通人相比没有什么明显的问题。当心理专家问及社交恐怖症者本人表现如何时，这些人却异口同声地说自己表现得太差了。所以，社交恐怖症患者往往是严重的自卑者，是自己最严酷的批评者。他们由于自己看不起自己，因而在社会交往中，总在意自己在别人心目中的形象，总担心别人会看不起自己，这样就背上了心理上的大包袱，言行举止放不开，结果更让自己紧张和自卑不已。可见，树立自信心对消除社交恐怖症的重要性。

那么,教师怎样帮助青少年树立与异性交往的信心呢？教师要引导青少年认识自己的优势，肯定自己的积极行为，在异性交往中积极地鼓励和暗示自己。青少年只有先悦纳自己，才能在与异性的交往中自然大方、挥洒自如。例如，教师可以鼓励青少年不断地向自己传递勇敢大方地面对异性的信息,并且回忆在某次交往中比较成功的经历，经常有目的地诱发和回味交际成功的激动、成功的感受。青少年如此不断地给自己“打气”，就会逐步改变自卑心理，使自己成为异性交往的强人。

三、创设异性正常交往的条件和机会

教师应积极创设一定的教育情境和氛围，为青少年提供与异性正常交往的条件和机会，通过科学指导，提高青少年异性交往的能力。

（一）广泛开展丰富多彩的集体活动

教师可以组织青少年广泛开展丰富多彩的、适合其生理与心理特点的集体性活动，提供与异性交往的正常渠道，增加青少年与异性交往的机会。例如，教师可以指导学生参加勤工俭学、社会考察、参观访问、娱乐活动、体育运动等集体活动，通过集体活动不仅能增加异性同学情感沟通与交流的机会，满足青少年正常的交往需求，而且也能帮助学生了解异性同学的内心世界，懂得如何与异性同学交往，最大限度地避免因为异性同学之间缺乏交往而产生的种种误解，从而增加相互间的了解，沟通感情，消除由于不相往来而造成的隔阂，使渴望交往、对异性神秘感的探索欲望得到满足，使被压抑的情绪得到自然释放。

（二）定期轮换座位

教师要定期让同学之间轮换座位，不但安排男女同桌，前后左右异性交叉，还要考虑性格内向、外向的搭配。这样可以让学生经常与新的、不同性格的异性搭档合作学习，以最大限度地避免与长期坐在一起的同学交流频繁或与其他同学交流不足，促进异性同学之间建立纯洁的友谊。异性同学之间由于长期坐在一起，相互交流的时间较多，既可能了解对方的优点，也可能发现对方的缺点和不足。轮换座位，既利于避免日久生情，也利于澄清朦胧感，让异性之间不再神秘，从而消除“惧怕异性交往”的恐惧心理。

（三）选择恰当的话题

一般来说，交往可以分为三个阶段：首先是寒暄；其次是一些中性话题；最后才是涉及双方利益、双方都感兴趣的话题。教师可以指导学生从选择适当的话题入手，确保与异性交往的流畅性。例如，聊天就有很大的随意性，多带有即兴的性质。部分青少年觉得自己与异性交往过程中无话可谈。其实，供他们谈论的话题很多。教师可以引导青少年谈理想、谈社会责任、谈生活哲理、谈友谊、谈书籍、谈电视剧、谈电影、谈戏剧，也可以谈天气、音乐、旅游，谈衣食住行，等等。人际交往中一条最重要的原则是：你对别人感兴趣，别人才有可能对你感兴趣。因为主动和别人交流本来就是表示很有兴趣和对方说话。值得一提的是，教师应提醒青少年在聊天时注意以下几点：对自己不知道的事，不要冒充内行；不要向失意的朋友夸耀自己的成绩；不要在公共场合谈别人的隐私和缺陷；尽可能不谈那些易引起争论的话题；到处诉苦不是争取支持和同情的有效方法。

（四）学会赞美异性

卡耐基在《唯一的待人秘诀》一书中特别强调：赞美，真心的赞美是待人的唯一秘诀。人类至深的本质就是渴求别人的重视、欣赏和真诚的赞美，而赞美别人的确很难。卡耐基说：“一旦我们不从事于某些确定问题时，常会用我们百分之九十五的时间去思索我们自身。”所以，教师在指导青少年与异性交往时，要告诉青少年应克制做大人物的冲动，耐心地倾听，这样容易受异性的欢迎。在倾听的过程中，青少年会很容易发现异性的优点，这时应真诚地把对这些优点的看法表达出来，直接或间接地让对方听到，这样会收到比较好的异性交往效果。例如，青少年在倾听异性交谈时，发现其思维清晰、逻辑性比较强时，就可以直接对异性表达自己对对方的欣赏之情。

四、系统脱敏，打开异性交往枷锁

下面我们以情境故事一为例，说明如何利用系统脱敏疗法打开青少年惧怕异性交往的枷锁。假定情境故事一中的女生所在班级的班主任为男教师，根据系统

知识窗

系统脱敏疗法

系统脱敏疗法是20世纪50年代由精神病学家约瑟夫·沃尔帕创立的。他在1958年出版的开拓性著作《相互抑制的心理疗法》中，系统阐述了系统脱敏疗法。系统脱敏疗法又称交互抑制法，利用该方法主要是诱导求治者缓慢地暴露出导致神经症焦虑的情境，并通过心理的放松状态来对抗这种焦虑情绪，从而达到消除神经症焦虑习惯的目的。根据这一原理，在心理治疗时应该从能引起个体较低程度的焦虑或恐怖反应的刺激物开始进行治疗。一旦某一刺激不会再引起求治者焦虑和恐怖反应时，治疗者就可以向处于放松状态的求治者呈现另一个比前一个刺激略强一点的刺激。如果一个刺激所引起的焦虑或恐怖状态在求治者所能忍受的范围之内，经过多次反复的呈现，求治者就不会再对该刺激感到焦虑和恐怖，从而达到治疗目的。这就是系统脱敏疗法的原理。

系统脱敏疗法的具体方法是治疗者和患者共同设计出一个对恐惧对象的由轻到重的分级量表，建立焦虑层次，然后在患者情绪放松的状态下逐渐训练。在真实恐惧对象出现前，可先想象恐惧对象，想象恐惧对象的同时进行放松，想象对象的恐惧程度可逐渐升级，然后再过渡到对真实事物的适应性训练。

应用系统脱敏疗法进行治疗时要掌握以下几点：（1）帮助患者树立治疗的信心，要求患者积极配合、坚持治疗；（2）在引起焦虑的刺激出现或存在时，要求患者不出现回避的行为或意向，这一环节对治疗起关键作用；（3）每次治疗后，要与患者进行讨论，对正确的行为加以赞扬，以强化患者的适应性行为。

脱敏疗法的原理，班主任可以与惧怕异性交往的女生一起探讨各种令她感到害怕的情境，根据焦虑程度的高低抽出八个情境作为焦虑事件，并将它们排成层级：

(1) 与班主任谈话。

(2) 与班主任握手。

(3) 向认为较有好感的同班男生打招呼。

(4) 与认为较有好感的同班男生交谈。

(5) 与同班的其他男生打招呼。

(6) 与同班的其他男生交谈。

(7) 在班上主动向男教师问问题。

(8) 与男教师在课外交谈。

根据上面建立的脱敏系统，就可以实施脱敏。从最低程度的焦虑或恐怖刺激开始，当最低等级的焦虑或害怕反应消除以后，再呈现下一个等级的刺激。如果感到焦虑或害怕，班主任老师应该要求该女生不要有回避行为或意向，可以用肌肉放松来对付。然后再继续，若该女生还感到焦虑或害怕，再次进行肌肉放松。以此循序渐进，直至最高等级的刺激也不再引起焦虑或害怕反应为止。每一次治疗结束后，班主任老师都要与该女生进行讨论，对其成功给予赞扬。

五、改变青少年的不合理信念

青春期学生惧怕异性交往部分原因是个体自我概念、自我评价较低。因此，教师要改变（重新建立或澄清）惧怕异性交往的青少年内心的看法，使之合理化、正常化，就可以达到控制或消除惧怕异性的心理。例如，教师可以用“金无足赤，人无完人”的至理名言引导学生欣然地接纳自己，提高自我概念、自我评价水平。教师可以告诉学生，即使是科学技术如此发达的今天，冶金技术和加工工艺也无法加工出百分之百的纯金。不完美是自然界和人类社会共同存在的普遍规律，没有什么东西、什么事物、什么人可以超越它。既然不完美是必然的，那么因为自我概念、自我评价较低而害怕与异性交往的青少年就没有必要苛求自己，更不应该轻率地否定自己，而要重新认识自己，承认自己的优点和缺点，欣然地接受不完美的、真实的自己，大胆地与异性交往。

知识窗

合理情绪治疗理论

合理情绪治疗理论认为：情绪不是由某一诱发性事件本身所引起的，而是由经历了这一事件的个体对这一事件的解释和评价所引起的。根据合理情绪治疗理论，个体对事件的不合理情绪源于其对事件的不合理看法（观念）或评价，但如能对该事件做出理性的评价，就可以避免消极情绪的产生。合理情绪治疗的过程就是帮助求助者用合理的思维方式代替不合理的思维方式，以理性的信念代替非理性的信念。通过信念的改变来消除情绪障碍。例如，甲、乙两个青少年一起在校园中漫步，迎面碰到二人都熟识的同学丙，但丙未与二人打招呼而径自走去。这一事实同时引起了甲、乙二人的注意，但二人对此事件的信念（即评价和解释）不同：甲认为丙可能正在想自己的事情没有注意到我们；乙则认为，丙不理睬我们是不友好的表现。信念不同的二人情绪反应也不同：甲认为这事没什么，因而情绪很平静；乙却愤愤不平，认为丙对自己有意见，所以才不理睬自己，因而对丙心怀怨恨，情绪起伏不平。按照合理情绪治疗的理论解释，甲、乙二人的不同情绪反应，其直接原因不是事件本身，而是二人对事件所持的不同信念，甲对人持宽容的信念和态度，易使他情绪平静，少受负性情绪干扰；乙却苛求于人，这种信念易导致负性情绪的发生，情绪常常起伏不平。心理治疗的着眼点在于帮助求治者通过理性思维，确立合理的信念，消除负性情绪。

六、帮助青少年进行自我教育

苏联著名教育家苏霍姆林斯基认为：真正的教育是自我教育。教育就是要迫使人去思考自己。教师可以向青少年具体介绍以下几种自我教育方法。

（一）相同对比法

这是把自己的情况与别人相比，找出相同之处，以减轻心理负担。例如，教师可以引导惧怕异性交往的青少年这样想：我的异性交往能力虽然差，但是别人开始也可能如此。万事开头难，多尝试几次就会好的，大家既然都如此，我未必比别人差。这样通过设想加以对比，可以减轻青少年与异性交往时产生的紧张和恐惧。

（二）不同对比法

其意指青少年在与异性交往时，既要看到异性的长处，也要找出自己的长处，从而保持内心平衡，减缓心理压力。惧怕异性交往者往往用自己的不足和异性的优点比，致使其更加自卑，其实这大可不必。在与异性交往时，如果异性在风度、言谈、举止上确实比你高一筹时，请不要妄自菲薄，盲目与异性相比。应这样去想，每人各有优劣之长，在某些方面我是不如对方，但在别的地方我也有自己的优势。常言道："梅须逊雪三分白，雪却输梅一段香。"如此考虑问题就不会惧怕与异性交往。

（三）公开亮相法

教师要鼓励惧怕异性交往的青少年尽量使自己多和异性交往，多参加集体活动，使自己尽量面对众人讲话、表演、唱歌。开始练习时，先不要正视大家的目光，把精力集中于自己的讲话、表演上，然后训练自己用眼神、表情与大家交流。一次次地锻炼，直到消除与异性交往的紧张、恐惧。

七、家校合作，共同育人

家庭是孩子赖以生存和成长的地方，是维系情感的纽带，是对青少年进行青春期异性交往教育的重要场所，家庭文化对学生异性交往意识的形成起着打基础的作用。父母之爱犹如阳光，是孩子成长不可缺少的精神支柱。青春期青少年正处在"心理断乳期"，特别需要家长细致的亲情关怀，父母的经验往往能给孩子提供一定的参考。无数事实证明，尽管有代沟存在，父母仍是给孩子帮助最大的人。因此，学校、教师要充分发挥家长在青少年异性交往中的重要作用。一方面，学校可以采取向家长发放一些关于青春期异性交往的资料、开办异性交往集体讲座、开设家长论坛等多种方式对家长进行辅导；另一方面，教师还要经常与家长联系，共同做好惧怕异性交往青少年的教育工作。既不能向家长"告状"，以免造成家庭矛盾，使问题升级、复杂化，也不能对家长"保密"，要根据实际情况，采取适当的方式告诉家长，协助家长采取恰当的教育方法。

例如，教师可以鼓励家长与青少年建立友好、信任的关系，尽量避免与孩子发生冲突。教师应告诉家长、青春期的孩子性意识开始增强，希望了解异性并渴望得到异性的友谊，这是很正常的一种心理现象，也是孩子成长的一种表现。对此，家长不必过于敏感、担心，更不能草率地贴上“早恋”的标签。家长应信任自己的孩子，让孩子把内心的感受和想法说出来。如果发生语言冲突，家长一定要冷静，可以立即采取适当方式主动停止争辩，待双方冷静后，再来开导孩子，这样效果会好得多。家长不但应该承认青少年异性交往的必要性，而且应该为孩子创设与异性正常交往的时间和空间，引导孩子恰当地与异性交往。

第三节　教育个案——走过青春的雨季

一、典型个案

胡海是一名高一学生，学习成绩优异。由于老师和同学都很信任他，于是他被选为班长和校学生会主席。但是半年多来，他却很苦恼。因为他是学生会干部，要经常组织班级和校级的各种活动，不可避免地要与老师、同学广泛地交往，可在这一过程中，他心里总是很害怕，怕见女老师、女同学，见到女老师、女同学就脸红心跳，有时偶尔撞上了女老师、女同学的眼光，就如同浑身触电一样发麻。特别是每次跟女老师、女同学讲话时，总是很紧张，感觉脸发烧，时间稍长身体就会不由自主地发抖。课堂上，胡海一边使自己集中注意力听课，一边尽量避开女老师的视线，当女老师与他对视时，他几乎是羞愧满面，觉得是一种耻辱，难受得不得了。由于害怕与女老师、女同学交往，致使胡海无法正常学习和开展工作。万般无奈之下，胡海主动到学校心理咨询室杨老师处寻求帮助。

二、教育过程

杨老师：你能主动来找老师，说明你想解决这一问题的愿望非常强烈。你所遇到的问题就是惧怕与异性交往，心理学上称为“异性交往恐怖症”。它的表现是：与异性接触时，感到害羞、紧张与害怕，有极大的压迫感，不知所措，甚至连话也说不出来。在与自己熟识的同性同学交往时，一般不存在问题。这一点想必你也有切身的体会。

胡海：是的，这与我的感觉一模一样。

杨老师：惧怕与异性交往的原因有很多，如社会传统文化偏见、师长对异性交往的干涉、个人自身的原因等。你仔细想一想，哪些原因导致你害怕与异性交往呢？

（胡海低头想了一会，然后抬起头）

胡海：我想主要是我个人自身的原因吧。比如说，缺乏与异性交往的技巧和能力，缺乏与异性交往的自信心。

杨老师：很好，找到病根，我们就可以对症下药了。下面，老师给你几点建议，你按照老师的建议去做，要坚持两个月，看一看效果如何？

建议一：摆正对异性交往的认识

异性交往是人生理发展和心理发展的正常需求，是无可非议的，也是必不可少的。认识人是需要通过交往来表现自我的。在与异性交往时，应克服一些不正确的想法，如“男女授受不亲”“与异性交往就是早恋”等。随着时间的推移，你会感到和异性接触的一种成功感、愉快感，而不是害怕。

建议二：重建信念网络

异性恐惧的发生，在时间阶段上，最敏感的是开头一刹那的情绪状态。常见的心理状态是“又碰见她了，肯定和上次一样糟糕透顶”，随后心里发怵，恐惧症状按原来程序依次出现。这说明，瞬间的情绪状态决定交往全过程的行为方式。因此，在接近异性之前，应做到全身放松，深呼吸3～4次，可以自我暗示，“我今天特别从容平静，情绪好极了！”还可以回想生活中得意的一件事，通过脸部肌肉表现出来，并想好要讲的第一句话，在见面时慢条斯理地讲出这句话。

建议三：取得对方的谅解

可以把和异性交往时出现的不自在乃至胆怯情绪，主动告诉对方（异性），以取得对方的理解。她会为你的真挚而肃然起敬，你们之间的沟通就已经开始了，那么也就不用害怕了。

建议四：了解真实的自我

找两个关系较好的女同学了解她们对你在与异性交往中的反应，如脸红、发抖、目光恍惚等“不自然”状态是否属实（目的是让胡海通过调查，克服“想象观众”的作用）。

建议五：不要计较别人的评论

害怕交际失败，害怕被人评论，这是害怕与异性交往的原因之一。结果越怕否定就越不敢接触异性，最后形成否定的循环。如果你能把异性交际的失败看得轻一点，懂得“谁人人前不说人，谁人人后无人说”，被人评论就是很正常的事了。有这么一个整日怕生病的人，最后实在被搞得走投无路时，向自己说了一句：“就算死了又怎么样呢？”这样一来，他害怕生病的精神负担反而减轻了，这就是我们常说的“豁出去，想开了就什么也不怕了”。你可以试试这个办法，可能会有效果。

建议六：进行异性交往能力训练

每天坚持进行下列的练习：

1.想象自己在拥挤的电梯里，自己周围挤满了异性，感到紧张时深呼吸，调节情绪（目的：让胡海在这种不断的“想象”中，获得对人际交往情景的免疫力）。

2.在大街上远距离观看异性人群，想象自己就在人群中，告诉自己没有人想伤害自己。

3.走在大街上，面对迎面走过的异性，告诉自己“没有人特别留意我，我和其他人没有什么不同”。

4.在公交车等人多、拥挤的地方与异性近距离接触。

5.在电梯中，与身旁的异性有目光接触。

胡海：好的，老师，谢谢您提的宝贵建议。我回去尽量试着做吧。

三、教育结果

两个月以后，胡海又主动来到学校心理咨询室。此时，他精神面貌焕然一新。两个月前饱受惧怕异性交往的困扰也已经烟消云散。他高兴地对杨老师说：“经过两个月尝试和锻炼，我已经顺利地走出了青春期雨季。现在，我正处于风光无限好的花季！”

反思驿站

- 一天，你收到本班同学的一封信。其内容是："老师，近一年来我感到非常苦恼，每次跟男同学说话时总是非常紧张，脸红、心里怦怦直跳，说话结结巴巴，时间长了身体就会不由自主地发抖……虽然我知道根本没有必要这样，但是不知怎么回事就是控制不住自己。结果，现在我不敢与男同学说话，更谈不上与男同学友好交往了。老师，您能告诉我这是为什么吗？我应该怎样做才能克服这一问题？"看完这封信后，你打算如何帮助该同学走出异性交往的迷阵？在接触本章内容之前，遇到类似问题时你通常采取哪些措施？你以前所采取的措施是否存在不当之处？对不当措施，你打算如何改进？

- 利用本章的两个行为检测，你发现本班不太了解女生的男同学分别是？

- 利用本章的两个行为检测，你发现本班不太了解男生的女同学分别是？

- 你打算如何帮助上述两类同学增加对异性同学的了解？

____

____

____

____

- 通过本章的介绍，你在处理学生惧怕异性交往问题上有哪些收获和感想？

____

____

____

____

参考文献

1. 高小永. 大学生异性交往障碍及其排除[J]. 新乡师范高等专科学校学报,2007,21（6）: 75-77.

2. 慧源中心的自信心理训练[EB/OL].
[2008-06-06]http://www.hyxinli.net.cn/dvbbs/list.asp?boardid=2.

3. 禁止男女生一对一交流[J]. 校长阅刊，2007（10）: 3-4.

4. 李鹰 . 中学生异性交往的现状及心理特点[J]. 教育研究，2006（9）: 74-81.

5. 林玲 . 青少年异性交往的发展特征、心理功能和存在的问题研究[J]. 江西青年职业学院学报，2006，16（3）: 11-12.

6. 刘国华，邢学红，郭小勇 . 青春期教育，一个不可忽视的话题[J]. 甘肃教育，2007，9（A）: 10-11.

7. 全国中小学心理健康教育课题组，心理素质教育研究中心. 中学生学 · 用心理范例[M]. 北京：开明出版社，2000.

8. 石国兴 . 微笑走过花季：给中学生[M]. 郑州：海燕出版社，2000.

9. 系统脱敏法步骤[EB/OL].
[2007-11-14] http://www.xinli110.com/liaofa/xttm/200711/62877.html.

10. 俞国良. 高中心理健康教育教材高中二年级[M]. 北京：中国和平出版社，2002.

11. 张佩珍 . 爱的心路：爱情心理指导[M]. 上海：华东理工大学出版社，1996.

12. 张小乔主编 . 心理咨询的理论与操作[M]. 北京：中国人民大学出版社，1998.

13. 郑日昌. 小学生心理辅导活动（六年级教师参考书）[M]. 北京：团结出版社，2001.

14. 中学生常见的心理挫折问题分析 2[EB/OL].
[2009-02-12]http://218.95.47.224/sunnew/Read.asp?ID=1238.

15. 周华珍 . 城市近郊青少年异性交往问题的调查分析[J]. 中国青年研究，2008（7）: 50-55.

16. 周宗明 . 一例异性社交恐怖症患者的诊断与治疗[J]. 社会心理科学，2005（5-6）: 119-121.

第五章

网络成瘾与教育

说一个人对互联网上瘾，就像把喜欢阅读的人称为读书成瘾症，把喜欢听音乐的人称为音乐成瘾症，真正让人成瘾的是色情信息和赌博本身。尽管如此，大家都承认，是互联网让获取这些信息变得如此方便、如此便宜。

——微软加拿大网络中心的总经理 尼克森

章节导读

★ 什么原因导致青少年网络成瘾？

★ 青少年网络成瘾的类型有哪些？

★ 如何判断某一青少年是否网络成瘾？

★ 教师应该如何对网络成瘾的学生进行心理治疗？

★ 在帮助青少年戒除网络成瘾时，学校应该如何发挥家庭的作用？

情境故事

一“网”情深

一次，我为了体会网吧的魅力，决定到网吧走一走。我左顾右盼，瞻前顾后，终于走进了一家“小羊子”网吧。从此，我的网吧生涯就这样开始了，而且长醉不醒。

初进网吧的我一窍不通，不过，老板的热情让我觉得好像到了家。很快，我就找到了感觉，玩游戏的水平渐升，对电脑的感情渐深。不知不觉中我上了瘾，各科成绩一落千丈。老师几次劝导我说“回头是岸”，可我却一发而不可收，一有空就往网吧里钻，甚至有时上课都在想它。

在那个世界里，我畅游无阻，身心得到前所未有的放松；没有老师的批评、家长的责备和同学的歧视，我好自在。在那个世界里，我可以穿越时空，到任何时候的任意一个地方，领略大好河山，观看绝门武功，欣赏异国风情，参加奇异争斗，或跟网友海阔天空无拘无束地聊天。上天堂，下地狱，只要按两三下就行了。

> 我上网的时间越来越长，开销越来越大，手头越来越紧，视力越来越差。我觉得有些不安了，后悔了。爸爸好像有所察觉，老是有意无意地看我几眼，那意味深长的目光，让我不寒而栗。可是我无法拒绝网吧的诱惑、召唤，如同无法拒绝毒品的瘾君子，我一次又一次地投入其中。每天，我都在极其矛盾中度过，我仰天长叹："怎么办哪？"
>
> 我把这件事告诉了同桌，没想到他只是淡淡一句："虚拟的世界能带给你某种享受，可那种感受是虚幻的啊！你怎么这么糊涂！"我如梦初醒。现在，我已从那虚拟的天地中抽出身来，用学习来填补内心的空虚。
>
> 再见了，我的虚拟世界！

上面是一名叫崔恒录的中学生的自述，揭示了其从最初接触网络到沉迷网络再到成功戒除网络成瘾的亲身感受。崔恒录同学以理智的心态和顽强的毅力战胜了网络成瘾这一恶魔，令人欣慰。但是，教师们也应该注意到仍有部分青少年沉溺于网络而不能自拔。他们为什么对网络一往情深？教师应该如何帮助他们戒除网络成瘾呢？

第一节 问题解析——解码网络情缘

部分青少年之所以网络成瘾，既存在客观原因又有其主观原因，二者契合所产生的心理驱力，将成瘾者推进“虚拟世界”而迷失了自我。其中，客观原因包括：网络本身的诱惑力、家长教育子女的知识贫乏、学校网络教育缺乏、网吧监管不力等；主观原因包括：青少年神经中枢的异常状态与病态心理。

一、网络本身的诱惑力

网络本身具有匿名性、便利性和逃避现实性的特点，为青少年一无所顾地置身于网络提供了温床，诱使青少年沉溺于网络。所谓匿名性指人们可以在网上隐藏自己的真实身份，可以畅所欲言，发表自己的观点、意见和建议，而不会有任何顾虑。便利性指用户足不出户就可以方便、快捷地获得各种知识、信息和服务等。逃避现实性指个体遇到挫折、不顺心的事而产生苦恼、烦闷之时，可以通过网络寻求安慰，借助网络发泄心中的愤恨、不悦等。

二、家长教育子女的知识贫乏

青少年沉迷于网络，家长负有不可推卸的责任。家庭是孩子成长的摇篮，家长是孩子成长过程中第一位也是最重要的一位老师。然而，许多家长缺乏教育子女的知识，不懂得如何对孩子实施有效的教育，又不爱学习，于是便弄巧成拙。有些家长在发现孩子上网成瘾后，急躁冒失，狂骂狂揍，大有不打不成才之势，岂知越打孩子心里越感失落，于是也就越往网吧跑。还有的父母因忙于工作与生计而忽略了同子女的情感沟通，或由于望子成龙、望女成凤心切，只关心、督促子女学习，而不了解子女的心理需求和变化，对孩子心理变化缺乏敏感性，导致子女寻求网上“安逸”。至于特殊家庭，如争吵不休的、再婚组合的、单亲家庭等，这些家庭的孩子因为缺少关爱很容易受到网络垃圾的诱惑。

上述家庭因素与青少年网络成瘾之间的关系也得到了实证研究的支持。杨永信等 2008 年研究发现：上网成瘾的孩子其家长是双职工且对孩子失教的占 15%，父母从事经商而疏于教育的占21%，父母对孩子实行简单粗暴方式教育的占26%，父母对孩子溺爱、放纵的占30%，父母对孩子有时溺爱、有时粗暴的占55%，父母经常在孩子面前唠叨不休、使孩子产生逆反心理的占86%。这些数据反映了网瘾孩子与家庭教育的一般性规律。

三、学校网络教育缺乏

青少年沉迷于网络不能自拔，学校也有一定的责任。按理说，学校是学生获取知识的主要场所，学校教育的终极目标是促进学生成长、成才。但是，虽然我国目前实施素质教育，但由于高考指挥棒的作用没有改变，致使绝大部分学校以考试为中心，高度关注青少年的学习成绩，而忽视其心理成长需求，长时间的枯燥学习难免会使青少年产生厌烦情绪，特别是当青少年在学业上遭受挫折而又得不到父母、老师的安慰和鼓励时，为宣泄心中的苦闷，逃避不愿面对的现实，他们很容易到网上寻求刺激与安慰。

科学的迅猛发展，促使中小学信息技术迅速普及。现在，绝大部分学生都在学校学会使用电脑和网络。判断力不强、自制力弱、应变能力不足的青少年，面对网上的各种诱惑，如果得不到老师的正确指导，他们稚嫩的心灵就有可能被不健康的内容侵蚀和腐化。此外，如果学校缺乏必要的理论教育、挫折教育、人生观与世界观教育、网络道德教育，缺乏精彩的青少年主题网站和频道，满足不了青少年成长和学习的需要，那么，学校客观上也为青少年沉迷网络提供了隐患。

四、网吧监管不力

网络迅速普及，家庭上网人数激增，网吧遍布大街小巷，为青少年上网提供了便利条件。2002年，我国颁布了《互联网上网服务营业场所管理条例》，明确规定："国家对互联网上网服务营业场所经营单位的经营活动实行许可制度。未经许可，任何组织和个人不得设立互联网上网服务营业场所，不得从事互联网上网服务经营活动。""文化行政部门、公安机关、工商行政管理部门或者其他有关部门及其工作人员，利用职务上的便利收受他人财物或者其他好处，违法批准不符合法定设立条件的互联网上网服务营业场所经营单位，或者不依法履行监督职责，或者发现违法行为不予依法查处，触犯刑律的，对直接负责的主管人员和其他直接责任人员依照刑法关于受贿罪、滥用职权罪、玩忽职守罪或者其他罪的规定，依法追究刑事责任；尚不够刑事处罚的，依法给予降级、撤职或者开除的行政处分。”但是，在实践中，主管部门对网吧缺乏负责任的有效监督和管理。据报道，我国无证和证照不全的网吧占总数的30%，有的地方甚至达到50%以上。不少网吧在经营中疏于管理，管理人员缺乏必要的专业技术，法律意识和网络安全意识淡薄。有的网络运营商、游戏开发商、网吧经营者以利润最大化为目标，忽视了自身所承担的社会责任。在利益的驱动下，一些网吧违规经营：为了招揽顾客、增加点击率和浏览量煞费苦心，奇招、怪招、损招层出不穷，以致不良信息在网吧泛滥成灾，甚至想方设法诱使青少年长时间上网或上瘾，这就为涉世不深、自控能力差、人格不成熟的青少年提供了不良社会诱因。

五、青少年神经中枢的异常状态与病态心理

上面介绍了青少年网络成瘾的客观原因，其实不良的客观环境只是青少年网络成瘾产生的外部条件，而青少年自身因素则是网络成瘾的内因，也是其沉溺于网络的主要原因。青少年之所以网络成瘾，除与具备比较丰富的网络知识有关外，还与以下生理因素和心理特点密切相关。

（一）神经中枢的异常状态

由于长时间使用计算机和进行网络互动，神经中枢持续处于高度兴奋状态，引起肾上腺素水平异常增高，交感神经过度兴奋，血压升高，植物神经功能紊乱，长此以往可能会引起不同程度的生理疾病和心理依赖，而这些刺激往往只有在上网后才感觉得到了缓解，导致进一步的网络依赖最终成瘾。有研究显示，长时间上网会使大脑中的多巴胺水平升高，从而令患者呈现一段时间的高度兴奋。同毒品的效果相似，长时间上网会使人体产生一系列复杂的生理和生物化学变化，从而产生网瘾。患者初期只是表现为对网络的精神依赖，久而久之则可能发展为身体上的依赖。

（二）病态心理

1. 幻想性

如果青少年长期沉浸在精心构筑的幻想世界，他们的角色和性格是极其易变的，并可能产生病态的沉醉。如果青少年的幻想生活产生于他们总是下意识感到不能得到某种社会地位，而这种幻想生活使他们借助于互联网进行具有象征社会

地位的社交活动，那么，这种幻想性很容易导致他们强迫性地使用互联网。

2. 人格障碍

具有厌倦、孤独、内向、害羞、敏感、忧郁、警觉、低自尊、低自信心、喜欢独处、高社交焦虑、社交技能差、自我控制失调、倾向于抽象思维、不服从社会规范等人格障碍的青少年，往往容易从网络中寻找到自己心灵的归属和释放情绪的场所，并且乐在其中。

3. 追求时尚

青少年自主意识增强，思想激进，好奇心强，精力充沛，接受新事物快，对外界保持强烈的认知欲望。网络是他们便捷、快速地获取各种知识、信息的有效工具，如果某个青少年不会上网，对网络一窍不通，自然会被他人嘲笑。因此，对时尚的追求、攀比也是导致青少年网络成瘾的重要原因。

4. 受挫心理

现实生活中，每个人都会遇到挫折，青少年同样难以避免挫折或失败。由于青少年人生阅历浅、经验少，认识事物多停留在直观、表象的层面，承受挫折、逆境的能力和自我控制的能力都比较低，而网络所营造的“虚拟世界”恰好迎合了青少年的这些特点及其心理需求，可以抚慰青少年受挫的心灵，势必导致他们寻求网络的解脱或慰藉，他们自然成为网络成瘾的易感人群。

另外，青少年身心正处于发育阶段，还没有形成完善的认知能力，他们也有渴求安全、与人交往、社会认同、社会支持、自我实现等需要，当其需要不能满足而又得不到他人的理解与认可时，他们感到迷惘、困惑和痛苦，为了逃避现实生活的打击，他们往往沉溺于互联网，在网上寻求理解、尊重和认可。例如，网络游戏可以使他们宣泄自我、实现自我，网上聊天可以给他们提供倾诉的空间和对象，因而更加容易造成青少年网络成瘾。

知识窗

刘文成、刘畅（2007）将网络成瘾分为以下六种类型：

1. 网络游戏成瘾

即长时间地沉溺于网络游戏而无法自控，以致饮食、起居无常，对学习、工作等均不感兴趣，甚至为筹集网游费用而盗窃、抢劫直至杀人。据青少年上网目的调查数据所显示，玩网络游戏为首选，所占比例高达40%以上，多以成为所谓"玩家"为追求目标；此种成瘾是对青少年危害最大、阻滞其社会化最严重的一类。

2. 网络交友成瘾

即长时间地通过网站聊天室进行匿名交流，沉迷于网络交友而不能自拔，将网聊的朋友看得比现实生活中的亲人、朋友更为重要，追求所谓"网恋"等人生浪漫，但往往成为现实中后继的诈骗、强奸、抢劫等犯罪的诱因。

3. 网络色情成瘾

即沉溺于网络传播的淫秽电子信息，长时间登陆淫秽网站，浏览淫秽视频、图片、文字以及色情聊天、发帖等。此种成瘾腐蚀人的心灵，使人颓废堕落、萎靡不振，会给天真单纯的未成年人带来"灾难性后果"，改变其人生发展的轨迹。

4. 网络信息收集成瘾

即总是不能自抑地在网上搜索或下载对个人发展与实际生活没有太大意义的资料。此种成瘾尽管不妨害他人，但无休止地耗费时间、精力，而人生目标亦会消逝其中。

5. 网络黑客成瘾

即沉溺于网络技术，特别是黑客技术，超乎寻常地热衷于自建和发布个人网页等，觉得在网络的"虚拟世界"里，可以隐匿自我，为所欲为，在炫耀才华的心理驱动下，以非法侵入并控制他人系统等为乐事且毫无负罪感，此种成瘾极易膨胀为网络违法犯罪。

6. 其他网络强迫行为

诸如不可自抑地长时间参与网上讨论、发表文章、购物、拍卖等活动，以致废寝忘食、通宵达旦，已经妨碍了正常生活。

网络成瘾一般不是沉迷于其中某一种，多数属于兼有两种以上的综合性成瘾。

（《青年工作》，2007.4）

第二节　教育策略——斩断网络的情思

学校教育是学生成长的主阵地，学校对帮助学生成长、成才负有重大责任。教育者应树立信心，发挥优势，全校师生齐抓共管，共同探索有效对策，帮助沉迷于网络的学生戒除“网瘾”。此时，教师们可能会感到困惑：如何判断某一青少年是否网络成瘾呢？不妨对青少年进行以下测验，可以帮助教师顺利解决上述难题。

行为检测

你是否迷上了网络？

如果你想知道自己是否迷上了网络，那就看看下列题目，与自己的行为能不能对上号。

★ 上网后精神极度亢奋并乐此不疲，长时间使用网络以获得心理满足，上网后行为不能自制，或通过上网来逃避现实，并时常出现焦虑、忧郁、人际关系淡漠、情绪波动、烦躁不安等现象；

★ 对家人、同学和朋友隐瞒自己是“网虫”；

★ 上网时间每次都超过原来计划，甚至整夜地游荡在虚幻的世界中，而到白天学习时则昏昏欲睡，对现实生活无兴趣；

★ 不上网时手指会不停地运动，严重时全身打颤、痉挛、摔坏器物；

★ 甚至只是为了活下去不得不吃饭和睡觉；

★ 有时因陷得太深而不能自拔；

★ 如果有一段时间不上网，你是否就会出现明显的焦躁不安、不可抑制地想上网、时刻担心自己错过了什么，甚至做梦也是关于互联网的；

★ 你是否原打算只上网15分钟，但最终竟超过两小时以上；

★ 是否你每天恨不得24小时把两只眼睛粘在电脑荧屏上；

★ 是否只有在电脑前才能见到你；

★ 是否除了电脑、网络，你对别的事完全没有兴趣；

★ 你意识到上网带来的严重问题，但仍然继续花大量时间上网。

如果以上问题的题目一半以上你答"是"，那么毫无疑问，你已经"网络成瘾"，应该要有意识地让自己远离网络了。答"是"为一半以下的朋友，你还没有成瘾，可是如果不加以克制，也有可能"网络成瘾"！

经过上述测验，教师可以对青少年是否网络成瘾了如指掌，之后，就可以利用下面的方法帮助青少年戒除网络成瘾。

一、教育学生正确认识网络

教师要引导网络成瘾的青少年认识到网络是获取信息的工具，而不仅仅是单纯用来娱乐的玩具。信息技术课程的教师应与班主任联手引导网络成瘾青少年正确运用网络为自己的学习和生活服务，各科任教老师都应熟知网络，利用学科特点指导网络成瘾青少年运用网络获取资料，补充课本知识。网络是一把"双刃剑"，既可以给青少年的学习和生活带来便利，促进青少年的自我发展，满足青少年缓解压力和交流的需要，也会因青少年的不当使用而带来负面影响（例如，因青少年长时间过度使用网络、痴迷网络游戏和聊天等，造成学业荒废、情感淡漠、社会能力降低、抑郁和孤独感增加等一系列心理和行为问题）。教师应向网络成瘾青少年介绍网络成瘾的危害性，必要时可以让已戒除网络成瘾的青少年现身说法，帮助网络成瘾青少年认识到网络成瘾的危害性，帮助他们对网络做出客观、正确的评价，调整非适应性认知，进行认知重组，增强他们对摆脱网络成瘾必要性的认识和自觉抵制互联网使用消极影响的能力。

二、加强和完善校园网的建设

（一）师生共建校园网

学校要发挥网络技术优势，师生共建校园网，建立青少年教育阵地，充分发挥校园网的引导与教育功能。学校要积极吸引网络成瘾青少年参与校园网的建设，充分发挥网络成瘾青少年的优势，让网络成瘾青少年在营建积极、健康、正面的网络内容的过程中，体验到网络带给个体的喜悦、成就感和自豪感，从而帮助他们端正上网动机，加强网络道德自律，培养坚强的意志品质，树立自觉管理自己上网时间的意识，进而达到自觉抵制网络不健康内容的目的。

（二）定期更新校园网的内容和形式

学校还应定期更新校园网的内容和形式，加强校园网的监管，提升校园网的品位，为青少年的健康成长营造绿色网络环境。通过学习、就业、交友、心理咨询等青少年感兴趣的、能切实为青少年服务的形式，吸引更多的青少年登陆健康安全的校园网，让校园网在与不良网络的博弈过程中立于不败之地。此外，要将网络与教学结合起来，组织健康有益的网络活动。

（三）开设网瘾戒治论坛

让成功戒治网瘾的青少年在网站论坛上发表自己的戒瘾心得、体会和经验，畅谈戒瘾后学习进步的收获和未来的美好憧憬，并与网络成瘾的青少年以发帖的形式进行戒瘾互动，帮助网络成瘾的青少年树立戒除网瘾的信心，激励成瘾青少年加速戒治，尽早投入到正常的学习与生活中。这样一方面可以巩固成功戒治网络成瘾青少年的成果，并鼓舞其更好地进步与发展；另一方面，对引导在治网络成瘾的青少年更好地配合戒治，早日从网梦中醒来，踏上健康发展的道路，也起到了积极的催化作用。

三、进行网络道德教育

学校可以利用各种集会、主题班会课、校园网、校园墙报等宣传教育阵地对青少年进行网络道德教育，提高青少年的信息素养，注意上网心理卫生，并对青少年上网时间、次数和行为进行适当限制和监控，引导青少年把握上网的限度，合理安排上网时间，培养青少年健康的上网意识和自觉调控互联网使用行为的能力。

四、进行挫折教育

教师应向学生讲明“人生不如意之事十有八九”的道理，并结合古今中外乃至发生在青少年身边的活生生的事例说明如何对待挫折、如何与挫折坚持长期的抗争等。培养学生积极乐观的生活态度，引导学生勇敢地、直接地面对挫折，而不应把网络作为逃避现实生活问题或消极情绪的工具。选择逃避只能暂时解决问题而不能从根本上解决问题。面对挫折，除了要有坚强的挫折耐受力外，更重要的是要冷静地、理智地分析问题产生的原因并对症下药给予解决。当青少年自己不能解决时，要积极向教师、家长、同学、朋友等求助。

五、指导青少年阅读有益书籍

教师要充分发挥知识宝库的作用，让有针对性的书籍占领网络成瘾青少年的业余时间，让书的营养开阔他们的视野，启迪他们的心灵，陶冶他们的情操，这对帮助他们摆脱网络的诱惑，把心收回到学习上来，是一条非常有效的教育方法。别林斯基曾经说过："阅读一本不适合自己阅读的书，比不阅读还要坏。"由于青少年的辨别能力有限，所以教师有必要帮助网络成瘾的青少年选择最有价值、最适合其阅读的书籍。

根据网络成瘾青少年普遍存在人际交往困难、孤独、自卑、焦虑、抑郁及人生目标模糊等心理问题，教师可以向网络成瘾的青少年推荐以下书籍：一是必读书目，如《心理医生》《心理世界》《心理与健康》《大众心理学》《涉世之初》《读者》《青年文摘》《特别关注》等期刊。阅读此类书籍的目的是让青少年增长心理健康知识，增强抵御心理"病毒"的免疫力，为自己筑起一道生命的防火墙。二是对症阅读治疗书目，如卡耐基的《人性的优点》《人性的弱点》《美好人生》《快乐的人生》《卡耐基成功之道全书》《做人与处世》等解决交际困难的书刊；《毛泽东传》《邓小平传》《比尔·盖茨传》等名人传记，"李开复给中国青少年的六封信"等解决人生目标问题的书刊；《陶渊明集》《东坡全集》《平凡的世界》《唐诗三百首》《笑林广记》《围城》《幽默大全》以及《钢铁是怎样炼成的》《鲁滨逊漂流记》《老人与海》《海伦·凯勒的故事》等治疗心烦、焦虑和抑郁的书刊，等等。

六、进行心理治疗

戒除网瘾既是一个心理"脱敏"的过程，也是一个痛苦的过程。心理治疗具有普适性，可使网络成瘾青少年产生积极的心理防御机制，从而帮助其斩断网络的情丝。心理治疗与一般的心理咨询不同，执行计划、开展训练，必须在明确的承诺和有效的督促下进行。一般需要教师根据患者的特点，可以配合运用以下方法。

（一）制定目标，列出计划，采用强化的方法改变网络成瘾行为，并用外物刺激提醒

例如，可以在电脑上安装相应的软件、放置醒目的卡片或制作便于携带的卡片，加以提醒、约束、强化诱导，控制上网的时间和次数。采用强化法时，可以适当运用奖励和惩罚的方法，一旦发现网络成瘾青少年上网时间和上网次数减少，积极给予奖励、表扬和肯定；一旦发现网络成瘾青少年上网时间和次数增加，立即给予惩罚、批评。其中的奖励和惩罚，既可以是物质的，也可以是精神的。

下面，我们以一个案例来具体说明如何利用强化法改变青少年的网络成瘾行为。案例中网络成瘾的青少年为李某，男，16岁，高一学生。何银虎老师（2004）经与李某几次磋商，对改变他的网络成瘾行为做出了以下安排：

目标：在3～4个月时间内，李某改变自己每天无节制地玩电子游戏3～4小时的行为，最终使每天玩的时间不超过1小时。

方法：以塑造和自我强化为主。

塑造时，逐级提出不同的要求：第一步，玩电子游戏不超过180分钟；第二步，玩电子游戏不超过160分钟；第三步，玩电子游戏不超过140分钟；第四步，玩电子游戏不超过120分钟；第五步，玩电子游戏不超过100分钟；第六步，玩电子游戏不超过80分钟；最后是第七步，玩电子游戏不超过60分钟。以上塑造的七步，要求能每两周通过一步，共约花14周时间。

自我强化的安排是：李某很想买一部MP4，约需700元，李某自己已经积攒了400元，父母答应给300元。现在，李某决定把这700元存入自己的“银行账户”。李某规定，每天只有达到前面塑造中某一步的要求时，他才能从“银行”中提取5元记入自己的“账户”。如果一周能连续按某一步的要求去做，则每周额外奖励15元。

相关措施：

(1) 指导李某设计一张记录单（如下表所示），记下自己每天玩电子游戏的时间、是否得到了奖励和从“银行”提取存款的总额。

李某的记录单

月	日	星期	要求不超过多少时间（分）	玩了多长时间（分）	能否得到奖励	账户总额

(2) 指导李某在电脑台上放一张卡片，上面写着若干警示性句子，如“准备好记录单”“准备好计时器（如闹钟）”“明确今天玩的时间不能超过多长”“努力获得奖励”等，这样一来，李某每天打开电脑玩电子游戏之前都会读到。

(3) 不妨建议李某从周一开始按要求去做，因为周六、周日是李某玩电子游戏花时间最多的两天，周一至周五相对容易做到，这会促使李某在双休日更好地控制自己，以获取因为努力一周而可能得到的15元奖励。

(4) 指导李某经常提醒自己：不按要求去做，就得不到奖励，买MP4的时间就会拖下去；要买就得买部好的，要买得称心，但不按要求坚持到底，即使有点钱也只能买部牌子和质量都一般的。

为此，不妨启发李某写两句话：“争取早日买MP4”“争取买部好的MP4”，贴在电脑台和书桌边的墙上。

(5) 提醒李某减少与其他热衷于玩电子游戏的同学的交往，减少与其他人以电子游戏为主要内容的交谈。

（二）以快乐而有规律的行为训练来转移网络成瘾青少年的注意力

心理治疗过程中，鼓励网络成瘾青少年积极参加各种健康、快乐的社会活动、体育锻炼、文娱活动等，通过上述活动增强其社会生活卷入度，释放、消除和宣泄心理压力与孤独、寂寞、忧郁等不良情绪，转移对网络的注意力，培养其他方面的兴趣，增强自我调节与自我控制能力，改善心境，帮助网络成瘾青少年树立摆脱网络成瘾的信念，矫正错误的上网动机。

（三）自我欣赏与他人赞美

对于青少年来说，欣赏与赞美还是必要的，因为激励的效应蕴涵其中。可以要求网络成瘾的青少年欣赏、品味并畅谈自己上网以外的成功时刻与喜悦，教师应当挖掘并赞美其与上网无关的优点，让他们找回真实的自我。

（四）对比网络成瘾前后的自我状态

通过这样的对比，旨在调整认知，使网络成瘾的青少年明确认识到网络成瘾的危害，进而探究网络成瘾的原因，理性分析和从容面对现实中的矛盾，敢于迎接生活的挑战。

（五）运用团体咨询

团体心理咨询是心理咨询的一种形式，是相对于一对一的个体心理咨询而言的。顾名思义，它是在团体情境下提供心理帮助与指导的一种咨询形式，即由咨询员根据求询者问题的相似性或求询者自发组成课题小组，通过共同商讨、训练、引导，解决成员共同的发展或共有的心理问题。团体心理咨询既是一种有效的心理治疗，也是一种有效的教育活动。团体咨询既可以为个体提供获取积极支持的场所，也可以为个体提供实践机会；良好的团体气氛便于个体开放自我、表达自我；团体训练利于个体之间相互学习、交流经验。团体成员的认同感对于患者改变其认知与行为会产生支持作用，彼此情况相同，能够互相诉说与鼓励，看到自身的能力与变化，从而信心大增。团体的约束功能，也会让治疗效果更显著。

根据网络成瘾测验的结果，教师可以将本年级或本校网络成瘾的青少年聚集在一起，运用团体咨询的方法对其进行矫治。

（六）家庭治疗

家庭治疗是指教育者通过与全部或部分家庭成员的治疗性会谈以及其他专业技巧来协助家庭成员改善家庭关系，建立良性的家庭互动模式，从而在根本上解决整个家庭及其个别成员的问题，促进家庭良性运转和家庭成员身心健康的一种心理治疗方法。家庭治疗的特点在于将着眼点放在全家人身上，注重家人的相互往来、人际关系及家庭机能的执行情况。治疗的目的是使家庭成员心理功能健全，家庭关系正常，家庭成员的心理与行为问题得以改善。

例如：有一名叫小兰的女生，17岁，是独生女，从高一开始沉迷QQ聊天，后来发展成为网络成瘾。小兰的父亲属于专制型家长，教师对其采取以下家庭治疗的过程、方法及目标：

第一周作业：悖论（反常）干预与症状处方。要求父亲每天记录女儿小兰做错的事情或者令自己不满的地方，每天必须花至少1小时写最少1000字的责备女儿的草稿，准备到周末责骂女儿至少半天。

目的：故意夸张和放大父亲错误的沟通模式，达到让他觉得荒谬的程度，从而产生领悟，起到“刹车”的作用。

第二周作业：单、双日作业法。要求女儿小兰星期一、三、五疯狂使用电脑，星期二、四、六不准使用电脑。父母在单日必须对小兰漠不关心，而双日关心体贴小兰。

目的：通过强烈的对比让小兰体验使用电脑对自己身心的伤害，并感受父母对自己的关心与支持。

第三周作业：秘密记账法。要求小兰自觉控制使用电脑的时间，原则上必须逐天减少上网时间，而且帮助父母做家务，关心父母生活。父母对小兰的进步和良好表现进行秘密记录。

目的：家庭成员出现不合意的行为（沉迷网络）后，其他成员由于焦虑、沮丧而对其病态过分关注，以致不再注意其良好的方面。该技巧一方面促进其他成员重新分配注意力；另一方面则意在诱导患者做出合意的行为，使之能有“立功受奖”的机会。

（七）厌恶疗法

青少年网络成瘾的矫治应以想象厌恶疗法为主。下面，是一位老师的具体做法：

1. 在班上开展“我和网吧”的演讲比赛。要求写出网吧的好处和有害之处，写出上网的感受。为什么还要写好处呢？是为了辩证地思考问题，也是为了避免学生的抵触心理。通过演讲比赛，使同学们既认识到网络的魅力，也认识到网络对青少年有害的一面。
2. 把学生演讲中关于网吧环境的乌烟瘴气、关于网吧中不良少年的语言污秽与行为放荡、关于上网后的头昏脑涨、视力下降、精神萎靡等描述集中起来，每天放学时在班上反复宣讲，让学生在反复的刺激中对网吧产生厌恶心理。
3. 对个别症状较为严重的学生，可以以橡皮筋代替电击。只要心中一有上网的念头不能消除就拉手腕上的橡皮筋，直到消除上网的念头为止。
4. 开展丰富多彩的文体活动以减少学生对网吧的依赖。

厌烦疗法坚持两个月之后，该教师所在班的几个网虫基本戒除了网瘾。

知识窗

厌恶疗法

厌恶疗法又叫"对抗性条件反射疗法",它是应用惩罚的厌恶性刺激,即通过直接或间接想象,以消除或减少某种适应不良行为的方法。厌恶疗法的特点是,治疗期较短,效果较好。厌恶疗法的一般原理是:利用回避学习的原理,把令人厌恶的刺激,如电击、催吐、语言责备、想象等,与求治者的不良行为相结合,形成一种新的条件反射,以对抗原有的不良行为,进而消除这种不良行为。

厌恶治疗的形式有下列三种:

第一种是电击厌恶疗法。即将求治者习惯性的不良行为反应与电击连在一起,一旦这一行为反应在想象中出现就予以电击。电击一次后休息几分钟,然后进行第二次。每次治疗时间为20～30分钟,反复电击多次。治疗次数可从每日6次到每两个星期一次,电击强度的选择应征得求治者的同意。

第二种是药物厌恶疗法。即在求治者出现贪恋的刺激时,让其服用呕吐药,产生呕吐反应,从而使该行为反应逐渐消失。药物厌恶疗法多用于矫治与吃有关的行为障碍,如酗酒、饮食过度等,其缺点是耗时太长,且易弄脏环境。

第三种是想象厌恶疗法。即将施治者口头描述的某些厌恶情境与求治者想象中的刺激联系在一起,从而产生厌恶反应,以达到治疗目的。此法操作简便,适应性广,对各种行为障碍疗效较好。

七、教给青少年时间管理技术

这类方法的核心在于通过提高自我效能感和给予适当的支持,帮助网络成瘾青少年发展一种积极的应对策略以取代消极的成瘾行为。具体做法是:(1)打乱网络成瘾青少年惯常的网络使用时间表,让其适应一种新的时间模式,从而打破其上网的习惯;(2)运用闹钟等外部手段促使网络成瘾青少年按照教师的安排准时下网,从而逐步削减上网时间;(3)设定合理的小步子目标。

八、指导学生制作自我目录

教师指导网络成瘾青少年列出网落成瘾之后被忽略的每一项活动，并按照重要性进行排序。然后，让网络成瘾青少年说出最重要的活动对其生活质量有何重要意义。通过这样的训练，可以让网络成瘾青少年意识到自己以前在成瘾行为与现实活动之间所做的选择。更为重要的是，可以让网络成瘾青少年从真实生活中体验到满足感和愉悦感，从而降低从网络环境中寻求情感满足的内驱力。

九、开展丰富多彩的课外活动

当前，由于国家采取“减负”措施，青少年学生课余时间相对增多，上网时间也大为增加。因而，他们在课余时间经常上网，尤其是节日、假期长时间泡在网上，这对青少年学生身心健康产生的副作用则是显而易见的。因此，学校应积极倡导学生利用课余时间组织丰富多彩的文艺体育活动、节假日外出旅游等，以丰富学生的业余文化生活，减少和杜绝学生沉溺网络带来的种种弊端。

十、学校应主动联合家庭，优化教育环境

前苏联著名教育家马卡连柯认为，一个人不能够一部分一部分地来教育，而是由人所受的种种影响的全部总和综合地教育出来。在开放的网络时代，校内校外教育的影响必然要作为一个整体来考虑，所以学校应主动地、经常地联系家庭，优化教育环境，形成教育合力。学校可以采用“请进来，走出去”的方法，把家长、教育专家请进学校，通过家长学校，向家长宣讲相关网络知识和教育孩子的方法与途径。通过家长学校的学习，一方面让家长学习、了解和掌握网络知识，提高网络素质，成为学生网络生活的指导者，帮助孩子树立正确的网络观，引导孩子健康上网；另一方面，教育家长提高认识，改进和完善管教孩子的内容与方法，纠正认知偏差与行为偏离，提高教育孩子的水平，营造和谐、民主、温馨、融洽、欢乐而阳光的家庭氛围，让青少年在一个洁净的家庭氛围中快乐生活和健康成长，进而使整个家庭重拾幸福与快乐。“走出去”是指学校领导、老师和优秀学生走出校门，到社区开展家教讲座。此外，学校可以建立戒网瘾青少年同盟会和戒网瘾孩子家长同盟会，相互交流思想收获，实行新老互动教育，促进网瘾戒治。

例如，教师可以向家长介绍下列的一个案例：

一位父亲四处寻找“失踪”的儿子，他的儿子已经一天一夜没回家了。在一家网吧，父亲发现儿子正在全神贯注地玩游戏。对父亲的到来，儿子竟全然不知。父亲思索片刻，从儿子身边走过去，轻轻咳嗽了一声，然后若无其事地离开。

儿子听到父亲熟悉的咳嗽声，也看见了父亲的背影。两分钟后，儿子追了出来，父亲站在门口，只说了一句话：“瞧你脸脏的，赶快回去洗个澡吧！”结果是：这个男孩从此再也没有进过网吧。

诸如上述孩子网络成瘾的事情，相信不少家长也经历过。大多数家长面对如此不听话的孩子，不外乎几种做法：大声训斥，动手揪住孩子就打，指责网吧老板，或是抱着孩子心疼地流泪等。

故事中父亲的高明之处就在于：既尊重了孩子的人格，保护了孩子的自尊心，又让孩子学会了自我反省。

第三节　教育个案——总有云开日出时

一、典型个案

钱凯（化名），男，17岁，高中二年级学生。因喜欢同年级的一名女生，与其交朋友受挫，致使心情郁郁寡欢。为了排解苦闷心情，他开始上网。网络提高了他的自尊心，网络中结交的许多朋友称赞他有个性、有幽默感，尽管在现实中他并非这样。他称："进入网络，是一个活人；退出网络，我就烦躁不安。"他起初每天上网一两个小时，后来时间慢慢增多，有时竟肆无忌惮到通宵上网。他日渐憔悴，开始讨厌父母、同学和老师，并且开始经常逃课，学习成绩一落千丈，一学期有两门课的成绩挂了红灯。钱凯原本想通过网络排解痛苦，但现在他发现：网络不但没有给他带来快乐，反而更加痛苦。他以前没有接受过任何形式的心理咨询，经班主任建议来学校心理咨询室进行咨询，希望将自己的网瘾戒掉。

二、教育过程

根据钱凯网络成瘾的情况，心理咨询老师彭老师对其进行了四次心理帮助。心理帮助每周一次，每次1小时。采用的方法主要是会谈法。

第一次：10月3日

1. 强调正向积极的作用

彭老师对钱凯讲："每个人都有使自己改变的力量与资源，减少网瘾是迟早的事，目前困境只是意味着暂时没找出解决问题的方法而已。"此时，钱凯主动反映：每次上网玩游戏时感觉非常刺激，与网友聊天时感觉自己跟现实中的自己不同，但是，一旦不上网就感觉心情特糟糕。后来，他慢慢地发现上网不是排解郁闷心情的方法，可改变又觉得有心无力，所以，他还是忍不住一次又一次上网，摆脱不了对网络的依赖。鉴于此情况，彭老师重点向钱凯解释，网上与网下的感觉不同，原因在于网络上的他是"非现实的自我"即"自我的另一面"，并进一步表明，这种显示给网友"另一面的自我"的行为并非是恶劣的，反而说明了他在现实中拥有显示网络上的自我的可能和潜力。

2. 家庭作业

针对钱凯每次上网时自我强迫与下网后自我反抗的内心冲突，规定禁止其再通宵上网，规定每天上网时间在5小时以内，并做好每天上网的时间记录，建议买一块能准确定时的手表。

第二次：10月10日

1. 咨询作业完成情况反馈

为期一周的上网时间记录在其父母的监督下完成，在过去的一周里，钱凯除一次通宵上网外，上网时间均未超过5个小时。钱凯自述：以前每次上网后都很难将注意力转向其他事情上，但在这一个星期中，下网后能勉强看看报纸、杂志，感觉不是那么痛苦。

2. 给予建议

彭老师建议钱凯，上网时特别是与网友聊天时，尽量将话题转向一些与现实生活相联系的事情上，比如自述高一军训时的情景，曾参加的文体活动情况，特别是与同学、老师、家长交流沟通的情况，尽量减少玩游戏的时间。

3. 例外构架，寻找例外的成功

彭老师询问钱凯不上网的时候是怎样想和怎么做的，有例外就能从例外中找到解决的方法，这说明对于戒掉网瘾来说是绝对有成功希望的，以帮助钱凯树立并增强改变的信心。

4. 家庭作业

针对钱凯上周仍有一次通宵上网的情况，规定坚决禁止通宵现象发生，每天上网时间在3小时以内，并做好每天上网的时间记录。

第三次：10月17日

1. 咨询作业完成情况反馈

没有通宵上网情况出现，在自我监督的情况下按时做上网时间的记录，7天时间里除一次上网时间为5小时之外，其余时间均未超过3小时。钱凯自述玩游戏的时间远少于聊天的时间，而且，觉得网上聊自己以前的事情使得上网与下网时心情都变得好多了。

2. 假设解决构架，提出奇迹问句、水晶球问句等

例如："假如奇迹发生，问题都不存在了，你会干些什么？""假如有一个水晶球能预知未来，你希望一周后自己发生什么样的改变或看到自己发生了什么改变？”等，引导钱凯积极行动。

3. 正向引导

彭老师正向引导钱凯：一定要巩固目前的成果，在下网时积极与其父母聊天或共同参加一些活动，主动向父母汇报自己的近况，等等。

4. 家庭作业

针对上周仍有一次因手表出现问题使得上网时间达到5小时的情况，彭老师告诉钱凯在每次上网之前一定用手表准确定时；每天上网时间在两小时以内，并做好每天上网的时间记录。

第四次：10 月 24 日

1. 咨询作业完成情况反馈

钱凯自述每次上网时间均控制在两小时内，其中一天因踢足球没有到网吧去。父母以激动的语气向彭老师致电反映：“儿子每天上网的时间越来越少了，每天能与父母谈心了。”

2. 宣泄不良情绪

前半小时，运用宣泄法，引导钱凯彻底将压抑半年之久因单恋产生的消极情绪发泄出来，讲述单恋风波后对恋爱的看法。此时，彭老师安慰钱凯：“爱慕异性是正常的，但恋爱也是有季节的，现在你正处于青春期，是人生中美好的花季，花季不应该种相思树。既然网友认为你是个有个性、有幽默感的人，那么你就应该重新树立自信心，你的光芒和亮点最终还会被其他女孩子发现的。等你考上大学后再拨动情丝也不迟呀！但是，前提是彻底戒掉网瘾，消除笼罩在你心头的乌云，以阳光般的姿态对待周围的一切。”

3. 班主任配合治疗

后半小时彭老师邀请班主任参加。班主任讲述了钱凯在高一时的积极表现，并向在场的钱凯表示对其积极配合彭老师工作的表现极为赞赏，并提出对其积极参加文体活动的殷切希望。

4. 家庭作业

争取在一周内每次上网少于两小时，争取达到 3 天不上网。

三、教育结果

一周后，钱凯主动来到咨询室对彭老师说，“现在，我每次上网时间都少于两小时了，而且大部分时间都是用来查阅资料，上周我只上了3次网。”听了钱凯的讲述，彭老师非常高兴。然后，彭老师建议钱凯采用放松训练消除睡眠障碍，推荐使用“气功疗法”，多参加户外活动以恢复视力。一个月后，彭老师惊喜地发现，钱凯精神焕发，身体健壮了许多，自信心大大恢复。班主任也反映钱凯与周围老师、同学相处非常融洽，与父母经常沟通，学习的积极主动性显著增强，基本解决了网络成瘾问题。*

---

*该教育个案根据王立花等《对一个网络成瘾者心理咨询的研究报告》改编而成。

反思驿站

- 你本人是否了解网络？你是否上网？你平均每天上网时间多长？

- 请结合你的亲身体验或掌握的资料，谈谈网络的利与弊。

- 通过行为检测，你任教的班级是否有网络成瘾的学生？如果有的话，男生有几人、女生有几人？经过进一步了解得知他们网络成瘾的原因有哪些？

- 针对网络成瘾的学生，你打算采取哪些措施帮助他们脱离网络成瘾？本章所介绍的教育策略与你以前采用的教育策略相比，非常值得你借鉴的是什么？你以前采用的教育策略是否存在不足或改进之处？

参考文献

1. 陈猛．网络成瘾的剖析[EB/OL]．[2009-01-24]http://www.xylfj.com/ns_detail.php?id=44479&nowmenuid=186871&cpath=.
2. 费利霞，邱绍德，姜庆新．中学生网络成瘾与其网络行为的相关研究[J]．中国学校卫生，2006，27（5）：441-442．
3. 国务院文化部．国务院第363号令：《互联网上网服务营业场所管理条例》[EB/OL]．[2002-10-11]http://news.xinhuanet.com/newscenter/2002-10/11/content_593266.htm.
4. 何银虎．孩子最大的问题是心病——中小学生心理问题测试诊断与辅导治疗[M]．北京：中国经济出版社，2004.
5. 绘丹．尊重的力量[J]．新课程（初中版），2008（1）：6.
6. 金兼斌，吴特科．解决网瘾问题需“对症下药”[J]．中国教育网络，2006（1）：32-34.
7. 刘文成，刘畅．青少年网络成瘾的分析与矫治措施[J]．青年工作，2007（4）：17-20.
8. 盛孝桂．网络环境下青少年心理分析及对策[J]．学习月刊，2008（4）：87-88.
9. 王代福．关注“网瘾青少年”用好“网络双刃剑”[J]．作文成功之路（初中版），2008（4）：6-10.
10. 王立花，侯忠伟．对一位网络成瘾者心理咨询的研究报告[J]．英才高职论坛，2007（3）：26-29.
11. 王利军．青少年网络游戏成瘾与图书阅读矫正[J]．中共山西省直机关党校学报，2008（2）：36-37.
12. 阳克余．中学生沉迷于网络的原因及对策探讨[J]．当代教育论坛，2008（4）：60-61.
13. 杨文翰，静进．我国青少年网络成瘾的研究及干预进展[J]．中国学校卫生，

2008，29（6）：570-573.

14. 杨永信，吴绍兰，魏秋香．戒治网瘾重塑性格的初步探索[J]. 中国医药导报，2008，5（21）：119-121.

15. 佚名．中学生网络依赖症的厌恶疗法[EB/OL]. [2008-01-07]http://hi.baidu.com/xmmings/blog/item/f4876f8905a121b70e24445a.html.

16. 卓彩琴，招锦华.青少年网络成瘾的家庭治疗策略分析——基于三个典型家庭治疗案例的质性研究[J]. 河南社会科学，2008，16（1）：83-86.

17. 邹珉．你的心事我猜！猜！猜！[M]. 上海：上海远东出版社，2003.

第六章

逆反心理与教育

人都有逆反心理，对他的欲望禁止得越严厉，他实现的欲望和信念就越强。

——心理学家　詹姆斯·鲁滨逊

章节导读

★ 青少年逆反心理产生的主观因素有哪些？

★ 青少年逆反心理产生的客观因素有哪些？

★ 青少年逆反心理的主要表现是什么？

★ 应该如何判断某一青少年是否存在逆反心理？

★ 教师可以采取哪些措施帮助青少年克服和消除逆反心理？

情境故事

冤家对头

洋洋原本是个乖巧、听话、品学兼优的孩子，可是自从上初中后，他的言行发生了翻天覆地的变化，简直就是判若两人。

在家里，洋洋与父母好像是敌对双方，他整天不想回家，心里有什么话也不愿向父母说，不愿意与父母交流想法，有什么事也不对父母讲，对父母的批评和劝导抵触、反感，做事比较任性，甚至与父母“对着干”：父母要求他这样做，他偏那样做；父母让他向东，他偏向西；父母让他信这，他偏信那，父母说这样好，他偏说那样好。他觉得父母非常讨厌，一天到晚唠唠叨叨，真是烦死人了！

一次，因为出去玩，回家晚了。妈妈问他：“为什么回来这么晚？回家晚了要给家里打电话……”还没等妈妈说完话，洋洋就不耐烦地说：“我都这么大了，为什么总是干涉我？今后，我的事情不用你管。”

在学校里，洋洋总是喜欢与老师、同学抬杠、顶牛，常常与他们唱反调、对着干。老师表扬某个同学学习成绩好，他却说是该同学运气好，考试发挥得好。某两个同学的关系非常好，他却说那只是表面现象，其实他们俩的关系不怎么样。某个同学评上了“三好学生”，他却说该同学有这问题那毛病。但是，如果班上某个同学受到老师的批评，他却“非常同情”，为其鸣冤叫屈。对学校进行的思想政治教育、校规校纪教育和老师的教导，洋洋总是采取消极抵制的态度。

随着年龄的增长，青少年生理、心理产生了一系列巨大的变化，他们由原来的顺从过渡到了不服从“命令”的阶段，心理学上称为“心理断乳期”。在此期间，青少年的独立性和成人感增强，对人对事有自己独立的见解，希望摆脱成人的监督和控制，逐步形成自己的个性。上述洋洋的行为表现是青少年时期常见的心理问题之一：逆反心理。青少年为什么会产生逆反心理？教师应该如何防止和消除青少年的逆反心理呢？

第一节 问题解析——成长的代价

在教育过程中，教师都遇到过具有逆反心理的青少年学生，其实这不是个别现象，在青少年学生群体中，存在逆反心理的占有一定比例。《心理科学》杂志的一项调查显示，目前，中学生中经常存在逆反心理的达32.6%，偶尔存在逆反心理的达89.4%。曹钧等（2008）对青少年逆反心理的调查表明：男生的逆反心理水平显著高于女生。教师要帮助青少年学生克服逆反心理，首先要了解他们逆反心理产生的原因。概括起来，主要有以下五个因素。

一、青少年自身的成长发育

（一）大脑发育成熟

青少年时期，人的大脑已经发育成熟并趋于健全，脑机能越来越发达，思维的判断能力和分析能力越来越强，思维的深度和广度增加，思维方式和思维视角向着逆向思维、多向思维等方面发展。青少年思维能力的发展和逆向思维的形成促进了他们自我意识的觉醒、成人感的产生和强烈的独立意识的增强。他们渴望独立，把自由看得比什么都重要，认为自己已经长大成人，应该自己管理自己、决定自己的一切，别人不应介入或干涉。此时，教师和家长对青少年的教育和引导如果不考虑他们青春期特有的生理和心理特点的话，很容易导致他们产生逆反心理。

（二）性成熟

青少年性发育逐渐成熟，第二性征越发明显和突出，随之性别意识、性意识也逐渐建立和强化。此时，青少年非常关注异性对自己的评价，非常在乎自己在异性心目中的形象。有的青少年为了表明自己已经自立能够独当一面、为了给异性留下美好的印象，对教师的教育和家长的指教不再“唯命是从”，喜欢自作主张，采取回避、反感甚至背离的态度。

（三）生理成熟与心理不成熟之间的矛盾

青春期青少年生理上已经发育成熟，但其心理发展却明显比生理发展滞后；

思维的独立性和批评性有一定程度的发展，却还不够成熟。由于青少年的阅历较浅和经验不足，容易造成其认识的不坚定性和易动摇性，从而出现认识上的偏差、偏激、固执和极端化。他们对教师和家长的正常教育往往从对立面去思考，把教师和家长的劝说、批评、指点等看成是对自己自尊心的伤害，进而把自己放在施教者的对立面上。他们看问题比较片面和偏激，固执己见，往往嫌父母和老师管得太多、太严、太啰嗦，进而对教师和家长的教育产生逆反心理。

（四）心理发展需要与客观条件限制之间的矛盾

青春期青少年学生的需要已由低层次的生理需要、安全需要，开始向高层次的归属和爱的需要、尊重的需要、自我实现的需要发展。在这个发展过程中，他们的思维往往会受到紧张的学业、错综复杂难以处理的人际关系等客观条件的限制，产生难以自解的挫折感。由于青少年学生的心理承受能力比较弱，有时难以正确对待一些事物，没有能力把心理冲突平息下来，致使挫折所产生的消极心理影响不断扩大，反控制情绪膨胀，逆反心理就会随之产生。

知识窗

逆反心理理论

美国心理学家布瑞姆提出了逆反心理理论，他认为，逆反心理的强度与对行为的威胁程度和该行为的重要性呈正相关，逆反心理水平在青少年时期似乎随着年龄的增长而呈现一定的上升趋势。

二、现代社会的强烈冲击

随着我国改革开放的不断深入和市场经济的发展，各种新思潮、新观念、新事物不断涌现，促使人们思想观念、价值取向、生活方式和思维方式发生了很大的变化。正处于成长期的、不谙世事的青少年由于对各种生活方式、行为方式、思想观念等缺乏正确的分析能力、判断能力和筛选过滤能力，往往盲目去模仿和追逐一些新颖的、独特的生活方式、行为方式、生活观念和思想观点等，这时就往往与教师、家长传统的思想观念、价值取向等产生诸多碰撞和冲突，如果此时教师和家长不及时采取疏导的方式，而是继续采用原先静态化、程式化的教育方式和教育方法，就容易导致青少年产生逆向对抗心理。

现在的青少年属“90”后出生的一代，大多数是独生子女，被社会称为是“抱大的一代”，社会缺乏对他们独立意识的认同感。社会舆论对这些青少年的前途存在种种担忧：他们在娇惯中生活造成心理比较脆弱，他们的自立能力，他们将来能不能承担起建设祖国的重任，等等。在这些社会舆论的渲染下，教师和家长对青少年的教育不可避免地会打上深深的烙印，造成青少年的反感，因此在接受教育时容易产生逆反心理。

大众传媒与青少年逆反心理之间也存在着密切联系。信息时代的到来和大众传媒的飞速发展，既给青少年提供了求知和受教育的新途径、新方法、新手段，也给青少年的发展带来了一些负面影响。这是因为大众传媒在信息选择上一般面向大众，忽视了青少年群体身心发展的需要，致使成人文化中的一些不良因素危害了青少年的思想认识，腐蚀了他们的心灵，使青少年在潜移默化中产生一种逆反心理定势。由于大众传媒还强调新奇性，介绍一些国内外的时尚现象，也容易造成青少年赶时髦，产生反文化意识。

此外，社会上不良现象对学校教育的消极影响，使青少年对学校管理教育产生怀疑，反而觉得老师讲的与现实脱节，不值得信赖，致使青少年对老师的管教感到反感。

三、父母养育方式不当

家庭是青少年成长的“第一课堂”，父母是青少年的“第一任教师”。青少年在家庭中生活的时间很长，约占其全部生活时间的三分之二，因而父母会对子女心理和行为产生重要的影响。家庭中不同的教育方式会培养出青少年不同的心理品质和个性特征。一些家庭中不当的教育方式，直接造成青少年逆反心理。曹钧等（2008）研究发现：父母养育方式与青少年逆反心理呈显著相关。父母亲情感温暖和积极的理解支持有助于降低青少年的逆反心理水平；父母亲惩罚严厉、过分干涉、过度保护、拒绝否认，将导致青少年逆反心理的增强。

父母在无视青少年独立性的情况下，给予青少年心理上和物质上过多的关心和照顾，对他们生活、学习等方面的期望值过高、要求过严，超过了青少年的承受能力，无形中给青少年造成太大的压力，抑制了他们独立性和健康个性的发展。当压力过大而又找不到恰当的缓解压力的方法和策略时，青少年就会在情感上产生抵触情绪，进而产生逆反心理。

父母关系不良也是青少年产生逆反心理的原因。父母之间关系淡漠、感情不和以及父母长期的分歧、敌对、争吵不休会使子女的内心产生严重的焦虑、恐惧、矛盾、多疑或神经质，甚至导致心理变态以及反社会行为。

四、学校社会处境较差

教师在教育教学过程中的失误容易导致青少年产生逆反心理。例如：教师自身教育理念、教育观念落后，教育教学方式简单、粗暴，不符合青少年身心发展的需要；言行不一，行为不检点；压制青少年合理的兴趣和爱好；教师处理问题不公正伤害了学生的自尊心和自信心；教育教学违背教育的原则和规律等。

班集体是学校的基本组织。班集体的特点、要求、舆论和评价对学生个性的形成与发展产生重要影响。青少年在班集体中的位置也会影响他们的心理。班集体是以学生为主体的小社会，每一个学生是小社会中的成员，在这种关系结构中占据一定的位置，并由此决定了其在集体中的地位和角色。学生在班级中活动和交往的主导动机之一是力求在同龄人群体中寻找自己满意的地位，获得同龄人的认可、尊重和好感。如果这种欲望经常得不到满足，那么社会与个性的对立和冲突是不可避免的。有的青少年为了在班集体中占据一席之地，想方设法用各种手段吸引同学们的注意，甚至不惜用反常的行为来引起大家的关注。

师生关系是学校中教师与学生之间以情感、认知和行为交往为主要表现形式的心理关系，是在师生互动的交往过程中形成和发展起来的一种人际关系。师生关系是中小学生的一种重要的社会交往形式，它是学校中教师与学生之间的基本的人际关系。良好的师生关系是促进学生学习和减少学生问题行为的关键因素，它有利于学生思想品德的养成、学业的提高、智能的培养，能促进学生身心和个性的全面发展。在师生交往中，教师对学生行为的评价、情绪反应和行为表现，影响着学生对自己的体验和评价，尤其对学生个性发展中诸心理因素——如自我意识和自尊心等——有着重要的作用。师生关系不良也是导致青少年产生逆反心理的重要原因。例如：有的老师讲究“师道尊严”，总以为学生就得绝对听从老师的话，服从学校和老师的管教，不大注意尊重学生，与学生之间缺乏平等沟通和交流；有的教师自以为对学生负责，放松管教就会“误人子弟”，然而却不大注意方式方法，简单急躁，耐心不足，学生对老师“敬而远之”，老师对学生“疏而远之”，谈不上相互信任和理解；也有一些老师对中小学生自尊心越来越强的特点注意不够，只站在教育者的立场要求学生，学生稍有反感，就讽刺挖苦，伤害了他们的自尊心。久而久之，学生的“逆反心理”也就产生了。

另外，学校的评价体系、价值体系滞后于学生和时代所需求的评价标准、价值取向，教师的言传身教作用发挥不够，这些也会在一定程度上降低教育者的威信，导致青少年反感，使他们对一些正面宣传教育的信息产生逆反心理。

知识窗

田涛（2008）认为：近年来，在青少年学生中逆反心理的主要表现有：

1. 超限逆反

是指客观要求超出了学生的承受能力或认知水平就会引起他们的逆反心理，即主体执意表现出与施教者要求相反的言行。

2. 情景逆反

是指客体环境要求与主体需要不相符时，自然会产生逆反心理，即主体心不在焉、根本听不进去说教，或做其他事情以示不满。

3. 信度逆反

表现为主体对信息传递者的人格或所传递的内容产生怀疑，引起受教育者对施教者本人或传播的内容（甚至对其本人连同内容）产生怀疑，拒不遵从。

4. 禁果逆反

中学生的好奇心极强，成年人越向他们郑重宣布禁止的东西，他们越想接触，如玩电子游戏、交异性朋友、喝酒、吸烟等，均属禁果逆反。

5. 自主逆反

是指主体地位、尊严受到威胁时出现的逆反心理。

6. 归因逆反

即他人的说教、做法并无错处，而主体认为其动机不良引起的逆反心理。

7. 失衡逆反

信息传播者的言行或实际与其传播的内容背道而驰，失去平衡，从而导致学生的逆反心理。

此外，在教育实践中还有一种人格型逆反，即个别学生由于性格异常或心理疾病，如执拗、怪癖、暴躁、易冲动、刻薄、极端自私、心境不安等，稍不如意，就以吵闹、打骂等方式对抗他人。

[《新乡教育学院学报》，2008，21（2）]

五、同伴群体的不良影响

同辈群体是一个由地位、年龄、兴趣、爱好、价值观等大体相同或相近的人组成的、关系亲密的非正式群体。它是一个独特的、极其重要的社会化因素，尤其在个体进入青春期后，同辈群体的影响日趋重要。

同辈群体具有以下三个特点：第一，同辈群体是一种非正式群体，个体可以自由组合和自由选择，并在平等的基础上与同伴交往；第二，同辈群体成员之间在兴趣、爱好上相近，并完全根据自己的意愿来安排活动内容；第三，同辈群体有自己的一套行为规范、价值准则，群体成员有自己心目中的英雄、榜样，甚至在发式、服装款式上都有一致或相近的要求。由于同辈群体成员的年龄、兴趣、爱好相近，成员间的地位平等，他们可以相互倾吐不愿向成年人暴露的思想、看法、情感，有共同的语言。同时，每个成员在群体中可自由充分地表现自己。这些都能使青少年在心理上得到极大的满足。因此，当同辈群体中存在不良影响时，很容易导致青少年产生逆反心理。例如，在青少年同辈群体中，一些人不良的价值观念和行为倾向很容易对另一些人产生不良影响。再加上青少年自身心理的不稳定和模仿性，他们更容易形成逆反心理。

第二节 教育策略——架起理解的桥梁

逆反心理是青少年成长过程中出现的一种正常现象，教师大可不必惊慌。如果教师对青春期学生这一特点有足够的认识并指导得当，他们的逆反心理就会表现得很弱，甚至看不出来，他们就会健康、顺利成长。如果教师指导不当，就会严重影响师生之间的关系，加重青少年的逆反心理。教师在指导以前，不妨对青少年学生进行以下测验，了解和把握他们是否存在逆反心理以及逆反的程度。

行为检测

逆反心理测试

你是不是经常与父母、老师对着干？你是不是老觉得大人们很烦，管你太严？事实上，似乎人人都有一点逆反心理。做做下面的题目，看看你的逆反心理大致处于何种程度。

对下列题目，做出“是”或“否”的回答。

1. 你喜欢按照别人说的去做吗？
2. 你是否认为绝大多数规章制度都是不合理的，应该废除？
3. 如果父母再次叮嘱同一件事，你就感到厌倦吗？
4. 你佩服与老师对着干的同学吗？
5. 你经常考虑事情的反面吗？
6. 你是否对班干部的指手画脚很讨厌，而故意不按他的要求去做？
7. 老师和父母越是要你用功学习，你越是不想学吗？
8. 你觉得老师的话很多都是有漏洞、有问题的吗？
9. 你喜欢与众不同吗？
10. 违反学校里的某些规定使你感到一种快乐吗？
11. 别人的批评常常引起你的反感和愤怒吗？
12. 你觉得父母是很讨厌的人吗？

13. 你认为老师有很多缺点和错误吗?

14. 你喜欢搞一些使被捉弄者痛苦或愤怒的恶作剧吗?

15. 你觉得父母和老师不应该为一些事大惊小怪、小题大做吗?

16. 你藐视权威吗?

17. 对批评你的人，你感到厌烦吗?

18. 你认为冒险是一种极大的快乐吗?

19. 你总是不像大多数人那样去做事吗?

20. 对自己感到没有意思的事，别人怎么说你也不会好好去干吗?

21. 你特别爱做令人大吃一惊的事吗?

22. 人们对你很不重视吗?

23. 你一旦决定干某事，不管别人怎样阻止你，你也不会改变主意吗?

24. 你总是对老师表扬的同学感到反感，不想理会那个同学吗?

25. 你喜欢干一些能引起很多同学注意的事吗?

26. 当你被别人说得火冒三丈时，你就会偏不按照他说的去做吗?

27. 你讨厌那些当班干部的同学吗?

28. 你认为上课时出现一些老师没有意料到的情况令人开心吗?

29. 对伤了你自尊心的人，你一定要给他添一些麻烦，让他感到你是不好惹的吗?

30. 越是禁止的东西，你越想方设法得到吗?

分数

各题答“是”得1分，答“否”得0分。将得分相加，统计总分。

0～9分：你的逆反心理很弱。这使你只做并且只喜欢做该做的事，而不去做不该做的事。

10～20分：你存在一定的逆反心理。你激动时可能丧失理智，意气用事，会做一些不该做的事。

21～30分：你有相当严重的逆反心理。你所想的和所干的与众不同，与习俗和规定不符。如果你不清醒地意识到这一问题，不努力加以克服，你可能会变成是一个不受大家欢迎的独行者。

（http：//www.cnki.net）

一、辩证看待青少年的逆反心理，因势利导

青少年的逆反心理既有消极作用，也包含有许多积极作用，教师应辩证地看待，正确认识青少年逆反心理的积极作用和价值。青少年产生逆反心理，是其天性的自然流露，是其智慧的火花和创造的源泉。它从另一方面反映了青少年自我意识增强、好胜心强、勇敢、有闯劲、能求异、能创新、能思辨。现代社会充满竞争，迫切需要具有创造性思维、创新能力、眼界开拓、不断进取的人才。我们的教育不应培养一味顺从的人，盲从或盲拒都是不正确的行为表现，事事顺从也不是心理健康的表现，相反意味着另一种不健康，既不利于培养青少年的创造性思维，也不利于培养素质全面的人才。我们应该培养有主见、有创新意识和创造能力的学生。因此，教师要留心注意，善于发现逆反心理中的创造性品质和开拓意识，并因势利导，促其成才。只要引导得当，逆反心理是能够在现代社会发挥积极作用的。

另外，逆反心理在某种程度上能防止其他一些不良的心理品质的形成。逆反心理强的青少年，在不顺心的情况下，在愤懑、压抑、不满的时候，敢于发泄，他们不会让不愉快的事情长期滞留心中，不会让有碍自己身心健康的负性情绪长期得不到释放，不会有畏缩心理、压抑心理，也不会懦弱、保守、逆来顺受。他们以这种形式保持心理平衡，有时也能起到维持身心健康的作用。

教师应该如何利用青少年逆反心理的积极作用和价值、如何正确地引导逆反心理向创造性思维的方向转化和发展呢？

首先，要大胆运用逆向思维，通过逆向论证，提高青少年对错误思想、错误看法的鉴别能力。具有逆反心理的青少年，一般都喜欢采用逆向思维。逆向思维作为一种思维方式，有时能达到正向思维难以达到的效果。其次，教师要改变教育方式，运用辩证思维，增强教育效果。时下，不论是学校教育还是家庭教育、社会舆论都比较注重正面的宣传和教育，这种教育方式有利于帮助青少年树立科学的人生观、世界观。但是，不可否认的是，我们未提供给青少年的阴暗面不时会侵扰他们，让他们感到困惑、不知所措、无所适从，产生上当、受骗的感觉。如果教师能够把辩证思维贯彻于教育过程当中，改变目前只讲光明面、不讲阴暗面的做法，根据实事求是的原则实施恰如其分的教育，往往更容易被青少年接受。

下面一组漫画是父母巧用孩子的逆反心理，达到了让孩子多看书的目的，值得教师们借鉴。

（王峰 画）

在课堂教学当中，教师可以大胆地利用青少年的逆向思维，有意识地选取一些错误观点让学生讨论，激发学生的学习兴趣，激活学生的课堂思维。通过逆向思维，引导学生去思考，去反辨，进而消除学生的逆反心理。

> 例如，在教学《自由与规则》一节中讲到自由与规则之间的相互关系这个难点时，劳菊园老师设计了这样的教学过程：
>
> 提问："你们觉得在学校自由吗？"

学生异口同声地问答："不自由。"

"为什么？"

"不能吃零食。""在学校一定要穿校服。""吃饭买菜要排队。""校纪校规太多了。"……

我接着问："如果学校没有这些规定，大家想象一下，学校会出现怎样的情景？"

学生纷纷回答："我就不吃饭了，零食当饭吃。""我喜欢穿自己的衣服。""我想听什么课就听什么课，不想听课就去玩。""我喜欢晚上睡觉晚一点，早上睡懒觉。"……

我接着问："有没有喜欢早睡早起的同学？"

"老师，我就是这样的，太晚了我反而睡不着！"一学生回答。

我问："如果你和喜欢晚睡的同学一个宿舍，你会怎样？"

学生稍作思考后答："谁也睡不好！"

"为了让大家都睡好，我们应该怎么办？"

"晚上要规定一个时间必须熄灯睡觉。""制定一些规则。"

这个学生一说完，其他学生好像若有所思，教室里马上静了下来。

这时候，我觉得时机已经成熟，于是提出："学校制定这些规则是要维护大家的自由还是要限制大家的自由？""实现真正的自由要不要规则？"

学生答："要！"

顺其自然，最后师生共同得出结论：绝对的自由就是没有自由，规则是自由的前提和保障。

二、尊重、理解、信任学生

师者，"传道、授业、解惑也"。作为履行教育教学职责的专业教师，负有义不容辞的教育学生的义务。虽然教育学生是教师的义务和职责，但是教师与学生之间应该是平等的。特别是对待青春期的学生，由于他们的可塑性极强，自立自主的欲望又特别强烈，所以教师一定要尊重和理解他们，对待他们要像对待朋友一样，绝不可采取高高在上的姿态，使学生感到在人格上与教师处于不平等的地位。教师要注意，学生有与教师同等的发言权、同等的发言机会、同等的表达自己观点和看法的机会。不能一切都由教师说了算，否则学生的逆反心理可能更严重，更容易对着干。

具有逆反心理的青少年经常受到教师的斥责，一般比较心虚、敏感，对教师怀有戒心、敌意，但他们又需要教师的谅解和信任。因此，教师要真心实意地帮助他们，充分地信任他们，不要盲目责怪他们，要心平气和地、态度诚恳地先跟学生沟通，了解缘由，聆听他们的心声，尽可能地多鼓励、表扬，不轻视、嘲笑他们的观点和看法，从而达到在相互充分信任的基础上，帮助青少年学生建立正确的思维模式和稳定的心理系统，建立全新的师生关系，奠定克服逆反心理的心理基础。

下面我们以一个案例说明，在消除青少年逆反心理的过程中，如何尊重、理解和信任学生。案例中的主角小C，是一个转校生，转学没多久，就欺负同学。小C因父母离婚而与外婆住在一起，外婆非常疼爱他，他却非常讨厌外婆，不愿意听外婆的管教。

为了消除小C的逆反心理，周瑛老师在去他外婆家家访后，与小C进行了第一次谈话：

一天放学后，我把小C叫到身边，他却歪着头不看我，看来交谈有难度。我微笑着对小C说："怎么，不愿意和老师交朋友吗？"他才注视了我一下。我试探着问："喜欢现在的班级吗？"他点了点头。我又接着问："为什么？"他想了想回答道："这里的同学比市区的同学老实。"我接着他的话说："对，如此善良、老实的同学，你会真诚对待吗？"小C的脸红了。看到他这样的神态，我也不提他敲诈同学钱的事了。我想：他已有了一点省悟。

有了一次交谈后，我和小C的谈话开始投机了，谈足球赛，谈学校的活动，也谈他的学习和生活，小C与我接近了。……

三、注意挖掘逆反青少年的闪光点

每个学生都有优点和长处，逆反的青少年也不例外。教师要注意挖掘逆反青少年的优点和长处，使之产生上进心，进而获得成功的情感力量。这要比单纯用批评、处分的办法使其消除逆反心理有效得多，因为该教育对策能强化逆反青少年的优点，增强其自信心，融洽师生关系，形成积极向上的心态，而批评和指责很容易挫伤青少年的自尊心，形成对教育者的逆反心理。例如，如果某个逆反的青少年比较喜欢球类运动，教师可以顺势实施“体育疗法”，任命其为体育委员和篮球队长，并且指导其组建班级篮球队；如果某个逆反的青少年写字和作文比较好，可以任命其为语文课代表，让其负责班报工作，还可以鼓励其积极参加各种作文比赛和书写比赛等。

四、引导逆反青少年学会“换位思考”

所谓换位思考，是让个体站在中立的角度，跳出自已的思想，站在对立面看自已。简单地说，换位思考就是站在对方的角度看问题。它的实质就是设身处地为他人着想，即想人所想，理解至上。换位思考是一种理解，也是一种关爱，是人对人的一种心理体验过程。将心比心，设身处地，这是达成理解不可缺少的心理机制。它客观上要求个体将自已的内心世界，如情感体验、思维方式等与对方的联系起来，站在对方的立场上体验和思考问题，从而与对方在情感上得到沟通，为增进理解奠定基础。

教师要引导具有逆反心理的青少年学会换位思考。当具有逆反心理的青少年站在教师、家长的角度时，他们才会意识到教师、家长行为的合理性和自己的偏颇，才能体会到教师、家长的处境和心情，增强他们对教师和家长的理解、尊重，进而减少心理反感、不恰当的心理和行为表现，削弱和消除逆反心理。

那么，教师怎样培养青少年的换位思考能力呢？小品表演、角色扮演、讨论等都是比较好的教育策略。

例如，教师向学生展示以下案例，让学生自愿上台表演。

有一个叫晓东的初二学生，他上课时，总喜欢玩笔。老师对他讲：玩笔会分散注意力，影响听课的效率，降低学习成绩。出人意料的是，老师越说他，他玩得越来劲儿，不说他还好些。

学生表演完毕，教师可以让全班同学讨论：与晓东一样，不听老师管教、具有逆反心理的学生比较常见。有的同学屡教不改，有的同学跟老师顶嘴，有的同学被老师批评后不服气。今天，我们就把角色换一换。假如你是老师，对诸如此类的问题你将怎么办？

在讨论时，教师要引导学生学会换位思考，使他们懂得：应该从积极的意义理解教师和父母，他们的啰嗦、严厉、批评或是不近人情都是善意的，出发点都是好的，都出于对青少年的关心、爱护，都是为了青少年健康成长和更好的发展。青少年应该理解教师和父母的良苦用心，虚心接受父母、教师的教育，用宽容的态度对待父母和教师，遇事要尽力克制住自己，提高心理的适应能力。

五、把握和捕捉恰当的教育场合和教育时机

由于教育过程中的客观情景对被教育者的心理产生直接影响，所以，教师应该善于把握和捕捉恰当的教育场合和教育时机。如果教育场合选择得当，教育时机选择得体，因人、因时、因地对青少年进行疏导，那么对于防止和消除青少年的逆反心理有很大的帮助。反之，如果教师教育场合和教育时机选择不当，往往会适得其反，不但达不到预期的教育效果，反而会让青少年产生更强的逆反心理。例如：对自尊心比较强的青少年，教师就不宜在同学面前对其进行教育，而应实施个别的教育；对那些不顾情面、屡教不改的青少年，就得在班级内当众多说一些。

一般说来，当青少年处于心理不平衡以致剧烈冲突而又渴望解决矛盾和冲突以便保持心理平衡时，就是教育的良机。青少年自尊心受到伤害而又想自强、自己努力付之东流而又不甘心失败、对自己的过失感到内疚和自责等，此时，如果教师能够及时疏导，就能消除青少年逆反心理的消极因素，使之向积极方面转化，在较高的层次上求得心理平衡。

六、讲究教育的艺术

常言道：良药苦口利于病，忠言逆耳利于行。教师在对逆反青少年进行教育时所采用的语言肯定都是对青少年成长发育有利的“忠言”。然而，到底“忠言”应该如何传达才最容易被他们接受，达到预期的教育效果呢？美国心理学家威廉·詹姆斯说过：“人性中最深刻的禀赋是被赏识的渴望。”社会心理学家认为：在人们的心灵深处，最渴望他人的赞美。赞美是一种鼓励，它在人们心灵深处植入的是信心和力量，播种的是奋进向上的种子，让人更加充满活力和精神，能使人们坚定发展的方向。

既然赏识、赞美如此重要，教师应该多赞美、多赏识、少批评青少年才是顺

理成章的事。事实又是怎样呢？我们的教师对赞美、赏识的使用往往非常吝啬，更多的是批评。殊不知，批评不但不能引发逆反青少年的悔改，而且有时还会引起他们的抵触和反感。例如：有一个学生上课时不遵守纪律，经常捣乱，随意打断教师的讲话。教师越提醒他应该遵守课堂纪律，他越不遵守课堂纪律。一次，上数学课，该生“旧病复发”。数学老师不假思索地说：“你也不照镜子看一下自己？真是朽木不可雕也！我看你这辈子完了，跟你爸一样，没出息。”由于该学生的爸爸文化程度不高，没有一技之长，下岗快一年了还没有找到工作。数学老师的话音刚落，该生的情绪非常冲动，手握拳头、气势汹汹，虽然没有产生过激行为，但他当时强烈的逆反心理可想而知。

正因如此，教师在教育具有逆反心理的青少年时，除讲究教育方式和教育技巧外，还得讲究语言艺术。教育语言一定要准确、中肯、清晰、热情，就事论事，切忌讽刺挖苦，以偏概全，呵斥指责，上纲上线，切忌使用“你真笨”“你错了”“你怎么这么不懂事”“我要告诉你的家长”等诸如此类打击孩子积极性和恐吓学生的语言。有一些老师说话啰嗦，缺乏逻辑性，被同学视为“老大妈”，只要老师说出第一句话，同学们就知道他/她后面要说什么了。可想而知，在这种情形下，即使老师讲的是至理名言，对学生来讲也是索然无味，起不到任何教育作用，甚至会动摇教师在学生心目中的权威形象。此时，教师需要提高自己语言的艺术，选择用不同的方式表达同一个道理。例如，可以用小品表演、歌曲比赛、学习格言、知识竞赛、演讲比赛、诗歌朗诵、演绎生活、制作宣传海报等有效手段和途径。教师只有充分重视和讲究语言的艺术性，青少年的逆反心理才会得到更大限度的预防和消除。

七、注意教育的活动性

个性是在活动中形成和发展的，只有在各种活动中才能更准确地了解青少年的个性品质，也只有在各种活动中才能改善和发展青少年的个性品质。这是因为活动本身是实际而有效的教育刺激，它可以调动青少年的主体参与意识，引发青少年进步的愿望，显示青少年个人的品德和才能。此外，青少年既有参加集体活动的强烈兴趣，也有渴望友情、受到尊重等内心需要，因而青少年十分重视集体对自己的要求、评价和信任。既然如此，教师就可以充分利用青少年的这一心理特点，充分发挥集体活动对每个成员的教育、评价和激励作用，营造积极的心理氛围，最大限度地防止逆反心理的产生。当然，必要的说教和灌输是绝对不可偏废的，我们所需要的只是把说教和组织各种活动紧密地结合起来。例如：教师可以召开“逆反心理与我”“逆反心理离我有多远”的主题班会。在召开班会之前，可以让学生通过观察或查阅资料收集青少年逆反心理的案例、逆反心理的成因、逆反心理的防治措施等相关资料。主题班会既可以采用分组知识竞赛、分组讨论等方式，也可以采用小品表演、演讲等形式。通过主题班会，教师既可以引导班级舆论，增强青少年对逆反心理的认识，也可以引导青少年联系自身实际情况，恰当地认识自我、反思自我。

八、掌握青少年的各种情况

随着青少年独立性的增强，他们活动的范围不断拓展，交往的朋友也逐渐增多。但是，由于青少年心理的闭锁性，他们往往不愿意向教师和家长诉说心事，反而更愿意向同龄伙伴倾诉。因此，教师可以通过观察逆反青少年本人的行为表现、向逆反青少年的同伴、家长了解情况等途径，及时了解和掌握他们的各种情况。只有摸透情况后，教师的教育才有说服力和针对性。否则，在不了解事情真相的情况下，教师所讲的话可能与事实不符，自然不容易被青少年接受，更有甚者会诱发青少年更强的逆反心理。

教师在充分了解青少年的各种情况以后，即使青少年的做法不恰当，也不应采取枯燥无味的说教，而应采取商量的态度、讨论的方式，与青少年交流看法，事实清楚又通情达理，这样容易达到较好的教育效果。

九、加强对同辈群体的指导

青少年作为同辈群体的成员，不可避免地会受到群体压力的影响。群体压力是群体对其成员的一种影响力。当群体成员的思想或行为与群体意见或规范发生冲突时，成员为了保持与群体的关系而需要遵守群体意见或规范时所感受到的一种无形的心理压力，使成员倾向于做出为群体所接受的或认可的反应。由此可见，积极的同辈群体会促进青少年成长，而消极的同辈群体则会对青少年产生负面作用。因此，教师必须摸清逆反青少年隶属的同辈群体，加强对同辈群体的正确指导，尽早扭转同辈群体中的不良风气。教师特别应该认真鉴别同辈群体中的领袖人物，加强对领袖人物的指导和控制作用，充分发挥领袖人物在同辈群体中的影响力、感染力和号召力。

经典实验

群 体 压 力

在20世纪30年代和50年代，两个非常著名的经典心理学实验为群体压力与趋同心理的研究做出了重要的贡献。

一个是社会心理学家谢里夫（Muzafer Sherif）所做的自动移动光效果研究（1936，1937），这个研究的生理基础是人的神经系统对昏暗灯光会过度补偿，从而对静止的灯光产生移动错觉的心理现象，对此，被试并不知晓。研究人员让被试分别在个人和群体两种情境下对移动的距离做出判断。结果发现，虽然最初个人环境下的判断彼此差异很大，但随着在群体情境中实验的进行，个人对自己的判断会不断调整和修正，最后越来越接近群体判断结果的平均值，并且这个判断标准会固定下来，并在以后的判断中发挥作用。这个实验结果显示了在模糊情境下群体依赖、群体压力的存在和群体规范的形成，同时显示，群体的影响或者说压力能够超越群体的存在，出现在没有群体的环境中。谢里夫的研究让我们看到了群体压力和群体规范对人们的认知行为所具有的巨大影响力。

另一个经典实验是社会心理学家所罗门·阿希（Solomon Asch）所做的“线段实验”（1955－1956）。与第一个实验不同的是这次实验的环境是明朗的，真正被试只有一个，而其他七名“被试”都是为配合实验而故意安排的助手。给被试两张卡片，一张上有一条线，另一张卡片上有三条长度不同的线，然后让被试说出三条线中哪一条与另一张的一条线长度相同。这一实验表面上是调查被试对线段长度的判断，而实验者真正感兴趣的是在群体压力介入时将会出现什么情况。于是，每当被试做出正确判断时，阿希让助手被试故意给出错误的答案，然后观察真正被试的反应。实验结果表明，有33%的被试屈服于小组的压力而做出错误的判断，而且被试在这个屈服于群体压力的过程中伴随着激烈的内心冲突，为此这个实验还引发了学术界关于实验中的伦理道德的大论争。阿希的实验向我们表明：有些人情愿追随群体的意见，即使这种意见与他们从自身感觉得来的信息相互抵触。群体压力导致明显的趋同行为，哪怕是以前人们从未彼此见过的偶然群体。

十、构建学校、家庭、社区一体化立体教育模式

只有学校对逆反青少年的教育和辅导是远远不够的，学校、家庭、社区三者之间要加强联系、相互支持、密切配合，及时促进三者的协同一致，争取全面的转化环境，尽量消除其中的不和谐音调和消极因素，从而最大程度地消除学生在青春期产生的困惑感，使他们在心理上产生一种认同感和成就感。例如，对于因父母教育方式不当而产生逆反心理青少年的教育，教师除对青少年本人进行教育外，还要加强对青少年家长的教育。一方面，教师可以通过家访、调查等方式全面了解青少年家庭的情况，对家长进行具有针对性的指导和帮助；另一方面，教师应实事求是地向家长介绍青少年在学校学习、生活、行为等方面的表现，帮助家长正确认识和看待自己的孩子。对于家长有问题的，教师应毫不客气地指出家长的错误，讲明可能给青少年带来的危害，并向其介绍一些关于青春期孩子教育的方式和方法，帮助家长提高家庭教育的质量，使家庭教育与学校教育协调进行。

第三节　教育个案——融化逆反的“坚冰”

一、典型个案

宋海（化名），男，17 岁，高中三年级。性格从小怪僻、暴躁，常说假话，逆反心理强。他同妹妹和妈妈一起生活，父亲是一名小学教师，在邻县工作，平常很少回家。父亲对宋海的管教非常严格，与宋海见面后经常批评甚至打骂他。宋海在学校经常与任课教师唱反调，甚至顶撞辱骂老师。

二、教育过程

为了消除宋海的逆反心理，班主任赵老师采取了以下对策。

（一）提高教师自身的认知能力

首先赵老师有意忘记宋海过去的一切，重新开始，避免形成成见，对其既不歧视也不偏爱，把他当做普通的一份子，以利于转化教育；然后，赵老师从宋海在班上唯一的朋友黎俊入手，了解他，为解决问题打基础，同时也为从情感上靠近宋海奠定基础。经过努力，宋海开始主动接近赵老师。

（二）双管齐下，力保最大成效、最高效率

一方面，赵老师引导宋海正确认识自己的父亲。在一次集体劳动中，赵老师和他一边劳动一边聊天，然后，让他毫无察觉地引入话题，纠正他的偏见。此次聊天效果很好，接着，赵老师找来许多生动感人的亲情类文章，只是告诉他读一读，在学习之余调节一下。此外，赵老师对宋海讲：“父母严格要求你、关心你、爱护你是希望你更好，而不是有意为难你。”

另一方面，赵老师主动与宋海家长联系，争取全面地转化环境。只有学校的转化和辅导是远远不够的，问题是双方的，只从宋海入手很难见成效。因为宋海的父亲也是教师，所以赵老师与其比较容易沟通。其实宋海的父亲特别注重孩子的成长，只是他没有考虑到自己长期不在家给孩子心理方面造成的负面影响，错误地以为自己难得回家，有机会就要敲打敲打孩子，避免孩子学坏。经过一番促膝长谈，赵老师与宋海的父亲终于达成共识，确立了家校联动机制，明确了分工合作的具体做法和细节，拟订全方位一致行动的计划。

（三）引导宋海处理好人际关系

赵老师特意安排宋海担任文体委员。在反复的实践中，他暴躁的脾气有了很大的改变。

（四）从活动中培养情感

赵老师引导宋海多参加各种活动。在活动中，共同创造、集体协作、平等相处的经历，增进了宋海与同学们的友情、信赖，也增进了班级的凝聚力，宋海的性格开朗多了。

（五）选择最佳时机，深入长谈

在选择谈话时机时，一般来说下列四种情况下不能谈：(1) 处理问题不明，无从下手时；(2) 对对方了解不够，对矛盾分析不透，暂无对策时；(3) 与对方关系紧张，容易一触即发时；(4) 情绪不佳，心神不定，谈话容易走火跑题时。那么，在什么时候才能谈呢？在宋海自惭形秽、试图改变、需要帮助时，在宋海取得成绩满心欢喜、需要认同时，赵老师选择了这样的时机，确保了说服教育的效果。

三、教育结果

首先，通过赵老师的跟踪辅导，宋海开始与父亲谈心，和众多的同学交往，在父母及亲属那里能主动说班级和自己的一些事，再也没有发生顶撞老师的现象，脸上有了笑容，学习状态有了根本的变化。

其次，宋海情绪调控改变很大，以前那种发脾气、出怨气的现象几乎没有了，有不同的意见可以交流了，也能接受劝阻了。*

---

*节选自杨建峰《家校联动共塑中学生健康心理》，本书略有改动。

反思驿站

- 一天课间休息时，你突然接到了班上学生王海爸爸打来的电话。王海爸爸说："上周末，王海回家告诉我要和同学一起去野炊。我听后对他讲'不能去，周末要在家补习英语。'谁知我话音刚落，王海就大声吼道'我早就和同学约好了，你怎么这么惹人烦呢？'我说你现在是学生，学习是你的主业，不能满脑子只想着玩。趁此机会，我把他教育了一番。第二天早上，他妈妈喊他吃饭，结果发现王海早已溜走了。这周二，他爷爷过生日，我让他去买A牌子的蛋糕，他却买了B牌子的蛋糕。让他去给爷爷祝寿，他却说自己给爷爷打个电话就行。唉！老师，您看看，他现在事事与我顶撞、对着干，我现在真不知该怎么办？到底怎样才能改掉他的坏毛病呢？"听完王海爸爸的陈述，你对王海爸爸的答复是什么？你打算采取哪些策略解除王海爸爸的烦恼？

- 假如通过观察和了解，你发现王海在家里有逆反心理，而在学校里却没有逆反心理的迹象。请问什么原因导致王海在学校和在家里的行为表现不一致？在这种情况下，你打算怎么办？

● 请设计一个活动，说明如何发挥逆反心理的积极作用。

参考文献

1. 曹钧，董爱民，张宁 . 青少年逆反心理的相关因素研究[J]. 精神医学杂志，2008，21（2）：86-88.
2. 冯永昌 . 中小学生逆反心理的成因与对策[J]. 宝鸡社会科学，2007（3）：34-35.
3. 何银虎 . 孩子最大的问题是心病——中小学生心理问题测试诊断与辅导治疗[M]. 北京：中国经济出版社，2004.
4. 黄志法，杨锦平 . 心灵透析——学校心理辅导案例选粹[M]. 上海：百家出版社，2002.
5. 孔劲松 . 谈中学生逆反心理的成因与调适[J]. 湖北广播电视大学学报，2008，28（2）：156-157.
6. 劳菊园 . 巧用“逆反、求异、好胜”心理[J]. 思想政治课教学，2008（3）：26-28.
7. 老西儿 . 逆反心理（图)[EB/OL].
[2008-08-03]http://www.daynews.com.cn/sxwb/aban/14/596554.html.
8. 林崇德，王耘，姚计海 . 师生关系与小学生自我概念的关系研究[J]. 心理发展与教育，2001（4）：17-21.
9. 全国 13 所高等院校《社会心理学》编写组 . 社会心理学（修订版)[M]. 天津：南开大学出版社，1995.
10. 田涛 . 青少年学生逆反心理的成因与对策分析[J]. 新乡教育学院学报，2008，21（2）：77-79.
11. 王耘，王晓华 . 小学生的师生关系特点与学生因素的关系研究[J]. 心理发展与教育，2002（3）：18-22.
12. 杨建峰 . 家校联动共塑中学生健康心理[J]. 新课程研究，2008（4）：168-169.

第七章

亲子冲突与教育

不管你立足什么理论，在从婴儿期到儿童期、青春期的孩子的人格形成（其中特别是社会化）过程中，父母子女间的关系是一个极其重要的构成因素。

——日本学者 诧摩武俊

章节导读

★ 亲子冲突产生的家庭原因有哪些？

★ 亲子冲突产生的个体因素有哪些？

★ 教师可以采取哪些策略帮助家长改善、增进与子女之间的关系？

★ 教师应该怎样教育和引导学生缓解与父母之间的冲突？

情境故事

爱的波澜

晓静从小就是个礼貌聪明、懂事听话的孩子，是妈妈贴心的“小棉袄”，也是妈妈炫耀的资本。可是自从上高中以后，晓静不知为什么越来越和妈妈合不来。上高中前，晓静总喜欢与妈妈在一起，和妈妈有说不完的悄悄话。可是，现在她对妈妈的一些要求和做法感到难以接受，对妈妈过多的干涉、限制感到不满，特别是对妈妈事无巨细的盘问、唠叨非常反感。为此，母女俩经常争吵。

对此，妈妈非常难过和不解：晓静为什么会变成这样子？她为什么不对我言听计从了？我辛辛苦苦把孩子养大，怎么竟养出个冤家？为什么晓静与我疏远了？我应该怎样改进与晓静的关系呢？……晓静的妈妈感到束手无策，不知该怎么办才好？

晓静也非常苦恼：妈妈怎么总是管我这管我那？她难道不知道我已经长大成人，有自己的选择权了吗？我也有自己的想法，妈妈为什么不让我按照自己的想法去做呢？为什么我越来越感觉到不愿和妈妈在一起了？妈妈怎么不理解我呀？

上述晓静与妈妈的情况在青青期孩子与父母中很普遍。如何处理父母与子女之间的冲突是不少家长最感头痛的事。许多家长百思不解：我的孩子怎么越来越不听话了？原本温顺可爱的孩子怎么老跟我对着干？到底应该怎样避免和处理父母与子女之间的冲突？

第一节 问题解析——可怜天下父母心

对青少年来讲，亲子关系既是最亲密的一种人际关系，也是最重要的一种人际关系。为什么最亲的两代人之间还会发生矛盾和冲突呢？为什么亲子冲突在青少年期表现得如此明显？换言之，青少年期亲子冲突的根源是什么？

一、扭曲的亲情

青春期青少年，身体和心理变化非常明显，部分是孩子，部分是成人。这一时期的亲子冲突，根源主要在于父母。

（一）亲子沟通缺乏和亲子沟通不当

在现实生活中，亲子之间缺乏沟通容易造成父母与子女之间的敌对、疏远和隔阂。常听到青少年这样抱怨："我和父母无话可说。""我不知和父母说什么好。""放学回家后，除了吃饭、做功课、看电视外，我和父母交流的时间很少。"这种现象在青少年中非常普遍。一项调查表明，有43%的学生认为与父母无话可说。有人调查了100名父亲每天与孩子交谈的时间，发现多数较短，其中的一位只有15秒："功课做完了？""做完了。""睡觉吧。""嗯。"

亲子冲突发生的部分原因是父母在亲子沟通中扮演的角色不当。常见的父母扮演的不当角色有：命令者角色、法官角色、威胁者角色、说教者角色、万事通角色、斥责者角色。(1) 命令者的角色。父母："赶紧吃饭，吃完饭马上写作业！"孩子："不就吃饭吗？催命呀！"(2) 法官的角色。父母："同学之间应该团结友爱，你怎么和同学打架啊！"孩子："是同学先动手打我！"(3) 威胁者角色。父母："你再不好好学习，就别回这个家了！"孩子："不回来更好，反正你们都看我不顺眼！"(4) 说教者角色。父母："告诉你多少次了要多穿衣服防止感冒，你看，你看，着凉感冒了吧？"孩子："感冒能提高身体的免疫力！"(5) 万事通角色。父母："怎么搞的！不仅字体潦草，连画都画歪了，心该画在中间才对！"孩子："老师明明说心脏在人体偏左的地方！"(6) 斥责者角色。父母："这么简单的家务都不会做，真是头笨猪！"孩子："我是笨猪，你是蠢猪！"

日前，上海浦东新区教育发展研究院针对全区5000个家庭做了一项关于亲子沟通的调查，在调查中发现，52%的父母觉得自己是孩子的朋友，没有家长承认自己是“警察、裁判”的角色，但对学生的调查发现，只有30%的学生认同父母是自己的朋友，44%的学生指出自己的父母充当了“警察、裁判”一职。这个调查说明，父母的自我感觉与学生的认同是有距离的，亲子沟通存在严重的错位现象，而亲子沟通时间的长短、方式如何，直接影响父母在孩子心目中的形象，以致影响亲子关系的和谐程度。

另外，在亲子沟通中，父母常犯以下错误，也容易引发亲子冲突。(1) 偏心；(2) 太情绪化；(3) 管教态度不一致；(4) 缺乏适度的赞美；(5) 不尊重孩子的意见；(6) 毫无理由地拒绝孩子；(7) 错误行为未及时指正；(8) 对性骚扰的警告不足；(9) 缺乏与孩子相处的时间；(10) 常用刻薄的话责骂孩子；(11) 制定不适合孩子能力的规范；(12) 给孩子开不能兑现的空头支票；(13) 在孩子面前说谎话或说别人的坏话；(14) 要孩子做，自己却不做（如早睡早起）；(15) 要孩子不能做，自己却带头做（如抽烟）；(16) 只强迫孩子答应下次不敢了，忽略背后原因。

（二）教养方式不当

有的父母教育方式简单粗暴，动辄打骂孩子，认为“打是亲，骂是爱”，正是因为自己爱孩子，所以才打骂孩子，殊不知这是扭曲的爱。在这种专制型教养方式下，孩子与父母处于不平等的地位，冲突必然时而发生。此外，随着时代变迁和社会的飞速发展，很多价值观念和生活理念已经悄然发生改变，如果父母仍然沿袭上一代教育子女的方式，而不根据青少年身心发展的规律、特点和现代人的价值取向做适当的调整，因时、因地、因事制宜，难免会产生亲子冲突。

（三）教育要求不当

有些父母不考虑子女的兴趣、爱好和特长，把个人的好恶强加给孩子，一厢情愿地逼孩子学这学那；有些父母不考虑孩子的能力和水平，对孩子提出过高的要求和期望；有些父母对孩子的学习、活动、交往和日常生活提出过多限制，不准这不准那，整天唠唠叨叨、没完没了，引起孩子的反感，产生逆反心理。

（四）家庭功能不良

家庭是一个系统，各个成员之间是相互影响的，其中一个家庭成员感受到外界压力，会影响到其他家庭成员。如果家庭的适应性高、凝聚力强或者沟通功能良好，亲子间就可能达成较好的一致，即使双方出现亲子冲突，冲突也会得到很好的解决，而不会影响长期的亲子关系。相反，如果一个家庭的功能不全、适应性差或者沟通不良，亲子冲突在这种压力情境下产生，冲突的解决和后果，就会对亲子关系产生长期的影响。

知识窗

亲子冲突理论

1. 精神分析理论

精神分析理论认为，人在青少年时期由于生理成熟而使俄狄普斯情结觉醒，本我与超我的冲突、与父母产生的冲突是青少年重组亲子关系、释放内心焦虑的正常渠道，没有亲子冲突是青少年发展不正常、不健康的表现。随后的新精神分析学派认为，青少年割裂与父母的情感联系的现象是儿童发展中第二次个体化过程。通过对父母去理想化的过程，青少年摆脱了对内化的父母形象的依恋，完成了第二次个体化过程。

2. 社会学习理论

社会学习理论认为，亲子冲突是由于家庭成员缺乏社会交往技能和沟通技能造成的。青少年可以通过亲子冲突，从父母那里观察学习到处理冲突的方式和策略，并迁移到其他社会情景中。因此，青少年的亲子冲突，对青少年社会技能的学习具有积极的影响作用。

3. 家庭系统理论

家庭系统理论把亲子冲突看做是一个多人系统的问题，而不是父母或子女单方面的问题，亲子冲突的来源可能是家庭成员系统功能的缺失、不恰当的人际关系界线或防御性的沟通风格等原因引起。

4. 家庭冲突的社会认知模型

该模型认为，研究家庭冲突有必要了解家庭成员如何认知他们的环境、如何认识他们角色的变化、这种变化同家庭的关系以及他们对纪律、权威、惩罚的解释。青少年随着年龄增加，关于自由、权力的争论越来越多，反映了青少年独立意识的增强。同时，父母却更倾向于保持社会传统、规则和责任，希望以此来影响青少年的行为和信念，完成其社会化的职责。当双方的社会认知观点发生不一致时，亲子冲突就产生了。

二、青少年心理的成熟

（一）抽象逻辑思维的发展

由于青少年的抽象逻辑思维开始占主导地位，所以，他们的独立性和批判意识增强，开始用怀疑、审视的眼光去看待周围的事物。在与家长的关系上，他们不再对家长言听计从，而是用自己的标准对家长的形象和地位进行重新审视和定位。他们有了自己的期望标准，如果不符合自己的期望标准，家长的权威将打折扣。

（二）独立意识和成人感增强

随着身体的快速发育、第二性征的出现和自我意识的觉醒，青少年的独立意识和“成人感”开始出现。他们开始寻求独立性，要求社会承认他们独立的地位，要求观念独立、行为自治，希望有自己独立的空间，希望有大量自由的空间，以便探索成人的世界。“无论什么都想自己试一试，并且不要他人干涉。”所以被人称之为“第二反抗期”。这一时期大致正是初中阶段，而初二时表现最为突出。他们感到自己已经是大人了，出现了新的心理需求，他们希望获得和成人一样的平等地位，希望得到家长的理解与尊重。这一时期的青少年常常会模仿成人非本质行为如喝酒、抽烟来证明自己的成长。

（三）心理的闭锁性

由于性成熟，青少年对于发生在自己身上的许多生理与心理的现象，既感到好奇又感到困惑和烦恼，但又难以启齿，这样常常会使他们陷入自我探索、琢磨的孤独中，有心事也不愿向父母表白、诉说。这一时期，青少年的心理往往呈现相对的闭锁性。这时，父母会发现自己的孩子变了，父母与子女之间的亲近感似乎减少了，距离感拉大了。

（四）自我同一性混乱

青春期是与“父母分离，成为独立个体”的重要时期。此时，青少年由于生理与心理发展都逐渐趋于成熟，一方面不再那么依赖父母的呵护、照顾与保护，另一方面又强烈需要建立独立的自我认同。埃里克森认为，青少年时期的发展任务是建立自我同一性和防止角色混乱。所谓建立自我同一性，是指他们必须思考“我是谁”“我要往何处去”“我该如何实现我的人生目标”等问题。为了做到这一点，他们需要很多支持，包括父母和朋友的支持。朋友提供支持性的团体，青少年可以从中学习社会技巧、分担问题、验证自己的想法，并加强自我认同；父母提供青少年明确的沟通技巧（特别是倾听的技巧）、关怀以及健康向上的家庭价值观。如果父母提供给青少年的支持不足或与社会生活现实发生矛盾，青少年就会产生自我同一性混乱，不知何去何从。除了青春期性驱力的作用外，新的社会冲突和要求也使青少年变得困扰和混乱，导致他们与父母发生冲突。

（五）青少年错误的反抗

任性、冲动、执拗和偏激是青少年不成熟的个性表现。半依赖、半独立和半成熟是青春期的心理特点，该年龄段的青少年力求摆脱对成人的依赖，但是由于年龄相对较小，再加上父母的特殊地位，使得他们不可能完全脱离父母的约束，于是难免会对父母合理的、正确的教育进行错误的抵触、反抗、斗气。如果父母操之过急，态度蛮横、粗暴，必然会造成亲子之间的矛盾和冲突。

三、亲子双方代际间的差异

（一）亲子双方观念及做法的差异

在亲子关系当中，存在着家庭角色的个性、认知、期待、价值观念、行为方式等方面的差异，亲子间较容易因上述观念及做法的差异而引起冲突。例如，一般家长希望孩子放学后，先做完作业后再看电视，而孩子却认为自己上了一天课比较累，应该先看电视休息一会再做作业；父母喜欢钢琴，于是给孩子报钢琴辅导班，而孩子却喜欢足球……诸如此类情境下产生的矛盾如果处理不好，冲突就会自然发生。

（二）亲子双方缺乏换位思考的能力

亲子双方如果缺乏换位思考能力，站在各自立场，坚持己见，容易导致亲子冲突。例如，父母非常看重孩子的学习成绩，认为只要孩子学习好，其他的无所谓，即使做错什么事也是可以通融的。但是，在孩子心目中，除了功课外，仍然有许多他非常关心、非常想做的事。比如，孩子喜欢交朋友，周末经常找朋友玩，而父母却认为这样会耽误学习，对孩子讲“朋友好比是天上的云彩，飘忽不定，不一定哪一天就飘走了，还是自己学习好是最重要的。”诸如此类的情况并不少见，经常发生在许多家庭中。

四、重要他人的影响

个体的发展会受到重要他人的影响。重要他人一般分为互动式重要他人与偶像式重要他人。在个体发展的过程中，重要他人是不断发生变化的。儿童时期，家长是孩子互动式的重要他人；随着孩子年龄的增长，社会化程度发生变化以及活动和交往范围的扩大，家长重要他人的角色作用会逐渐减弱，取而代之的是教师、同伴群体等重要他人。在大众传媒日益发达的今天，孩子的成长受到多种因素的影响，偶像式的重要他人正日益占据孩子成长的世界，家长在子女心中的重要他人地位正受到严重冲击。儿童时期父母与子女之间的冲突并不明显，但随着青春期孩子重要他人的变化，亲子冲突愈发明显和强烈。

第二节 教育策略——沟通无极限

亲子冲突是青少年日常生活中的一种常见现象，频繁的亲子冲突对亲子双方的心理、行为和生活都有明显的消极影响，如果处理不当，不但会损害家庭的幸福和青少年的健康发展，甚至会影响到社会的稳定。因此，学校、教师、家长、社会必须重视亲子冲突这一现象，掌握干预和缓和亲子冲突的有效策略。

亲子冲突发生在家庭中，父母以及其他家庭成员在解决亲子冲突方面尽管起着重要的作用，但影响亲子冲突的一些因素（如家庭结构、家庭经济状况、父母、青少年的性格以及青少年所处的特殊心理发展阶段）很难一下子就能改变，而作为正规教育场所的学校在解决青少年亲子冲突时具有得天独厚的优势：由于学校教育更组织化、系统化，所以意识性和目的性更强；由于参与的人更多，所以气氛更为热烈；由于与课程和集体活动相结合以及教师的特殊权威地位，所以管理和干预的效果更显著。我们要充分发挥学校在解决亲子冲突中所起的举足轻重的作用，充分发挥教师在亲子冲突干预中的组织者、协调者和干预者的作用，成功架起学生与家长之间的桥梁。

一、了解青少年亲子冲突状况

了解青少年亲子冲突的具体状况是开展亲子教育的前提条件。教师可以通过观察青少年自身、青少年自我报告、家长会、家访、亲子冲突问卷或询问青少年同伴等形式，深入了解和把握青少年亲子冲突状况（是否存在冲突，冲突的内容、频率、强度、类型，冲突的过程，解决冲突的方式等），并作详细的分析，以便按轻重制订不同的干预计划和策略。研究发现：青少年与母亲发生冲突的频率和强度均显著高于与父亲发生冲突的频率和强度。使用下列测验，可以帮助教师了解青少年与妈妈之间的关系，是否存在冲突以及冲突的程度。

行为检测

你和妈妈的关系紧张吗？

你和妈妈的关系怎样？非常和谐还是充满矛盾？下面的测试题如一张PH值试纸，帮你评估你和妈妈的关系，请如实回答。

每题答案有三种：A经常发生　B很少发生　C偶尔发生

1. 妈妈叫我做的事，我不会照她的吩咐去做。

2. 我的考试成绩通常令妈妈失望。

3. 妈妈指出我的错误，我会反击。

4. 我情绪不好时，会对妈妈呼呼喝喝。

5. 我总是不在妈妈规定的时间内回家。

6. 我会对妈妈隐瞒一些重要的事。

7. 我做错了一点小事，妈妈就会唠叨。

8. 妈妈在我交朋友的问题上，总会发表自己的意见。

9. 妈妈会进我的睡房，偷偷检查我的私人物品。

10. 我尝试将自己的问题告诉妈妈时，她并不关心。

11. 妈妈为了隐瞒一些事情对我撒谎。

12. 妈妈要求我做很多家务。

测试方法：A经常发生——2分；B很少发生——1分；C偶尔发生——0分。

测试结果：

16～24分　请不要过分担心，冲突其实是转化你和妈妈关系的自然机制。在我们的生活中，妈妈和子女的冲突通常较爸爸和子女的冲突多一些，因为我们的社会将教养子女的责任加在妈妈一人身上。这种责任自然对母亲造成一定压力，教育子女自然严谨而执着，形成了与子女间频繁的冲突。

8～16分　说明你和妈妈的性格有较大的差异，在很多问题上你和妈妈各抒己见、互不相让，这就是造成你和妈妈关系不和谐的因素。为什么不谦让一下呢？和睦的家庭靠大家的努力。

0～8分　说明你和妈妈的关系较融洽，你和妈妈都是会控制自己情绪的人。

0分　说明你是生活在一个非常良好的有教养的家庭，在生活上你和妈妈已经达成了默契。你是一个很乖的孩子。

二、向家长传授沟通技巧和沟通方式

爱孩子是父母的天性，但是在爱的过程中，父母的爱也会变质、变形。爱在此方，教育在彼方，言语是爱与教育之间的桥梁。沟通是心理相容的基础，心理相容又是产生密切关系的基础。想建立融洽的亲子关系，想与孩子的心走得更近，就一定要与他们沟通。亲子沟通是亲子间亲情维系的桥梁。只要沟通技巧运用恰当，青少年就不会老是吵闹不休、一口拒绝要求或提议、动不动就找父母的麻烦。

为了帮助青少年和父母好好地沟通，教师可以向家长传授以下10种沟通技巧：

(1) 不要以讽刺、嘲笑的方式来管教孩子。

(2) 在中断孩子所做的事情之前，先让他了解原因。

(3) 鼓励孩子从经验中学习，有必要时才协助他，让他从中获得成就感。

(4) 以幽默的方式接纳子女，这样才容易发现问题所在。

(5) 耐心倾听孩子的理由，斥责往往会封住孩子的心，堵住孩子的嘴。

(6) 给孩子说“不”的权利，这样亲子间的双向沟通才容易建立。

(7) 多称赞你喜欢再看到的行为，孩子的不良行为就会慢慢消失。

(8) 让孩子为自己的行为结果负责任。

(9) 给自己一段与孩子独处的时间，让他感受到你对他的重视与关爱。

(10) 把学习的权利交给子女，孩子遇到疑难问题时，引导他思考而不是告诉他结果。

亲子冲突发生后，父母要积极和孩子进行沟通。在沟通时，父母最好以朋友的方式，将孩子当做一个独立的个体尊重。这是因为自尊心是一种美德，是使一个人不断向上发展的一种原动力。至于沟通的方式，家长与孩子既可以采用口头言语沟通，也可以采用书面言语沟通。例如，当亲子冲突发生后，如果父母觉得单纯用言语难以解决冲突的话，就可以采用给孩子写纸条或写信的方式解决冲突。与口头言语沟通相比，书面言语沟通具有明显的优势：沟通内容既可以长久保留，也可供孩子反复揣摩、理解和反思，从而为亲子之间的交流提供方便。特别是对于不善于用言辞表达自己感情的父母来说，给孩子写纸条或写信都是比较好的解决亲子冲突的策略。这是因为有理有据的书面文字与暴风骤雨般的训斥相比较，孩子更容易接受前者。

三、指导亲子双方签订行为契约

行为契约指亲子双方经过谈判、共同协商制定的一种对双方行为均有约束力的书面约定，体现了双方互为强化和互惠互利的关系。签约双方都想改变对方的行为，一方的行为改变充当了另一方行为改变的强化物，如果有一方没有执行约定的行为，就可能导致另一方也不执行协议，整个行为契约法就要失败。那么，究竟应该如何指导家长签订行为契约呢？

首先，教师应帮助家长掌握行为契约的基本组成部分。一般说来，一个行为契约由五个基本部分组成：

(1) 确定目标行为。目标可以是减少不适宜行为，也可以是增加适宜行为，或者两者兼有。但是不管怎样，目标行为必须是客观的、可操作的，不能含义模糊、靠推论。例如，不能简单地写“要听父母管教”“父母说话不能啰嗦”等，而要根据亲子冲突的情况，研究具体、详细的目标行为。

(2) 规定确认目标行为的方法。既然签约双方要对目标行为相互监督，那么目标行为出现或者没出现，就要有一个双方都认同的目测方法。常见的方法有直接观察的行为文件和固定的行为产物。前者如家庭作业本，后者如“不在吃饭时间问”“不许敲桌子”“不能硬性规定必须9点睡觉”“不乱花钱”“每天洗自己的碗，叠自己的被子”等。这些行为目标清晰明确，亲子双方都不会扯皮。

(3) 确定行为契约的有效期。

(4) 确定强化和惩罚的跟随条件。签约者执行的是适宜行为，得到契约中明确规定的强化，如果是不适宜行为，契约中也要明确惩罚后果。

(5) 契约双方签字。

其次，教师要与家长一起分析亲子冲突产生的原因，然后指导亲子双方签订行为契约。

例如，有这么一个案例：李阳是一名初二学生，他与父母的关系非常差。他觉得妈妈很烦人，太唠叨了。妈妈每天总是反复叮咛他：“应该做作业了，应该吃饭了，应该睡觉了，应该洗澡了，应该看书了，应该喝水了，应该好好学习，应该认真听讲，应该听老师话……”由于妈妈整天重复这些话，一听到妈妈每天例行常规似的唠叨声，他头昏脑胀，非常反感。妈妈越啰嗦，他就越不听，而他越不听，妈妈就越啰嗦，于是形成了恶性循环，致使母亲关系越来越差。李阳的爸爸是一名工人，尽管工作非常繁忙，但是他非常关心李阳的学习情况。如果李阳的成绩不理想，轻则被爸爸臭骂一顿，重则挨爸爸打。期中考试，因为语文、数学两门课没有达到爸爸规定的分数线，爸爸非常生气，自然李阳逃脱不了皮肉之苦。虽然期中考试过去一个月了，但是李阳与爸爸仍处在“冷战”状态，谁也不理谁。

班主任老师通过与李阳谈话以及家访了解了其亲子冲突的情况后，指导李阳父母与李阳签订了如下协议：

李阳和爸妈的协议合同

1. 以后妈妈叮嘱、提醒李阳吃饭、盥洗、好好学习、休息、做作业，只需一遍即可，不需反复叮咛。

2. 以后爸爸或妈妈每天要辅导李阳语文和数学，以帮助其提高学习成绩。

3. 以后爸爸不能因为李阳学习成绩不好而打骂李阳。当李阳成绩不理想时，爸爸要与李阳一起分析原因，共同商谈解决问题的办法。

4. 李阳要主动跟爸妈谈心，要讲究卫生，按时吃饭，好好学习，按时休息，认真做作业。当生活、学习中有困惑或烦恼时，要主动向爸妈请教或与爸妈商讨。

5. 如果签约双方能够履行协议，则全家人将在国庆节期间去海南旅游；如果签约任何一方不能履行协议，则其将负责打扫一年家庭卫生。

6. 合同有效期：本学期。

签约人：李阳爸妈

签约人：李阳

×年×月×日

行为契约中的行为规则是亲子双方在友好协商的情况下共同制定的，父母不需三令五申，照章考核孩子的行为就行了，而长期唠叨、啰嗦和不分缘由地打骂孩子，只会降低父母在孩子心目中的威信和地位，往往起不到好的教育效果。行为契约可以帮助孩子自我观察、自我反省，建立良好行为，既省去了父母许多苦口婆心的说教，也大大减少了亲子之间的冲突，从而达到事半功倍的效果。

四、指导家长根据亲子冲突特点，因材施教

研究表明，我国青少年与父母之间的冲突具有以下六个主要特点：

(1) 在冲突的内容上：青少年与父母之间的冲突内容共涉及8个方面，分别是学业、做家务、交友、花钱、日常生活安排、外表、家庭成员关系和隐私。其中发生冲突最多和最激烈的三个方面依次为学业、日常生活安排和做家务。

(2) 在年龄上：随着年级升高，青少年心理发展日趋成熟，对独立自主的愿望日益增强，导致与父母冲突的频率和强度迅速增加，到初二年级处于顶峰；但到青少年后期，亲子冲突频率和强度逐渐下降。即在年龄特点上呈现先增加后下降的倒U形曲线发展。

(3) 在性别上：男生与女生在冲突上有诸多差异。例如，男生与父亲在学业、交友、花钱、日常生活安排、外表方面发生冲突的强度高于女生，而女生除交友外其余七个方面与母亲发生冲突的强度超过男生。从总体情况上看，男生与父母之间的冲突要高于女生。

(4) 在与父母发生冲突的差异上：青少年与母亲发生冲突的频率和强度均显著高于与父亲发生冲突的频率和强度；在冲突形式方面，青少年与母亲的语言和情绪冲突多于与父亲的冲突，而与父亲的身体冲突多于与母亲的冲突。

(5) 在应对冲突的策略上：在研究者列出的四种应对冲突的策略，即协商、强制、第三方干预和回避中，青少年使用最多的是回避策略，使用最少的是第三方干预策略。

(6) 在对母子冲突研究中发现，母子双方的性格对亲子冲突有影响。其中，母亲性格中的稳定性与母子冲突的关系更为明显，而且母亲的情绪越不稳定(焦虑、紧张、易怒、过于敏感等情绪)，发生的亲子冲突越多。

在了解上述特点后，教师首先要向学生家长介绍亲子冲突的六个主要特点，

然后要指导家长根据亲子冲突的不同特点、青少年个体和父母之间冲突的具体情况，做详细分析，制定相应的教育策略，做到因材施教。“徐力杀母案”中，据老师们反映，徐力勤奋好学，集体活动也很热心，乐于助人。其悲剧之所以发生，主要是因为母亲给徐力的学业压力太大，导致母子之间的冲突。既然学业是青少年亲子冲突中最多和最激烈的一个方面，教师要指导家长适当给青少年学业减压，青少年自身的学习压力已经非常大了，父母要了解孩子的实际情况及成绩不好的原因。得知孩子成绩不理想时，父母不应像徐母那样，不分青红皂白训斥、打骂孩子，而应与孩子一起分析原因，找解决对策。与其他同学比学习成绩固然重要，更重要的是家长要纵向比较孩子自身的学习成绩，不能无视孩子自身的实际情况而提出过高、过严的期望和要求。俗话说：三百六十行，行行出状元。如果青少年有其他方面的天赋或优势，如唱歌、舞蹈、下棋、绘画，家长不要过分重视孩子的学习成绩，而应注意培养和充分发挥孩子在这些方面的兴趣和潜能。既然初二是亲子冲突最剧烈的时期，教师就要注意对初二学生家长的引导和教育，帮助家长抓住亲子冲突教育的关键期。

五、引导家长讲究教育方法

通过与家长的联系、沟通等，教师要使学生家长明白和懂得：管教子女只有爱心和耐心是远远不够的，还需要讲究教育方法和教育策略，才能恰当处理亲子间的冲突与不快，建立和谐、融洽的亲子关系。如果父母用强制性的方法让孩子听从管教的话，初期可能会有效，可是在孩子不服气、不情愿的情况下，还会重蹈覆辙。教师可以向家长传授解决亲子冲突的“六步法”。

步骤一：找出亲子冲突原因，召开家庭会议，讨论解决对策，每个人都有说话的机会，尊重亲子双方的发言权。

步骤二：思考各种解决冲突的办法，用脑力激荡法，每人至少想出一个解决办法，不管办法可行与否，不能讽刺、挖苦、嘲笑和批评别人的意见。

步骤三：评估并讨论这些解决办法的可行性和有效性。

步骤四：选择一个解决的办法，这个办法必须是每个人都赞同才行。

步骤五：决定行动的计划如何去执行、需要做些什么事、谁去执行并且一一列出。

步骤六：执行决定，而且事后检讨。若发现执行后困难重重或根本行不通，再根据上述步骤寻找解决冲突的办法，周而复始，一直到亲子冲突满意解决为止。

“六步法”可以改变父母权威者的角色，让父母心平气和地坐下来和子女一起商谈解决冲突的办法。在商谈过程中，亲子双方坦诚相处，共同决定，不但可以发展孩子独立思考问题和解决问题的能力，而且易于发现真正的问题所在。此外，因为孩子参与决定，所以有利于执行亲子双方认可的解决冲突方案，进而有利于培养孩子自律、自制、勇于承担责任的个性特征。

六、引导家长聆听和理解孩子的心声

一些父母之所以与子女发生冲突，是因为他们根本不了解孩子的愿望和要求，或者不愿倾听子女说话，一旦发生冲突，更加不会倾听子女的声音，不让子女表达他们的看法和意愿。还有的家长在没有深入思考子女的要求是否合理时，就断然加以否定和拒绝，这种没有理由的拒绝，会使子女不能接受。正如一个高中生在日记中所写的：“父母对我的生活照顾得无微不至，什么也不让我干，但是对我真正想要的、想干的，父母并不了解，也不感兴趣，父母只是希望我好好念书，除了念书，什么也不让做。”因此，教师要引导家长积极聆听孩子的心声，让他们说出自己的看法，尽可能理解孩子，使孩子产生被接纳的感觉，从而激发孩子主动与家长分享他的情感和思想的愿望。另外，家长也要鼓励孩子表达自己真实的想法与意愿，而不要在没有深思熟虑的情况下“封住”孩子的嘴，随意否决孩子的发言权。教师要引导家长在聆听孩子心声时，做到以下三点：

(1) 要注意自己的表情和体态。表情是一种语言，体态也是一种语言。如果孩子在说话时，家长面无表情，或者背对着孩子，孩子恐怕以后不会跟你讲心里话了。因此，家长应表情柔和、平静，眼睛看着孩子，或者让孩子和自己面对面坐着，家长身体微微前倾。这样，孩子才愿意和家长倾诉。

(2) 在孩子说话的过程中，家长不仅表情要关注，还应不停地点头，或者是用“嗯”“噢”“是的”一类的话语来表示自己在认真地听。在孩子刚开始叙述时，家长更应停下手里的事，关注他。例如，孩子说：“今天我很生气……”家长便应停下来问他：“是吗？什么事让你生气了？”鼓励和引导孩子说下去。

(3) 孩子说得太简略或不清楚时，可以平静地提几个问题。例如，孩子某一天突然对妈妈说："你怎么不关心我？" 这时，妈妈不要生气，而要平静地问孩子："是吗？你怎么会得出这个结论呢？""举几个例子说说？" 引导孩子讲清缘由。家长切记不要训斥孩子："我怎么不关心你了？""为了你，我不但每天要辛苦工作，还要操劳家务，辅导你做作业，陪你参加课外辅导班……"诸如上述连珠炮似的驳斥，孩子以后会害怕和不愿意跟父母讲心里话。

七、教育青少年尊重和理解父母

教师要教育青少年尊重和理解自己的父母。虽然青少年的独立意识增强，思想也日渐成熟，但对于正在成长中的他们来说，毕竟还有很多方面要依赖父母的指导和帮助。所以，在对待父母的教导和意见上，一定要让青少年采取尊敬和理解的态度，虚心地接受，客观、冷静地思考，然后和父母民主地讨论，最后决定自己的行动。即使父母的意见不合理或没有建设性，教师也应该告诉青少年父母的指导都是善意的，应该充分尊重。

学校或班级都可以开展尊重父母、理解父母的活动。例如，学校可以利用宣传栏，在母亲节或父亲节之际，宣传与之有关的内容，增进青少年对父母的理解和感情。班级内，教师可以让学生收集关于讴歌、赞扬父母亲的影视、文学艺术作品或歌曲，并就相关内容进行讨论、角色扮演、情景模拟等。另外，教师还可以利用发生在青少年身上的、常见的亲子冲突，让青少年现身说法，促进青少年对父母的理解与沟通。

例如，教师可以向青少年出示以下案例，让两名同学一个扮演妈妈，一个扮演小蕊，模拟当时的情境。

小蕊是一名初二女生，一天晚上因参加好朋友的聚会，事先未告诉家长，回家晚了近三个小时。她刚进家门，妈妈就吼道："这么晚了才回来，干什么去了？我给老师、同学、亲戚朋友打电话，到处找你，就是没你的消息，我还以为你从人间蒸发了呢！以后你再到处乱跑，我就打断你的腿。"小蕊一听，气得火冒三丈："这是我的私事，你无权过问……"

情境模拟完毕以后，教师让两名同学分别谈自己担当角色时的感受。然后，教师引导全班同学对上述案例发表意见和讨论。最后，教师要对同学们的讨论结果和观点进行提炼、总结：世上只有妈妈好，天下没有不爱自己孩子的妈妈，青少年应该珍惜浓浓的母爱，享受暖暖的亲情。父母管教孩子的初衷是好的，都是源自对青少年的关心和爱护，青少年不仅应该表示理解，更应该表示感激!

八、教育青少年主动与父母进行沟通

教师要教育青少年正确认识与父母之间的冲突，积极有效地解决冲突，化冲突可能造成的负面影响为积极因素。解决冲突有许多行之有效的方法，沟通是解决亲子冲突的有效方法之一。教师要教育青少年主动与父母进行沟通，积极创造条件，增加和父母交流的机会，彼此明白对方的感受，增进相互了解，化解矛盾，使亲子关系沿着良性的方向发展。

青少年与父母的沟通要三思而后行，要做好心理准备，不能盲目冲动。在开口之前，想好自己要表达的意思以及表达的方式和方法。一定要避免口不择言、口无遮拦或言辞激烈，切忌使用“您老了”“您不懂”之类的话。要讲究沟通的策略，做到有理、有据、有礼、有节，力争让父母明白自己的心思、意见、建议或观点。如果发生亲子冲突的原因主要是由父母对孩子的学习、生活、交往等方面干涉太多引起的，或者是由父母对孩子提出过多不切实际的要求造成的，那么当冲突发生后，教师应该鼓励青少年主动与父母平心静气地进行沟通，积极地表达自己的观点，让父母听取自己的想法，而不能情绪激动，或采取逃避、硬碰硬的做法。如果口头交谈对于青少年来讲有困难，可以建议他们采取书信沟通的方式。相信父母在听了孩子的一番表白之后，也会对孩子“另眼看待”，改变自己的一些做法。下面，我们不妨看一看北京市第114中学初二（2）班粟鑫同学给父母写的一封信。

渴望被理解的我

——致父母的一封信

亲爱的爸爸、妈妈：

我已经很久没有跟你们谈心了，我真的有很多话想跟你们说。

现在我已经是初二年级的学生了，学习固然重要，但我也要有休息的时间呀！每当我复习完功课，想看看电视或听歌的时候，你们准会说："又看电视、听歌，还不学学电脑！也不知道这电脑买了有什么用。"

要不就会说："多长时间没背单词了？呆会儿给我从头儿默一遍吧！"

而且每次月考后，我都是又紧张又害怕。考好了，还可以休息一会；考不好，免不了又会挨一顿批。你们从来不帮我分析一下考不好的原因。考好了，得不到你们的鼓励，考差了，也得不到你们的安慰。我真的很难过，很失望！

还有，你们让我学习英语，我知道是为了我好，可你们从来都不问我喜欢不喜欢。有时候，我真的不想学了，但一想到你们对我的期望，我只好硬着头皮学下去，现在转了个班还好点儿。你们知道吗？在以前的那个班，去了也是白去，老师既不带我们读课文，也不给我们留作业，简直是上那儿玩儿。现在，我觉得自己的知识越来越丰富了。现在的老师虽然年轻，但就是因为她让我们大量地读、写、背，才使得我记的单词越来越多，而且也让我慢慢地喜欢上了"英语班"。说实话，我还真挺感谢你们的。虽然有时仍觉得背单词是件挺烦的事，但我还是会学下去的。

谈谈生活方面吧。我现在14岁了，已经是一个大孩子了！我有很强的自理能力，不需要你们像管小孩子那样管我了。比如，我现在每天中午在学校吃饭，为什么放学之后，你们还要问我中午吃的是什么呢？这样，只会让我觉得你们更爱唠叨了。虽然你们是关心我，但我已经不小了，更需要的是你们的信任、支持和理解！

再有，我从小时候开始就很爱出去玩，让你们带我去吧，你们说没时间；我想和同学们一起玩吧，你们又有顾虑，不是怕我遇上坏人，就是怕我学坏。说真的，我的智商不低，怎么会说学坏就学坏呢？如果不出去，怎么会使我的社会经验丰富呢？就像上次，表姐叫我去西单找她，你们不放心，于是就不让我去。结果她笑话我胆儿小。如果总是这样，我长大后，怎么走出家门、走向社会呢？难道以后我去哪里，都让你们送我去吗？

爸爸、妈妈，还有件事情我特别想和你们说。你们也知道，打小我就喜欢小动物，就像小猫、小狗、小兔子什么的，可你们总反对我养。你们俩倒是都有兄弟姐妹，而我总是一个人呆着，没人陪我聊天，没人和我玩。有时候，我说烦，你们就会说："这么点小孩儿有什么可烦的？"其实，你们真的很不理解我，根本不知道我心里想的是什么。我很孤独！

自从上了初中，我们学校开设了心理课。我学到了很多在“常规”课堂上学不到的东西，读了很多与心理有关的书籍。我知道，父母是我们的启蒙老师，父母的教育对我们的成长是十分重要和必要的。父母不能独断专行，必须根据不同年龄阶段的心理特点采取科学的教育方法。当上了初中，进入“青春期”后，这是心理的“断乳期”，我们开始独立了，父母应学会尊重和理解我们。对于我们的思想上的问题，只能靠说服，不能靠压服；压服的结果，往往是压而不服。父母在家中的权威也只能靠自己高尚的道德情操、良好的行为习惯、对每件事情的正确处理来树立，不能靠强制的办法来维持。所以，爸爸、妈妈，我希望你们把我当成朋友，经常和我谈心，多理解我、支持我，谢谢！

祝你们身体健康，心情愉快！

你们的女儿

九、树立学生榜样

可以利用宣传栏、海报、广播、墙报等方式，在学校或在班级中为产生亲子冲突的青少年树立学生榜样。心理学家班杜拉认为，人的社会化学习和社会化过程是可以通过观察学习这一途径来实现的，而为青少年树立学生榜样就是为个体做出示范，学生可以通过观察模仿而习得社会行为。学生榜样既可以介绍亲子冲突对自己产生的影响、如何与父母和谐相处以及处理好亲子冲突等宝贵经验和感受，也可以为产生亲子冲突的青少年提供咨询、建议和指导。在条件允许的情况下，可以开展“一帮一”的互助活动，由亲子冲突处理较好的学生榜样为产生亲子冲突的青少年提供一对一的帮助。由于学生榜样所讲述的事情发生在身边，具有真实性，并且经历相似，所以容易引起青少年的共鸣，唤起有效解决亲子冲突的信心和勇气，提高缓解冲突的能力，通过与榜样之间的比较使自己不断进步。

十、充分发挥重要他人的作用

同伴是青少年成长、发展的重要他人。同伴关系主要是指同龄人间或心理发展水平相当的个体间在交往过程中建立和发展起来的一种人际关系。同伴关系在青少年发展中具有成人无法取代的独特作用和重要适应价值：同伴关系是发展社会能力的重要背景；同伴关系是满足社交需要、获得社会支持和安全感的重要源泉；同伴交往经验有利于自我概念和人格的发展。

在青少年时期，学生的思维能力开始迅速发展，对自主和权力的要求明显增加，觉得自己可以决定自己的事情，用不着父母的管束。此时，他们最信任的人就是同伴，他们会向同伴抒发情感，交流想法，另外也迫切需要得到同伴的支持与帮助。反过来，同伴对此的反馈会影响到青少年对自己行为和思想的感知、理解和判断。因此，教师应教育、引导青少年互相帮助，使同伴成为缓和或解决亲子冲突的重要他人。例如，教师可以引导青少年在与父母发生冲突、心中烦闷时，既可以向同伴诉说，宣泄不良情绪，也可以向同伴寻求帮助，倾听同伴的建议或邀请同伴为自己出谋划策。

第三节 教育个案——相亲相爱一家人

一、典型个案

小时候父母在我的心目中是那么神圣，那么伟大，我“曾经”有世界上最好的爸爸、妈妈，但随着时间推移，我渐渐觉得父母在我心目中的位置降低了很多。不知道是父母变了，还是我变了。最近的一件事，令我和妈妈在心灵上有了一层隔膜。星期六早晨，我起床后便马上洗漱，然后照例去吃饭。这样一折腾已经10点了。我想也没想，就坐在电视机前看起了我爱看的故事片。这时，妈妈正在洗衣服，看见我没有学习，反而在看电视，心里就不痛快，马上严厉地说：“一起来就看电视，也不复习复习，学习能进步吗？”我不耐烦地说：“我昨天晚上就写完作业了，也复习完了，今天可以歇一下了。”“谁说的，学习要靠勤奋，要不停地预习、复习才能进步，像你这样能考上大学吗？不是白给你花那么多学费？你这孩子，那么大了，一点道理也不懂。”妈妈接着说。我没有说话，过了一会，妈妈又说话了：“看你姐姐，人家都上班了，还在学习，准备考研究生呢，你有这吃苦的精神吗？平时不用功，早晚考得一塌糊涂。”妈妈一句接一句地唠叨着。听着妈妈喋喋不休的唠叨，我气得“啪”地一声将电视机关上，然后跑到卧室，“哐”地一声把门撞上了……

这是小乐（化名）同学写的作文《我的爸爸妈妈》中的一段，看完这篇文章后，语文老师杜老师决定引导小乐正确处理与妈妈的冲突。

二、教育过程

一天课外活动时，杜老师把小乐叫到办公室，笑着对他说：“你写的作文，我看了。其中，你描述的与妈妈发生冲突的事情，我很理解你当时委屈、生气的感受。现在，你与妈妈的关系缓和了没有？”

小乐：我俩现在正处在冷战阶段。

杜老师：怎么，你没有试着改善与妈妈的关系吗？

小乐：想过，但是不知道该怎样做。

杜老师：我可以帮你呀！首先，我们分析一下你为什么会与妈妈发生冲突。从心理学上讲，亲子冲突发生的主要原因是亲子双方在认识、观念、行为等方面不一致。也就是说，两代人看问题不是从同一个角度出发，不是站在同一个平面上，方法也不同，所以很难有共同语言。在了解冲突的焦点所在之后，就要试着从对方的角度考虑问题，双方都做一些心理上、认识上和行为上的调整。从做儿女的角度考虑，你可以按照下面的方法做：

首先，要理解和亲近父母。你必须明白一点，父母无论对你采取什么态度，做法有多少缺陷，他们主观上总是出于对你的爱和关心，是为了对你的前途负责。虽然有时他们的动机和效果并不一致，但是善意的动机本身就应该缩小你跟父母之间的心理距离。你如果不理解这一点，不懂得“天下父母心”，你与父母之间关系的裂痕会越来越大。

其次，与父母坐下来推心置腹地谈话。如果你能有根有据、言之成理地把自己的看法、想法等讲明白，你妈妈会明事理，会被你说服的。就你与妈妈发生的风波来讲，妈妈督促你学习的动机没有错，但是她一味强调学习而忽视休息的做法是不妥的。你可以跟妈妈讲学习要劳逸结合，大脑工作时间长了会劳累，也需要休息……当然，你跟妈妈讲此事时，要讲究策略。不要一上来就批评妈妈的过错，而要采取“滚雪球法”。所谓滚雪球法，就是先批评不痛不痒的小问题，使妈妈易于接受，然后循序渐进，将雪球越滚越深入，直到亲子冲突的症结所在。

再次，把握处理亲子冲突的最佳时间。当发生亲子冲突时，双方都在气头上，情绪比较激动，不容易解决问题。这时，可以将冲突暂时搁置一段时间，等亲子双方冷静下来以后再处理。既然你与妈妈的冲突已经发生一段时间了，这时正是你与妈妈化解冲突的最佳时机。

最后，要勇于承认自己的错误。如果矛盾冲突错在自己，就应该勇于承认错误。承认自己的错误对于解决冲突往往会收到意想不到的效果。妈妈的唠叨虽然让你心烦，但是你不应该对妈妈耍脾气，应该和颜悦色地跟父母说话。你要主动向妈妈道歉……

小乐：杜老师，谢谢您教给我这么多如何与父母相处的知识，我回去试试看吧！

三、教育结果

一个月后，杜老师忽然接到小乐妈妈打来的电话，她高兴地对杜老师说："非常感谢您对小乐的教育，现在小乐非常懂事，非常疼爱父母，学习很刻苦，父子之间、母子之间经常谈心，一家人相处得非常融洽。"

反思驿站

- 请利用本章的行为检测，了解本班学生与父母之间的关系。本班学生与妈妈之间是否存在冲突？本班学生与妈妈关系紧张的有多少人？请利用本章介绍的方法，说明本班学生与妈妈关系紧张的原因。

- 你与父母或子女之间是否存在冲突？通常你是怎样解决的？你解决亲子冲突的策略对你教育学生有何影响？

- 有一天，学生对你说：“老师，我非常讨厌自己的爸爸妈妈。他们不但随便翻我的东西，而且还偷看我的日记。更可恨的是，他们每天像捉贼一样盯着我，弄得我像个囚犯，没有任何自由。为此，我经常和他们吵嘴、打架。看到其他同龄伙伴与父母亲热的样子，我很羡慕。说实话，我也非常想改变与父母之间的关系，但是不知怎么办才好？老师，您帮帮我吧！”听到学生的求助后，你打算如何改善该生和父母之间的关系？

参考文献

1. 陈斌斌.以学校为基础的亲子冲突的干预研究[J].现代中小学教育，2007（2）：58-60.

2. 段巧灵.青春期亲子冲突与良好亲子关系的建立[J].现代教育论丛，2007（12）：66-70.

3. 静子.亲子关系研讨小组综合心得报告[EB/OL]. [2005-09-20]http://www.blogms.com/StBlogPageMain/Efp_BlogLogSee.aspx?cBlogLog =1000601656.

4. 李小融，李德树.懂得孩子——孩子身心发展的规律与特点[M].成都：四川教育出版社，2002：166-172.

5. 卢美贵.天才父母[M/OL].台北：业强出版社，1991. [2005-11-16] http://bbs.soufun.com/1010040853~1119~8274/33091410_33091410.htm.

6. 马志国.面对亲情乐章中的不和谐音符[J].第二课堂（高中版）.2008（8）：72-76.

7. 亲子沟通技巧——父母常犯的错误[EB/OL]. http:// stweb.jcjh.tp.edu.tw/admin/a4.

8. 全国中小学心理健康教育课题组，心理素质教育研究中心.中学生学·用心理范例[M].北京：开明出版社，2000.

9. 晏红.儿童行为习惯的塑造与矫正方法[EB/OL]. [2004-10-21]http://www.cycnet.com/sunyunxiao/g_ktxxkd/g_lps/g_10.5.htm.

10. 杨玉红，肖波.亲子沟通错位现象严重[N].新闻晚报，2005-11-29.

11. 俞国良.高中心理健康教育教材（一年级教师用书)[M].北京：中国和平出版社，2002.

12. 俞国良，周雪梅.青春期亲子冲突及其相关因素[J].北京师范大学学报（社会科学版），2003（6）：33-38.

13. 邹珉.你的心事我猜！猜！猜！[M].上海：上海远东出版社，2003.

参考文献

[illegible]

第八章

逃学问题与教育

就我记得我在学校时期的性格来说，其中对我后来发生影响的就是我有强烈多样的兴趣，沉溺于自己感兴趣的东西，深入了解任何复杂的问题和事物。

——生物学家　达尔文

章节导读

★ 青少年逃学的自身原因有哪些？

★ 哪些学校因素导致青少年逃学？

★ 如何鉴别逃学与学校恐怖症？

★ 青少年逃学的教育策略有哪些？

情境故事

逃学的小娟

小娟是一名初二学生，活泼可爱，聪明伶俐，喜欢帮助同学，同学们都很喜欢她。说小娟聪明是因为她平时学习、掌握技能非常快：她用一会儿时间，就熟练地骑起了自行车；她制作的航空模型非常逼真；她编织的手套非常漂亮，她画的山水画气势磅礴；她设计的动画惟妙惟肖……

小娟的爸爸是一名警察，工作繁忙，经常外出办案。小娟的妈妈是一名普通工人。小娟的父母望女成凤心切，对她的期望很高，希望她好好读书，将来能够考上北京大学或清华大学，大学毕业后留学深造。为此，他们平时对小娟要求非常严格。放学回家后，即使小娟做完作业，预习功课后，也不让她看电视或听音乐放松一下。每到周末，父母总是陪同她参加外语辅导班、奥数班、钢琴班、舞蹈班、素描班、作文辅导班等名目繁多的课外班。每到考试，父母更是定下分数和名次，要其达到。尽管如此，小娟的学习成绩总是在中等徘徊，没有任何起色。由于达不到父母的要求，小娟经常挨父母的批评和惩罚。

期中考试快到了，小娟非常紧张。父母规定各门功课成绩都要在85分以上，否则就要削减她的零花钱。想想自己各门功课的实际情况，小娟认为这简直是痴人说梦。她越想越烦闷，于是在期中考试那一天，偷偷离开学校去一家网吧玩了一整天游戏。

逃学是学校教育中常见的一种“病理现象”，是青少年学习心理障碍中最具危害性的问题。学生逃学现象，在各个国家都普遍存在，国际教育界已把逃学列为中学生的三大病症之一。教师应该如何有效地帮助青少年克服和矫治逃学行为呢？

第一节　问题解析——学海的深与苦

一、心理状态不佳与学海的苦涩

（一）心理状态不佳

方健华曾就学生旷课、逃学问题在苏北地区的部分农村和城镇中小学进行过随机抽样调查。结果表明，除了“生病”“家庭事故”和“家庭经济状况”等情况外，由于“心理原因”而一学期旷课三日以上者，小学生占1.5%、初中生占6.2%、高中生占3.5%，这应该是一个不容忽视的数字。被调查班级的班主任普遍反映，这些学生往往自己知道应该上学，但就是不去上学。由于心理的原因，他们对旷课的理由说不清楚，对父母、老师的催促和斥责，对所谓的“刺激上学”，明显有惧怕的心理反应。那么，究竟哪些心理因素容易诱发青少年逃学呢？归结起来，有以下几点：

1. 心理健康水平较低

美国教育心理学家富兰德森认为心理健康是有效学习的基础。低水平的心理健康状况是导致学生讨厌学习，甚至产生旷课、逃学行为的一个重要原因。心理学研究表明，健康的心理状态可以对知觉、思维、记忆的形态和功能进行归纳，可以指引认识的进程——记忆的恢复、思维的构成和知觉的形成等。相反，不健康的心理状态，尤其是人际敏感、敌对、强迫、焦虑，极易导致厌学的情绪和行为。

不健康的心理状态特别是情绪情感会在一定程度上破坏大脑神经系统的正常功能，从而影响思维的速度、敏捷性、精确性和灵活性，影响学生智力水平的正常发展，以致学生课堂上不能积极思考，作业、考试错误百出，学业成绩不良。在当前激烈的升学竞争背景下，他们如果一直处于失败的心理体验中，容易产生不良的自我意识和较低的自我评价，丧失学习兴趣，降低学习动机，更容易丧失学习的自信心，而自尊心较低会进一步加重厌学情绪，导致旷课、逃学行为的发生。

2. 人格特征不良

与一般青少年相比，具有孤独、抑郁、敏感、神经质、沉默寡言、悲观、个性倔强、脾气怪僻、性格内向、懦弱胆怯、情绪不稳定、适应能力差等不良人格特征的青少年更易产生厌学情绪和旷课、逃学行为。这是因为不良的人格特征会影响到青少年高级神经活动的强度、灵活性和平衡性，使他们的知觉、记忆、思维功能受到阻碍，智力活动的积极性受到压抑。最终导致他们从事紧张的智力活动时极易疲劳，注意力极易分散，反应迟钝，学习效率下降，进而丧失学习兴趣，产生讨厌学习、害怕上学的旷课、逃学行为。例如，王志勇等（2007）研究发现：患有抑郁障碍的中学生发生逃学经历的风险显著高于无抑郁障碍的中学生。这是因为患有抑郁障碍的中学生，往往对学习、生活的态度比较消极，与家庭、亲朋、同学之间相处往往不融洽，更容易寻找一些比较自我放任、自我沉迷的生活行为方式，因而，发生逃学行为的可能性也就要高于一般学生。

3. 人生观、价值观不成熟或不正确

青少年正处于人生观和价值观形成的时期，如果人生观、价值观不成熟或不正确，也容易导致旷课、逃学。例如，有的青少年人生目标不明确，对前途、理想很淡薄，不懂得热爱生活，没有责任感、义务感，“做一天和尚撞一天钟”，感到学校生活很无聊、乏味，甚至是痛苦，于是糊糊涂涂地打发时光，不愿意去上学，更愿意躲在家里或校外娱乐场所寻找乐趣，获得精神寄托。特别是在当前激烈的升学竞争中，青少年如果感到自己升学无望时，就会认为“学习不学习一个样”“去不去学校一个样”“去学校也没什么意思，反而难过、受罪”，倒不如溜出学校自在。此外，在市场经济的冲击下，人们的价值取向多元化，这或多或少地会对青少年产生一定的影响。有的青少年误把闯世界、赚大钱当做奋斗目标，不安心在学校读书。近年来，严峻的就业形势也进一步强化了部分青少年读书无用的错误想法。

（二）学业不良

大多数青少年逃学的原因是由于学习上的因素造成的，主要包括以下几点：

1. 学习成绩差

目前，我国已经全面普及九年义务教育，每个人都享有平等的受教育权，因而学生的素质、智力水平会有高有低，学习成绩亦有好有差。青少年自尊心的发展，促使其非常注重周围人（包括家庭成员、老师、同学、朋友等）对自己的评价和态度，希望他人能够尊重自己、肯定自己、接纳自己。因为受片面追求升学率的影响，学校、老师、家长乃至社会都是以学习成绩的高低来衡量学生的好与坏，通常比较重视和偏爱学习成绩优异的青少年，而忽视对学习成绩差或学习上有困难的青少年的肯定、指导与关心。由于一个人的学习成绩会影响班级或学校的成绩，因此，学习成绩差的青少年往往会受到老师、同学的嘲笑、讽刺、冷落、责怪和否定，这不可避免地会伤害他们的自尊心，致使他们心灰意冷，丧失努力学习的自信心，觉得自己在学校是一个毫无价值和尊严的人，从而对学校产生厌恶情绪。

心理小故事

“终日计算，沉思苦想”

著名物理学家杨振宁博士在同大学生的一次谈话中强调，在学习过程中，知识对你应该有一种不可抗拒的吸引力。他说，有家杂志写了一篇介绍他生平的文章，文章的标题是：“终日计算，沉思苦想”，他看了之后很不舒服。他说：“尤其不同意这个‘苦’字。什么叫‘苦’？自己不愿意做，因为外界的压力非做不可，这才叫‘苦’。物理学的研究没有‘苦’的观念。物理学是非常引人入胜的，它对你的吸引力是不可抗拒的。”

明智的教师应该从这段话中汲取教益。当你的学生感到学习“苦”和“累”的时候，你是否也应该反省一下自己的做法呢？

2. 厌学

综观所有有逃学行为的青少年，其一个普遍的原因就是厌学、学习兴趣不高或对学习不感兴趣，至少也是阶段性的不感兴趣。这部分青少年学习目的和学习任务不明确，上课不注意听讲，思想开小差，做小动作，与同学交头接耳，下课打架、损坏公物等。他们饱尝了学习的艰辛，体验不到学习的乐趣，对他们来讲，学习是一件“苦差事”，是一种无法摆脱的负担，给其造成了巨大的心理压力。他们对学习缺乏自信心，厌烦、反感、敌视学习，逃避学习困难，悲观失望，自暴自弃，将逃学看做是获得暂时解脱的唯一途径。

3. 学习压力大

学习上的压力，主要来自学校和家长两个方面。学校在“应试教育”指挥棒下导致学生超负荷，无休止地上课、补课、考试，试题太难，作业太多，缺少文体活动，学习成了苦差事。家长给孩子施加的学习压力太强，超出了孩子自身的承受能力，也容易导致学生逃学。

4. 学习适应能力比较差

当学习环境发生重大变化时，如升级、留级、换班、转学、新入学等学习环境变迁等，需要青少年具有一定的适应能力和应变能力。如果与学校生活有关或在学校遭遇痛苦、失望、挫折和打击等不愉快的情绪体验等，特别是在升学的竞争压力造成沉重的精神负担不能有效缓解或消除时，青少年就容易逃学。

二、家庭氛围不良

（一）父母的期望值过高

相当一部分家长对子女的期望值过高，要求过严。有的父母受学校片面追求升学率倾向的影响，一味强调学习，只关注子女的考试分数，不体谅他们学习过程的艰苦。青少年本来在校的学习负担、心理负担已难以承受，回家后父母还要继续在学习上施压，使他们感到不堪重负。不少青少年因难以实现父母的期望，产生逆反心理，破罐子破摔，以逃学来对抗、报复。情境故事中的小娟之所以逃学，就是因为父母对她的期望值过高，要求过严。

（二）家庭关系不良

时下，传统的婚姻和家庭的价值正逐步削弱。父母之间关系紧张，经常吵架，甚至离婚等都会对青少年人格的发展带来严重的不良影响。家庭破裂，青少年无人教养，无人监护，缺乏关爱，缺少温暖，缺少乐趣，对前途感到渺茫，产生苦闷的心理压力，便流落街头，出没于各种娱乐场所，寻求安慰和精神寄托。

（三）家庭教育方式不当

由于家庭教育方式不当，导致学生逃学的比例非常大。有的父母对子女过度放纵，不闻不问；有的父母对子女专制蛮横，随意打骂；有的父母对子女过分娇宠，过分袒护；有的父母在子女的教育问题上产生严重分歧，使子女感到无所适从。上述不当教育方式和教育观念都会对子女的学习、成长造成不良影响，最终导致逃学行为的发生。

据北京市家教研究会对多名中学生的调查发现，被打骂体罚的占68.2%，家庭“内耗”大、父母教育观念不同的占49.3%，不少家长只看孩子的学习成绩和表现，成绩有退步，表现有“不良”，动辄训斥、打骂，有的教师也对学生挖苦、体罚，致使学生没有安全感。

三、学校教育忽视学生的需求

从某种角度上说，是学校把部分学生推出了校园，造成学生逃学。

（一）教育价值观陈旧、单一

学校教育价值观陈旧单一，片面追求升学率，在“高考”这一指挥棒的作用下，学校教育被简单化为应考教学、升学教学。由于教师的荣誉和利益直接与其所任课的考试成绩挂钩，这就从客观上误导了教师的教育行为。于是，教师自觉或不自觉地以学分为标准衡量学生好坏，从而把主要精力集中在少数成绩好的学生身上，放松甚至放弃对多数学生，特别是学习成绩差的学生的教育，使他们成为教育的弃儿。

（二）忽视学生需求、潜能

由于片面追求升学率，学校或教师往往容易在客观上忽视青少年个性的正常发展和正当需求，压抑青少年潜能的发挥。有的学校不重视甚至取消体育、德育、美育、劳动技能教育，从而使部分学习成绩差但是其他方面优异的青少年受到压抑。

（三）学习生活单调、乏味

学校把青少年封闭在狭窄的生活空间，只有单一的读书生活，没有精彩纷呈的课余生活，没有自由的时间，没有健全的心态，成年累月，忧心忡忡，导致产生“学习厌恶症”“学校恐怖症”。

（四）教育管理方式不当

少数教师由于自身的素质偏低，加上及格率、优秀率、升学率的压力，他们对学习上暂时有困难的学生或“不听话”的学生往往采取经济制裁、甚至高压政策，怒斥、责骂、歧视、讽刺、挖苦和体罚，伤害了学生的心灵，使学生如同惊弓之鸟，以致选择逃学方式来“叛逆”。

（五）教学方法单一、枯燥

个别教师教学方法单一、枯燥乏味，“满堂灌”的方法造成课堂死气沉沉，气氛压抑。

另外，在学校中也有一小部分青少年拉帮结派，恃强欺弱，使得胆小怕事的学生受到欺负或恐吓勒索时，既不敢反抗也不敢告诉老师或家长，更不会向师长求助，于是有的干脆不去上学，躲在家里或到处闲逛。

四、社会环境的不良影响

社会环境的不良影响，包括新“读书无用论”、日益恶化的社会风气和社区环境、社会规范的失调等，这些都是青少年逃学的社会原因。

当前，由于高校扩招，大学生、研究生人数骤增，致使“学历贬值”，就业不理想，于是部分青少年认为读书无用，不如“弃学打工挣钱”。例如，一个高中生在新学期开学时，带上父母给的学费，悄悄随着打工的人群到了广州，梦想能挣大钱。但是，残酷的现实与其想象相去甚远，在四处碰壁、钱物所剩无几的情况下，他万般无奈，只好返回学校。

知识窗

初中生逃学行为的心理学解释

1.“阶段—环境适合”模型

在对社会工作理论中的“个人—环境适合”模型进行修订的基础上，Eccles等人（1989）提出了著名的“阶段—环境适合”理论，用以说明个人发展阶段性与学校环境改变的影响。他指出，在从小学到中学的过程中，中学生消极的社会心理是青少年需要的发展与其社会环境的某些方面不相匹配的结果。一般而言，一个有凝聚力、合作、充满信任和尊重的班级课堂环境，有利于提高学生的自尊水平，减少旷课率，提高到课率。如果学校不能为学生提供一种尊重、平等的人际关系以及全面发展的机会，学生就容易产生厌学情绪，从而引发逃学行为的发生。“阶段—环境适合”模型提示我们，从初中生心理发展的需要出发，创设适宜的学校环境是预防初中生逃学的基本点。

2.师生互动模型

卡根（Kagan，1990）提出的师生互动模型从师生关系的角度揭示了中学生逃学、辍学等学校适应不良行为的发生机制。该模型的基本假设是："课堂中的某些因素把潜在的'危险'学生转变成一个在功能上与学校成功背道而驰的截然分开的子文化群体"。也就是说，在课堂教学中，被标志为"危险"的学生将受到教师不同的待遇（如较低的期望、较少展示知识的机会），并使其感受到不同的课堂氛围。反过来，这种改变了的氛围又将影响"危险"学生的认知过程和问题解决策略，导致这部分学生与其他有类似经历和待遇的学生产生心理认同，从而最终选择团体逃学甚至辍学。因此，改善学校中的师生关系是预防初中生逃学行为的关键。

3. 系统分析论的观点

系统分析论的方法可以用于分析和矫治中学生逃学行为。从系统分析论观点出发，学生逃学行为是学生个人、学校、家庭以及社区因素共同作用的结果，任何一个方面的改变都会导致逃学行为的改善或恶化。学生个体的因素包括学习困难、语言技能、情绪状态、行为模式等，学校系统因素包括课程与教学、教师和管理者的态度、学生行为规范、控制技术、教师指导以及特殊教育服务的情况，家庭因素包括父母压力、情绪状态、工作方式、家庭冲突、财力资源、种族、对教育的支持等，社区因素包括法律保障、暴力、邻居伙伴的逼迫、工作情况以及学校之外的健康活动等。因此，在对初中生的逃学行为进行分析与干预时，要系统分析影响学生逃学的各种因素、相互作用及变化情况，以提高预防和干预的针对性和有效性。

（余益兵，2006）

第二节　教育策略——春风化雨

青少年逃学，除对自身学习造成直接影响外，其不良后果还表现为：扰乱学校正常的教学秩序，造成教育资源的浪费和学校教育功能的丧失。由于逃脱了学校规章制度的约束和家长的有效监管，逃学青少年很容易受到社会不良因素的影响，并可能产生不良行为。由于青少年自我控制和自我约束能力较差、是非辨别能力不强，逃学后极易被社会不良分子利用和控制，极有可能引发打架斗殴、偷盗、抢劫等“反社会”行为，走上违法犯罪的道路，严重危害到社会的和谐稳定和安定团结。因此，教师必须加强对逃学青少年的引导和教育。

一、提高青少年的学习兴趣

（一）灵活运用教学方法

实践证明，有些青少年之所以逃学，往往是因为基础差，学习成绩差，受歧视，进而感到学习枯燥无味，丧失了学习的兴趣。苏联著名教育家苏霍姆林斯基说:“任何优秀的教师必须是一个善于激起学生对自己课堂感兴趣、确立自己课程吸引力的教师。”“如果教师不想方设法使学生产生情绪高昂和智力振奋的内心状态就急于传授知识，那么这种知识只能产生冷漠的态度，而不动情感的脑力劳动就会带来疲倦，没有欢欣鼓舞的心情，学习就会成为学生的负担。”课堂教学是学校的主要教学形式，因此各学科的教学方法应灵活多变，用各种方法让青少年明确学习目的，并充分强调学生的参与，变“要我学”为“我要学”。由于逃学的青少年学习兴趣不高，单调、枯燥的教学方法让其感到厌倦，所以教师要刻苦钻研教材，充分备课，精心设计教学过程，灵活运用教学方法，提高学生学习的趣味性与教学效果，使学生觉得学有所用。其中教学方法，除传统的以教师讲解为主的授课法外，可以采用辩论、演讲、讨论、讲故事等多种方法，使学生精神饱满，思想活跃，积极参加教学活动，完成学习任务。

1. 辩论

辩论可使学生的思维始终处于活跃状态，通过辩论解决的问题，学生理解特别深刻，其效果是一般性讲解所无法达到的。容易引起争论的往往是生活中碰到的现实问题，因此设计或利用一些现实中的热点问题，引起学生的争论，对澄清学生的错误认识和进行思想教育大有好处。例如，以“青少年逃学是否是学校的过错”为题展开辩论。青少年在辩论的过程中分析逃学危害、列举逃学表现、寻找逃学原因等，理越辩越明，结论越辩越清，从而认识到逃学的危害性，能主动指导自己的学习实际、生活实际。辩论时要提前布置辩论题目，确定正反双方，让青少年通过书籍、报刊、网络等途径搜集资料，做好辩论前的准备，课堂上正反双方进行辩论，最后由老师进行总结点评。这样，青少年既动脑又动嘴，在轻松愉快的气氛中获取知识，培养能力，学习兴趣也由此而生。

2. 演讲

演讲可分为即兴演讲和有备演讲两种形式。即兴演讲即就某一个具体内容进行演讲。有备演讲即就事先准备好的演讲材料进行演讲。演讲不仅能够锻炼青少年的口才，还可以培养青少年辨别是非的能力，培养搜集材料、表述观点、把所学知识应用到实际中去的能力。可以说演讲是对青少年综合素质的锻炼和提高，同时也能培养青少年良好的思想素质和优秀的品德。譬如，山东省淄博市博山区第二中学信凤华老师在讲《不一样的环境，不一样的“我”》一课时，让学生以“我的奋斗目标”为题进行演讲，有的提出了初中阶段的奋斗目标，有的提出了自己的人生目标。经过演讲，学生进一步明确了奋斗目标，学习积极性空前高涨。

3. 讨论

教师要营造合作讨论的氛围，发挥学生的主观能动性，让学生积极主动地探求，生动活泼地发展。教师可以把学生分成若干小组，根据提出的问题，以小组为单位展开讨论，人人参与、生生平等、无拘无束、轻松愉快地用语言表达自己的观点与见解，把问题弄清楚。如果小组对某一问题有争议，可提请集体讨论。这时，教师要起到导演的作用，适时进行引导、点拨，使问题的思路逐渐清晰明了，最后达成共识。学生因参与合作讨论，自然会产生一种成就感，增强自信心，培养合作学习的兴趣，教学效果会事半功倍。

以青少年逃学为例，教师可以召开班会，让青少年以“假如我是老师，我这样对待逃学的学生”为主题，以情境故事中的案例为背景，把全班学生分为几个小组，让他们展开自由讨论，并让他们每人上交一份书面建议。通过讨论，既可以为每个学生创造发言和表达自己思想观念的机会，也可以增进学生对教师的理解和支持，师生之间坦诚相见，彼此打开心扉说真话，有利于消除师生之间的隔阂，融洽师生关系，提高老师在学生心目中的威信。

4. 讲故事

四川省射洪中学外国语实验学校的涂勇昌老师在讲“十字相乘法分解因式”这节课时，先给学生讲了这样一个小故事：

相传在很久以前，在一个神秘的山洞中，藏着一把智慧钥匙，它能给人增添无穷的智慧，下面我把取钥匙的方法告诉大家，看谁能取到钥匙。进入山洞要打开四扇门，每个门必须同时用两把钥匙才能打开。门前放着许多标着号码的钥匙，每扇门上都有两个数字，但这两个数字并不是钥匙的号码，而是两把钥匙号码的和与积。例如，一扇门上标着：“和为5；积为6。”你能找出打开门的两把钥匙吗？还有的门上标着：“和为6；积为8”。请大家依次找出打开门的钥匙。

涂老师通过讲述故事，调动了学生学习的积极性，学生通过积极的思考，很快解开了故事的谜底。

值得注意的是：在教学过程中，教师应该关注逃学的青少年，可以就教学重点、难点等询问他们诸如此类的问题：“某某，你这里听懂了没有？”“请用一句话，简明扼要地概括一下我们今天学习的主要内容。”“请你举一个例子，说明该原理在日常生活中的应用。”

显然，每一种教学方法都不是万能的，课堂教学中，教师要选择恰当的时机，根据教学内容、课型设计的变化，灵活运用各种教学方法，把各种教学方法有机地结合起来，做到“一法为主，多法兼用”，多方位调动学生的积极性。实践证明：教学方法越科学，活动水平越高，活动内容越丰富，人的发展就越全面和充分。

（二）让学生体验获得成功的喜悦

由于过难或过易的教学内容都不易调动学生学习的积极性，因此，教学难度要适中，提出的问题和布置的作业应该是学生通过努力能够达到的。苏联著名心理学家、教育学家维果茨基提出：教师应把教学要求设置在学生思维的“最近发展区”，即跳一跳摘得到的高度。因而，教师在教学过程中如果能够面向全体学生，分层教学，分类指导，将教学的深度、广度设置在他们各自的“最近发展区”内，就容易调动学生的学习积极性，使学生各有所得，人人都能在个人的水平基础上增长思维能力、解题能力，品尝成功的喜悦。实验表明，当学生学会、弄懂所学的课题时，他们必定有一种获得成功后的快乐。当学生享受到创造性活动成功的喜悦时，就能强化他们的学习动机，这种快乐就形成了他们对学习感兴趣的内部动力。

二、丰富青少年的校园文化生活

有人对逃学学生的兴趣研究表明：逃学学生对某科的各个教学环节、对课外活动、对课外阅读等的兴趣是不平衡的。也就是说，每个逃学的学生都有不同的兴趣，要具体对待。爱因斯坦说“兴趣是最好的老师”，兴趣是推动学生进行学习的内部动力，是影响学生学习自觉性和积极性的直接因素。法国教育家费雷内认为：学生某一方面的成功，会促使其他方面的提高。一般来讲，逃学的青少年对学习不感兴趣，但对课外活动兴趣颇浓。因此，教师要仔细分析逃学青少年的“兴趣点”，尽可能多地给他们提供有益的课外活动，让他们学有所乐。比如，针对学校的第二课堂活动，开展文体、演讲、书法、发明创造、绘画、摄影、劳动等兴趣班。在此过程中，教师要引导他们把良好的兴趣转移到各科的学习中来。以摄影为例，教师可以给学生讲解成像的原理、实物大小与成像大小之间的关系、相片如何冲洗、如何进行抓拍等，由此，教师可以进一步引导青少年认识学习物理知识的重要性，从而培养和激发他们学习物理的兴趣。这样，每个逃学青少年既能从兴趣班中找到自己的爱好，积极参与，也能从中获得一种归属感与成就感。

三、帮助青少年掌握正确的学习方法

青少年逃学的主要原因是学习成绩差，学习成绩差的部分原因是由于没有掌握正确的学习方法，为此需要教师的指导和帮助。首先，教师可以向学生呈现“鱼”与“渔”的故事，让学生讨论，引导学生认识获取知识方法的重要性。

有一天，两个小朋友到老人家里做客，老人要送给他们礼物。小明得到很多鱼，小强却要了网。从此，小强请老人教他打鱼。于是，小强学会了打鱼的本领，每天能捕到很多鱼。可是，小明回到家里，天天吃鱼。不久，一条鱼也没有了，他只好又去老人家里要鱼。走在路上，小明看见小强提着一桶鱼给老人送去，就问：“你为什么有这么多鱼呢？”小强说：“我会打鱼呀！”

针对上述故事，教师要让学生讨论：“为什么小明最后没有鱼吃，而小强不但自己有鱼吃，而且还能送给老人？从这个故事中，可以受到的启发是什么？学习知识是否也需要方法和技巧？”

学生讨论完毕，教师要归纳总结：学习方法比知识更重要。我们不仅要学习知识，更要掌握获得知识的方法和技巧，学会学习，学会探索知识，主动学习。

紧接着，教师可以对学生进行下列行为测验，了解学生的学习方法是否正确。

在运用行为测验帮助教师了解学生的学习方法是否正确后，教师可以向学生传授以下学习方法。

行为检测

你的学习方法正确吗

让学生对下列各题做出“是”或“不是”的回答，通过这个测试，可以看出学生是否掌握正确的学习方法。总分在0～36分之间，分数越高说明学生的学习方法越好，反之则表示学生的学习方法不够正确，需要适当调整。

1. 准备考试时，先写好每道复习题的答案，然后把它们背熟，以便考试时能全部默写出来。
2. 在某一门学科中，你认为特别重要的或特别难学的章节，总是先做预习。
3. 你平时没有什么学习计划，即使是寒暑假期间或复习应考阶段也是这样。
4. 阅读课本或其他读物时，你很少用红蓝笔或其他颜色的笔做记号。
5. 每天晚上复习当天功课并完成当天作业都已经忙不过来，所以第二天的功课一般都不做预习。
6. 在寒暑假期间，你常常要制定一个学习计划并努力按计划去学习。
7. 要背课文时，你常常在诵读几遍之后就开始试背，然后再打开书诵读几遍，再试背，也就是让诵读和尝试背诵交替进行。
8. 你常常把一些你自认为写得好的文章反复诵读。
9. 学习时，你常把教材的内容分解为若干部分或若干要点。
10. 上课时，你尽力想象老师所讲的某些内容。

11. 你一般是没有先复习功课，就动手做作业。
12. 学习时，你偏重于理解，不大重视记忆。所以，对于有些重要的定义、定理、公式、结论，你能理解却记不熟。
13. 做作业时遇到难题，你常常找其他人帮忙解决，免得自己花太多时间去琢磨。
14. 写文章或做问答题时，你常常先列出大纲或要点，然后才下笔。
15. 你尽量做到当天的功课当天复习并做完作业。
16. 你重视平时复习，考试前不怎么紧张，有时反而去玩一玩，让头脑得到充分休息。
17. 平时没有时间去复习每门功课，一般都是要考哪一科时才去复习哪一科。
18. 喜欢独立学习，独立思考，但遇到问题时也喜欢和同学一起讨论。
19. 听老师讲解某些知识时，你自己往往联想起与此有关的一些知识或事例。
20. 在学习物理、化学时，你很重视书上说的各种实验，尽力想象实验进行的实际情景。
21. 学习时，你经常把新知识和已有的知识经验联系起来。
22. 学习比较抽象的材料时，你总是努力联系实际，举一些具体的例子去理解它们。
23. 听课时，你会把不理解的问题记下，以便课后进一步思考。
24. 由于种种原因，你很难每天有固定的时间做功课。
25. 学习物理、化学、生物、地理学科时，不单用头脑想，只要可能，你总是动手去做。
26. 听老师讲课时，你总是喜欢动笔记一些要点。
27. 在回答问题时，你喜欢根据自己的理解，用自己的话去回答，很少硬背课本上的原句。
28. 你认为学习时能记住定理、公式、定义、结论就可以了，至于它们是怎么产生的，你往往不够重视。
29. 考试时，你总是先把试卷浏览一遍，先做容易做的或得分多的题目，把难做的题目留到最后去想。
30. 在准备考试时，你常常根据教科书列出各道复习题的答案要点进行复习。

31. 发回的考卷或作业，如果有做错的，你总要弄清楚为什么错了，怎样做才对。

32. 你极少运用参考书。

33. 在复习功课时，你喜欢把详尽的材料变成简要的提纲，以便更好地掌握知识。

34. 你常常把学到的各种知识进行比较，发现它们之间的异同。

35. 在准备考试时，你不是系统、全面地复习，而是猜想老师可能出什么题，然后有重点地复习。

36. 复习功课时，你常常把学过的知识列成表或画成图，借以揭示各种知识的区别和联系。

分数分配：

题目分两种类型：一种从正面阐述问题；一种从反面阐述问题。第3、4、5、11、12、17、24、28、32、35题为反向题。这些题目选择"是"记0分，选择"不是"记1分。剩下的题目为正向题目。这些题目选择"是"记1分，选择"不是"记0分。将各题得分相加，算出总分。

（http：//www.cnki.net）

（一）预习方法

一粗读，先粗略浏览教材的有关内容，掌握本节知识的概貌；二细读，对重要概念、公式、法则、定理、结论等反复阅读、体会、思考，注意知识的形成过程。

（二）听课方法

在听课时，要处理好"听""思""记"的关系。(1)"听"是直接用感官接受知识。在听的过程中要注意：①听每节课的学习要求；②听知识引入及知识形成的过程；③听懂重点、难点剖析（尤其是预习中的疑点）。(2)"思"是指学生思维。在思维的过程中要注意：①多思、勤思，随听随思；②深思，即追根溯源地思考，善于大胆提出问题；③善思，由听和观察去联想、猜想、归纳。(3)"记"是指学生的课堂笔记。要求学生：① 记笔记服从听讲，要掌握记录时机；②记要点、记疑问、记解题思路和方法；③记小结、记课后思考题。

（三）复习巩固及完成作业的方法

在这个环节的学法指导上，要求学生每天先阅读教材，结合笔记记录的重点、难点，回顾课堂讲授的知识、方法，同时记忆公式、定理、原则、理论、结论（记忆方法有类比记忆、联想记忆、直观记忆）等，然后独立完成作业，再进行反思。在作业书写方面也应注意“写法”指导，要求学生书写格式规范、条理清楚。

此外，教师要告诉学生注意总结，教师可以让每个青少年配备一个错题经验本，专门记录在平日学习和考试中遇到的难题、做错的题，对相关知识起到检查和修正的作用，对学习过程进行自我反思。青少年应该经常翻看该记录本，从理论上分析自己不会做的题目或做错的原因，总结经验教训，加深印象，避免类似错误再次发生。

心理小贴士

学校恐怖症与逃学的鉴别

	学校恐怖症	逃学
拒绝上学的特点	愿一个人呆在家中，常得到父母的允许	在外面流浪或与其他儿童玩，父母不知道其逃学在外
情 绪	常有焦虑，也可有抑郁、惊恐发作，可有暴怒发作	偶有焦虑
身心症状	多见，可有头痛、肚子痛、恶心、呕吐等	少见
平时表现	常为品学兼优的好学生、听话的乖孩子	学习不好，品行不佳，常有说谎、打架等违反校规行为
不上学动机	害怕与家庭分离，怕老师，怕同学	厌恶学习，反抗老师或家长，贪玩
家庭情况	经济好的小家庭，家族中有精神病患者，对儿童照顾过分，从小被动、依赖	大家庭，家庭气氛不好，教育意见不一，体罚，对儿童关心不够，父母死亡或离异

（http：//www.cnki.net）

四、积极争取家长的配合

帮助青少年克服和矫治逃学行为，必须通过多种途径积极争取家长的配合。逃学虽然大多是青少年在学校生活中受到挫折、对学校生活不适应的反应，但家庭因素也是青少年逃学的重要原因，父母对孩子的期望、教养态度、教养方法以及父母关系对青少年心理和行为的影响很大。家庭是人生的第一学校，是学校教育的基础和重要补充。如果不能很好地与家长配合，只靠教师单方面的努力是不行的。要取得家长的配合，必须促进家长的参与，拓展家庭的功能，充分发挥家庭教育的作用。学校教育和家庭教育互相配合、互相支持，才能促进青少年健康全面发展。为此，学校可以通过开展对家长的心理健康教育讲座、定期举行家长座谈会、给家长写信、举办家庭教育咨询等活动，使家长真正了解孩子，形成科学的家庭教育观，掌握科学的家庭教育方法，保证孩子的身心健康成长。

例如，针对情境故事中的案例，教师及时与小娟父母联系，说明及时处理逃学的必要性，并商谈解决逃学的对策。教师提议由教师、家长、学生三方签订一份明确义务责任的合同书，小娟的父母很高兴地同意了。在征求了小娟的意见后，小娟的家长答应只在周六安排她参加舞蹈培训，平时要求她认真完成学校布置的作业。这样，一份特殊的合同就拟好了：

小娟的学习安排责任合同

合同三方

甲方：学生（小娟）

乙方：家长（小娟父母）

丙方：×教师

一、甲方学习任务安排

（一）每星期六学习两小时舞蹈；

（二）平时要认真做功课，不会做的作业要及时向教师、同学、家长请教；

（三）上课时要认真听讲，遵守课堂纪律，听不懂的地方要向教师、同学请教；

（四）其他课外学习项目甲方可以根据自己的兴趣和爱好自由安排，乙方不得干涉。

二、甲方责任

甲方要认真学习好上面规定的学习内容，不能三心二意。

三、乙方责任

监督、检查甲方学好规定的学习内容，及时向教师反映甲方在家里的学习情况和行为表现。

四、丙方责任

经常检查甲方课堂作业，询问甲方学习内容掌握的程度，定期与甲方谈话，与乙方交流情况，共同做好甲方的学习工作。

五、合同有效期：本学期。

甲方：小娟

乙方：小娟父母

丙方：×教师

×年 ×月×日

五、对青少年的要求要切合实际

每位教师都期望自己能够多培养出几个“尖子生”，也都期望自己的教学取得优异成绩。但是，青少年的素质、能力、学习基础等是参差不齐的。因此，教师对青少年的期望和要求要与他们的学习基础、素质、能力、兴趣等相匹配。反之，如果教师的要求和期望过高，给青少年造成巨大的心理压力，致使其达不到老师的要求和期望值，他们就会产生自卑心理，进而形成厌学直至逃学。

同样，每一位家长都有望子成龙、望女成凤的心理。因此，教师也要引导家长在对待子女的问题上从实际出发，不要苛求，应合理地分析子女的素质、兴趣、爱好、能力，在哪方面占有优势，在哪些方面存在不足，建立一个合乎子女本身特点的期望值，诱导子女努力克服或避免不足，发挥优势。此外，教师要帮助家长积极引导青少年，让青少年明白行行都能出状元，做什么工作都能成为有用之材。这样，学生能够积极向上，热爱学习，即使一时成绩差一点，也不会自暴自弃。当青少年有信心去应对学习时，他们就不会厌学，也就杜绝了逃学的现象。

六、提倡激励教育

首先要使青少年获得一种满足感。教师要树立正确的学生观、教育观，要确立“只要我们努力，每个学生都能教好、都能完成规定学业”的教育信念，提倡广泛开展“激励教育”。教师要关心、热爱、激励青少年，注意观察，做个有心人。在课堂上，教师要充分利用表扬、鼓励等措施，时时对学生取得的进步或者闪光点给予肯定和重视，及时进行表扬与鼓励，以唤起青少年的学习热情，激发他们学习的信心和动力，进而达到教育的期望效应。

例如，教师可以激励青少年“学习是享受”。魏书生老师曾问他的学生：“你们干什么来了？”学生大声回答：“享受来了！”为什么“学习会成为一种享受”呢？教师可以这样启发青少年：脑力劳动和体力劳动一样是要有一定的吃苦量的，而乐也正在这吃苦之中。背课文、做数学题、学英语，苦不苦？苦。但是，就在你“吃苦”的时候，你抵制了电视、电影等娱乐节目的诱惑，拒绝了上网聊天、玩游戏的邀请，你集中精力、全神贯注、目不斜视。这时候，你难道体会不出一种超脱于玩乐的庄严感、享受感和快乐感吗？课文背熟了，习题解开了，单词记住了，记忆力和理解力增强了，知识丰富了，考试成绩提高了，家长高兴了，老师满意了，难道你不觉得有一种成就感和满足感吗？难道这不是一种享受吗？事情就是这样，看起来多么深的道理，讲出来其实也不过几句话。但不讲出来，青少年往往多年也“悟”不出来，一旦讲明了，事实上大部分青少年都能够心领神会。经过一番“享受教育”，青少年再也不觉得有多么“苦”、多么“累”、多么“怨”了。

另外，教师也可以让青少年搜集自己喜欢的名人或偶像的照片、画像、立志名言等，将立志名言抄写在照片、画像的一边或背面，然后将照片或画像放置在书桌旁、贴在床头上或墙上等醒目的地方，让青少年自己喜欢的名人或偶像经常激励他们，从而激发他们学习的积极性和加强自我修养的主动性。

七、开展青少年心理健康教育

由于青少年心理健康水平、人格特征、人生观和价值观与逃学行为高度相关，因此，要加强对青少年的心理健康教育，教给他们心理调适的方法和技巧，帮助他们处理和释放心理压力，提高他们的心理素质，培养他们健全的人格，从而达到减少和预防逃学行为发生的目的。

首先，向青少年进行理想、前途、学习目的、人生观、世界观等方面的教育，帮助他们树立正确的世界观、人生观、价值观和奋斗目标，提高对心理冲突和挫折的耐受能力以及对外界不良因素的抵御能力。例如，学校可以把“正确应对学习压力”作为经常性的教育和训练内容。据专家介绍，南京市近百所心理教育实验学校，由于持之以恒地对学生进行多种形式的心理教育，这些学校的学生基本没有出现长时间逃学和离家出走的现象。

其次，建立心因性逃学青少年心理档案。其主要内容包括：学生姓名、所在年级、逃学时间（比如初二、高一等）、逃学次数、逃学原因（要求具体、详细填写）、曾采取的治疗方法或教育策略、治疗或教育效果等。这样既便于教师把逃学的青少年作为学校心理咨询工作的重点对象，给予及时、科学的行为矫治，也便于教师认真了解、分析和把握青少年心理与人格的发展状况，以保证对他们进行心理健康教育与帮助的科学性和针对性。

再次，要注意在各科教学中渗透心理健康教育，特别是要结合学科教学，对逃学的青少年进行学习心理辅导。要立足于培养他们的主体性和学习的自觉性，结合进行“认知矫正法”“尝试成功经验法”“自我教导训练法”等各种形式的认知辅导，以加强对这类学生的心理指导与帮助。

最后，设立“悄悄话”信箱。学校可以在每个班级设立“悄悄话”信箱，让青少年以匿名书信的形式把他们的苦闷、烦恼、困惑以及由此而对老师提出的要求或建议，统统投入“悄悄话”信箱里。也就是说，这是一个专门发泄苦闷、争取帮助的信箱。“悄悄话”信箱要每周开启，由班主任教师负责将信息分门别类地进行整理，然后由班主任或心理咨询教师给予解答。其中一些问题，班主任可以利用班会时间让学生自由讨论、演讲，还可以邀请家长、专家参与解答。

八、构建融洽的师生关系

常言道：“亲其师，信其道。”融洽的师生关系直接影响学生的学习情绪，师生心理相容能提高教学效果。为此，教师要努力优化师生关系，增进尊重理解，更好地促进教与学。首先，由于教师的态度对逃学青少年是否继续留在学校至关重要，所以教师要增强责任心，勇于承担自己应尽的职责。如果教师对逃学青少年推卸责任，不仅会削弱教师为挽回青少年而投入的努力，影响教育干预的效果，而且还会给青少年以不被重视的印象，这将加重青少年的学校疏离感、厌恶感和孤独感，从而进一步将他们推向社会。其次，教师要高度重视逃学青少年的返校行为。教师不能简单地将逃学行为视为问题行为，也不能简单地给予严厉的责备和处罚，更不能歧视，把他们作为特殊学生，进行“隔离处理”。对于逃学归来的青少年，教师之间、教师与家长之间要通力配合，要发挥集体的感召力和影响力，帮助他们克服学习中的困难，改善他们不利的社交处境，提高他们的自尊心。最后，教师对逃学青少年的辅导要持之以恒，不能急于求成。最重要的是，要表达对学生的信任，相信学生能够认识自己的问题，促进自我觉醒。

第三节 教育个案——润滑心灵

一、典型个案

小霞是校大队委员，原来成绩较好，做事也积极主动，随着年级的升高，对学习开始有力不从心之感，造成心理失衡，埋下了自卑的种子，进而沮丧、消沉，在失败面前退缩，最终因害怕学习而逃学。小霞的妈妈在福建老家照顾两个哥哥。小霞的爸爸在上海经商，生意非常忙，无暇顾及她，更谈不上抽出时间跟她谈心。小霞每天早晨都背着书包“上学”去，所以她爸爸根本不知道她逃学的事情。

二、教育过程

首先，班主任多次与小霞的父亲联系，告诉他有关女孩子青春期的心理问题及其可能造成的后果。然后，要求小霞爸爸最好让小霞的妈妈到上海来，多陪陪小霞，跟她说说话。因为女孩子跟母亲亲近些，乐意把心里话说给妈妈听。否则，她面对种种压力和不如意，长期压抑下来，心情不佳，情绪低落，感到孤立无援、悲伤甚至绝望，造成抑郁症的话就难以恢复了。小霞爸爸听了班主任的话以后，第二天就把小霞妈妈接到上海来了。

其次，班主任从培养小霞的学习兴趣入手，改变她的错误认知观念。

班主任把小霞当时的心情分析给她听，又把自己平时摘录的有关自卑心理造成抑郁症的文章给她看。小霞看后笑着对班主任说：“老师，您放心好了，我以后不会这样了。”当班主任了解到小霞觉得活在世上没有意思的原因是数学、英语成绩差，怕这两门任课教师后，就和这两门任课教师沟通，要求得到他们的协助，平时帮助小霞解决难题。班主任还跟小霞讲海明威和张海迪在实现人生目标的过程中，遇到许多困难，他们是如何克服并取得成功的事例，以增强她的意志力。过了一段时间，小霞告诉班主任：“老师，现在数学、英语两门课的任课老师对我非常好，我再也不怕上数学、英语课了。”听了小霞的话之后，班主任非常高兴，于是因势利导：“其实学习并不是十分困难的事，关键是要克服自卑心理，不要盲目与人攀比，多发现自己的‘闪光点’，增强‘你行，我也行’的观念，对自己充满信心。像你在运动会上获得第一名，为班级争了光、你的金点子创新文章在学校获奖，这都说明你也行。再说，学习的目的不仅仅是为了获得老师的赞扬和同学的羡慕，而是为了充实和发展自己，使自己成为有用之材。如果把学习看做是一种负担或是一种义务，那也就失去了学习的意义。”慢慢地，小霞对学习有了兴趣，当学习遇到困难时还会主动向老师和同学请教。后来的几次测验中，她考试都及格了。

最后，班主任还指定一位班干部与小霞交朋友，跟她谈话，鼓励她。小霞很高兴，现在与这位班干部的关系很好。班主任还要求班中同学不要嘲笑小霞，不能说她闲话，还请学习成绩优异的同学帮助她解决学习上的难题。此外，班主任鼓励小霞积极与人交谈，塑造自己良好的个性。现在，小霞和同学的关系和睦多了，也不怕见到老师和同学了。

三、教育结果

经过一段时间，在老师、同学的帮助和小霞自己的努力下，她的精神比以前好多了，开始积极参加班里的各种活动，学习也用功多了。*

* 节选自吴美芹.润滑心灵—逃学行为的矫正。略有改动。

反思驿站

- 请利用本章的行为检测，了解本班学生学习方法是否正确。通过测验，得知本班学生学习方法不当的有多少人？你打算如何帮助他们掌握正确的学习方法？

- 青少年时，你所在的班或年级是否也有逃学的同学？通常老师是怎样解决逃学问题的？青少年时，你的教师所采取的教育策略是否对你教育当前逃学的青少年有所帮助或启发？

- 你认为自己的教育价值观念、教育管理方式、教育方法是否存在不当之处？如果有的话，请结合新课程改革的背景，谈谈你的改进计划。

- 你将采取哪些策略对逃学的青少年进行心理健康教育？

参考文献

1. 陈铭扬.浅析中学生逃学现象[J].四川工程职业技术学院学报.2007（5）：59-60.
2. 黄志法，杨锦平.心灵透析——学校心理辅导案例选粹[M].上海：百家出版社，2002.
3. 纪同英.学习方法指导之我见[J].新作文（教育教学研究），2007（12）：34.
4. 健华.中小学生旷课、逃学行为的心理分析及矫治策略[J].中小学生心理健康教育，2002（2）：24-26.
5. 梁凤静.初中生逃学行为的心理防治[J].山东教育，1999（11）：12-13.
6. 王志勇，李解权，梁亚琼，等.南京地区中学生逃学行为及其与抑郁障碍的流行病学联系[J].职业与健康，2007，23（14）：1188-1190.
7. 韦洪.中学生逃学原因及对策[J].广西教育，2001（Z2）：94.
8. 夏菲.论学校对中小学生逃学的心理预防[J].青少年犯罪问题，1997（5）：11-13.
9. 信凤华.灵活运用教学方法，培养学生学习兴趣[J].中国科技创新导刊，2008（24）：67.
10. 余益兵.初中生逃学行为：基于学校心理学视角的研究[J].现代中小学教育，2006（1）：63-65.
11. 中小学心理健康教育课题组，心理素质教育研究中心.小学生心理素质培养（六年级教师用书）[M].北京：开明出版社，2000.

第九章

吸烟、饮酒问题与教育

我们教小孩子，必须要了解小孩子的心理，若能依据小孩子的心理而施教，那教育必有很好的效果。

——现代教育家 陈鹤琴

章节导读

★ 青少年吸烟、饮酒的心理原因有哪些？

★ 青少年吸烟、饮酒的外部因素有哪些？

★ 吸烟、饮酒对青少年产生的危害有哪些？

★ 青少年吸烟、饮酒的教育策略有哪些？

情境故事

一位饮酒青少年母亲心灵的呼唤

我儿子今年13岁了，刚上初一。我和他爸平日对他管教非常严格，令我们夫妻俩欣慰的是，儿子不但学习成绩好，而且非常听话，总是按我们大人的意愿做事情。他爸为人正直，工作踏实努力，没有什么不良嗜好。我高兴地想，儿子将来肯定能像他爸爸一样，让父母放心，让教师满意，让他人羡慕。

可是，最近我觉得越来越不认识自己的儿子了。不知从什么时候起，他竟然学会了饮酒。经盘问得知，原来儿子自从结识了一群不三不四的小青年以后，就学会了饮酒。我告诉他，饮酒过量会伤害大脑、影响记忆力、造成学习成绩下降，影响正常的生长发育，甚至还可能埋下肝硬化等疾病隐患。谁知儿子的反驳让我瞠目结舌："老妈您真是'老土'？您大概还不知道吧，酒量大小是人们夸耀和攀比的资本呢。难道您不知道'感情深，一口闷，感情浅，舔一舔'吗？喝酒对身体有好处，还能提高办事效率呢。比如说，'酒能活血''酒能御寒壮骨''没有酒办不成事'等等。老妈，您也该学习一下了。"听完儿子的申诉，我简直哭笑不得。

我败下阵来后，动用儿子爸爸以及所有的亲朋好友劝说他戒酒。可是无论我们怎么劝说他、批评他都没用，儿子依旧喝酒，真是气死人了。有一回，他甚至喝得酒精中毒，被送进了医院。可是，他才是个13岁的孩子呀！

在失望和无奈之余，我终于鼓起勇气给“青春热线”写了这封信，希望你们尽快救救我的儿子吧！热切期待着您的回复。

××敬上

×年×月×日

上面母亲所反映的情况，在青少年中并不少见，已经成为一个令全社会关注的重要话题。青少年吸烟、饮酒既是不良行为，也是违纪行为，虽然学校三令五申禁止，但是许多青少年明知故犯，并且人数不断攀升。

在青少年违纪的情况中，吸烟、饮酒占有一定的比例，而且常与赌博、盗窃、打架斗殴等联系在一起，并有滋生蔓延之势，引起学校、教师和家长的困惑和不安。

第一节 问题解析——迷失的青春

青少年吸烟、饮酒是一个备受人们关注的社会问题。造成青少年吸烟、饮酒的原因是多方面的，但是各因素的影响力是不一样的。例如，有调查表明青少年吸烟的影响因素中，社会因素占38%，家庭因素占26%，学校因素占13%，自身原因占23%。青少年吸烟中69%出于好奇心，13%出于追求时髦。

一、青少年的迷失与无知

（一）心理迷失

1. 好奇心理

好奇是人的天性，它既可以激发个体求知探索、发现创造的欲望，也可以引发个体尝试某些不良行为的念头。步入青春期的青少年正处于人生第二个独立和反叛期，他们的自我意识高涨，往往在心理上产生成人感，对成人和社会规则持有反叛和对立的态度，觉得自己已经不是小孩子了，同时对各种事物都充满了好奇，凡事都想试一试。他们模仿性强，自制力差，于是不少青少年在好奇心的驱使下，萌生了尝试吸烟、饮酒的念头，甚至把吸不吸烟、饮不饮酒当做是成熟的标志，由此染上吸烟、饮酒的恶习。

2. 交往心理

我国人民以烟、酒、茶待客是大部分家庭的传统习惯。在当前不良社会风气的影响下，人们为了办事顺利，联络感情，不得不以烟酒引路。把烟酒作为社会交往的敲门砖，这对青少年产生了潜移默化的不良影响，致使有些青少年认为，烟酒可以增进人际交往，使人产生亲近感，提高办事效率，致使烟酒成了人际交往的黏合剂。因而，具有吸烟、饮酒有助于社交这种认识的青少年尝试吸烟率和饮酒率明显高于没有这种认识的青少年。

3. 虚荣心理

一些青少年模仿影视剧中明星吸烟、饮酒的镜头，认为这样时髦、潇洒、有魅力、有个性。有的女生认为，男生吸烟、饮酒是成熟、洒脱、稳重的表现。由于青春期青少年很在意异性对自己的认识和评价，很注重自己在异性心目中的形象，所以不少男生就在这种心理的暗示、鼓励下，为赢得女生的好感而吸烟、饮酒。还有的男生原本不吸烟、饮酒，但看到同学和朋友吸烟、饮酒，觉得自己不这样做显得很另类、不合群，甚至低人一等，于是便加入其中。

4. 消愁心理

青少年涉世不深，社会经验不足，往往对社会抱有较高的期望值。由于主客观方面的原因，青少年不可能事事随心所愿，不免会遇到生活、学习、人际交往等方面的挫折和失败，出现心理失衡，陷入苦闷之中，而烟酒可以麻醉神经，忘却痛苦，解脱烦恼，获得暂时的心理平衡和快乐。于是，他们便借烟酒消愁，以逃避现实，获得精神上的暂时解脱。

5. 逆反心理

《中小学生日常行为规范》第37条明确规定：珍爱生命，不吸烟、不喝酒，不滥用药物，拒绝毒品。学校就此制定了相应的规章制度，教师和家长也时常提醒和教育青少年，但是由于青少年的逆反心理比较强，便故意反其道而行之。他们认为这样做比较刺激、有冒险的乐趣，是勇敢、潇洒的行为，是对教师、家长和学校的挑战和反抗，于是出现了越禁越吸的怪现象。

6. 人格因素

青少年吸烟、饮酒与其人格特征紧密相关。具有反抗性、冲动性、攻击性、自尊感较低、无助感较强、容易焦虑和抑郁、遵从友伴的倾向较强的青少年容易吸烟、饮酒。

7. 信念和态度因素

青少年对吸烟、饮酒的信念和态度是影响其行为的一个重要心理因素。例如，有的青少年错误地认为烟酒能提神，消除疲劳，有助于提高脑力劳动的效率。他们甚至辩驳："许多诗人、作家、科研人员不就是在吸烟、饮酒后才有所创意的吗？""烟酒对身体有害的宣传比较虚假，怎么我周围许多人吸烟、饮酒身体很棒，而有的人虽然不吸烟、饮酒，但是身体却非常虚弱呢。"诸如上述错误信念和态度很容易导致青少年吸烟、饮酒。

（二）烟酒相关知识贫乏

青少年对烟酒本身所含的有害物质及其引发的疾病等相关知识贫乏。王星火等（2008）对北京市64所学校17909名6～25岁学生进行烟草相关知识匿名自填式问卷调查，结果显示：（1）调查对象对烟草中尼古丁、烟焦油、致癌物质苯胺类、一氧化碳、放射性物质等有毒有害成分的认知，回答“都不知道”的报告率依次为：小学10.48%、普通中学7.62%、中专6.38%、职业高中5.70%、大专（大学）1.25%。（2）调查对象对吸烟所致肺癌、气管炎、胃癌、冠心病、脑血管病、糖尿病等疾病的认知，回答“都不知道”的报告率依次为：小学19.48%、普通中学5.93%、中专5.73%、职业高中4.65%、大专（大学）1.91%。（3）调查对象对学校内应禁止吸烟和应禁止未成年人吸烟的观点表示肯定的分别占57.4%和62.9%；另外，仅有52.05%的学生认为学生吸烟有害自己和他人健康。由此可见，还有相当多的青少年对烟草相关知识的了解不够，缺乏健康意识，他们对烟草的态度不容乐观。

（三）零用钱增多

随着我国经济的发展和家庭收入的增加，青少年的零用钱不断增多。如果教师和家长对青少年零用钱的支配缺乏有效的教育和指导的话，就容易导致青少年缺乏合理的消费观念，从而为青少年利用零用钱购买烟酒提供了可能性。

二、同伴的不良影响

人都有合群从众、归属于某一团体的需要。对成长中的青少年来说，获得同龄伙伴的认可、接纳、鼓励、肯定、支持，无疑是特别重要的。在与同伴交往的过程中，大家的行为往往就是准则。如果同伴能做的自己不能做，就很容易遭到同伴团体的排斥；只有在行为上与大家保持一致，才能获得同伴团体的认可和接纳，个体归属的需要才能满足。因此，同伴对青少年吸烟、饮酒行为的影响至关重要，同伴吸烟、饮酒的行为和态度是青少年吸烟、饮酒最有效的预测因素。同伴吸烟、饮酒的青少年比同伴不吸烟、不饮酒的青少年吸烟、饮酒的可能性要大；同伴对吸烟、饮酒持宽容、赞成态度的青少年比同伴持反对态度的青少年吸烟、饮酒的可能性要大；同伴吸烟、饮酒人数多寡也是影响青少年吸烟、饮酒的重要因素。有研究表明，感知到的同伴吸烟、饮酒行为比实际的同伴吸烟、饮酒行为能更好地预测青少年的吸烟、饮酒行为。此外，同伴团体的性质、同伴压力、同伴的选择和影响机制以及同伴依恋与青少年吸烟、饮酒行为之间也有密切联系。

三、家庭生活环境不良

家庭是青少年主要的生活环境。父母的态度、行为等往往成为孩子“无声”的榜样。父母吸烟、饮酒行为，父母对吸烟、饮酒的态度，父母的文化程度，父母对孩子吸烟、饮酒的态度，父母的亲密度，父母监控水平，家庭类型等因素均与青少年吸烟、饮酒相关。例如，父母亲对吸烟的态度相对宽容的青少年吸烟率要显著高于父母亲坚决反对的青少年的吸烟率。与父母均不饮酒和父母不赞成孩子饮酒的青少年相比，父母自身饮酒、默许或赞成孩子饮酒的青少年饮酒的可能性比较大。方华等（2008）的研究表明：西安市青少年吸烟行为除了与吸烟知识和态度有关外，还与母亲文化程度、父母对孩子吸烟的态度、家庭环境、学校环境等因素有关。

四、学校氛围较差

对青少年而言，学校是家庭以外最重要的场所，学校类型、学校风气、学校亲密度、教师行为、学生学习成绩以及校园人际环境等均可影响青少年某些行为问题的发生。与成绩优秀的青少年相比，在学校表现不良的青少年更容易产生吸烟、饮酒以及其他精神活性物质滥用的行为问题。国内外研究均显示：学校亲密度与学生吸烟、饮酒行为密切相关。林丹华等的（2000）研究表明，学校对待吸烟的态度和男教师的吸烟人数与青少年的吸烟行为有极其显著的关系。当学校对吸烟持相对宽容的态度时，其学生的吸烟率明显要高。同时，学校中男教师的吸烟人数与青少年的吸烟行为有显著的正相关，学生感知到的男教师的吸烟人数越多，学生的吸烟人数也越多。此外，如果学校缺乏有效的预防吸烟、饮酒教育，也容易导致青少年吸烟、饮酒。

五、社会上缺乏有效监管

（一）法律、法规监管不力

鉴于烟草、酒精对未成年人的巨大伤害，我国专门制定了法律法规，禁止向未成年人出售烟酒，禁止未成年人吸烟、饮酒。

例如，1991年6月29日颁布的《中华人民共和国烟草专卖法》第五条明确规

经典研究

环境和个体因素与青少年吸烟行为的发生

2008年，北京师范大学发展心理研究所林丹华等选择追踪调查中前测从不吸烟的659个初一、初二、高一和高二学生为研究的有效被试，考察环境和个体因素与青少年吸烟行为发生的关系。结果如下：

一、青少年吸烟行为的发生

本研究发现，在半年的时间里，约9%的青少年开始吸烟，男、女生吸烟发生率分别为18%和3%，成绩较差的学生开始吸烟的人数显著地多于成绩较好的学生。同时，青少年开始吸烟的平均年龄为15岁，开始吸烟者中年龄最小的为12岁。该结果表明，青少年吸烟行为的增长速度非常惊人，吸烟行为预防干预方案的重点人群为男生和成绩较差的学生，由于青少年开始吸烟的年龄普遍偏小，学校禁烟活动应越早开始效果越好。

二、青少年吸烟行为发生的影响机制

环境和个体因素与青少年吸烟行为发生的动态关系表明，同伴因素、母亲吸烟行为、父母对吸烟的态度以及自我肯定、抵制技能和反叛性等个体因素的变化与青少年吸烟行为的发生显著相关。这些结果清晰、深刻地反映了青少年吸烟行为发生的内在发展过程，一方面，青少年是否开始吸烟与其同伴和母亲吸烟行为、父母对吸烟的态度以及同伴直接和常规压力的变化呈现出高度的一致性。这一结果与合理性行为理论的观点相符合，该理论认为个体对重要他人行为和观点的认识与评价是其行为意图的重要组成部分，而行为意图直接对行为的发生发展产生影响。当青少年感知到同伴和母亲开始出现吸烟行为、父母对吸烟的态度变得更纵容、同伴要求吸烟的直接压力变大、反对吸烟的常规压力变小时，青少年更容易开始吸烟。另一方面，自我肯定、反叛性和抵制技能的变化与青少年开始吸烟紧密相关。当青少年的自我肯定评价变低、反叛性一直很高以及抵制技能一直很低时，青少年最容易出现吸烟行为。综合比较各影响因素的相对影响力后发现，同伴的直接压力、父亲对吸烟的态度和反叛性可以显著地预测青少年吸烟行为的发生。

定："国家和社会加强吸烟危害健康的宣传教育，禁止或者限制在公共交通工具和公共场所吸烟，劝阻青少年吸烟，禁止中小学生吸烟。"1999年11月1日实施的《预防未成年人犯罪法》第15条规定："任何经营场所不得向未成年人出售烟酒。"2005年11月，我国商务部在新颁布的《酒类商品零售经营管理规范》中明文规定："酒类经营者不得向未成年人出售酒类商品，且须在营业场所显著位置予以明示。"2007年6月1日起施行的《未成年人保护法》第四章"社会保护"第三十七款中也明确规定："禁止向未成年人出售烟酒，经营者应当在显著位置设置不向未成年人出售烟酒的标志；对难以判明是否已成年的，应当要求其出示证件。任何人不得在中小学校、幼儿园、托儿所、教室、寝室、活动室和其他未成年人集中活动的场所吸烟、饮酒。"

但是，由于烟酒类市场缺乏有效的监管、商家缺乏自律、法律法规操作性和实践性方面存在不足等原因，除少数烟酒类专卖店和厂家专营网点严格执行上述规定外，未成年人仍能在各大商场、超市、餐厅、娱乐场所及售货摊、便利店、食杂店购买到烟酒。有的商场、超市、餐厅、娱乐场所、售货摊、便利店、食杂店即使柜台上放置了"禁止向未成人卖烟"和"禁止向未成年人售酒"的告示牌，也只是摆设而已，这既为青少年吸烟、饮酒提供了外部条件，也为青少年打架斗殴、违法犯罪埋下了祸根。

2007年12月25日，吉林市《城市晚报》报道：2007年12月23日，为了欢度圣诞节，吉林市某中学高二学生小刚（化名）与几名男同学到一家自助餐厅聚会。小刚在大量饮酒后呕吐、嘴唇发紫，继而昏迷。后经医院抢救无效，18岁的小刚永远离开了人间。

2008年元月，宁夏网报道：2007年12月31日晚，15名学生放学后来到佰乐迪KTV唱歌喝酒，一名女生醉酒后竟然闯入男卫生间，此举引起几名成年人的指责，因此发生口角，继而厮打起来，被民警带至派出所。

（二）大众传媒的负面影响

随着大众传媒越来越多地渗透到人们的生活当中，青少年接触传媒的时间也相对增加。由于大众传媒是青少年了解社会信息最重要的途径，因而其对青少年知识、信念、态度、行为的影响极大，青少年容易受到大众传媒的影响。

许多调查已经证实，广告和影视是青少年获得烟酒品牌信息的第一位的途径。

电影、电视剧中的吸烟、饮酒场面，特别是明星和偶像等具有较大公众影响力的人物的吸烟、饮酒、敬烟、敬酒等行为对青少年的吸烟态度、饮酒态度、价值观念以及吸烟和饮酒行为产生潜移默化的影响，是促使或造成青少年尝试吸烟、饮酒的重要助推力。

耳玉亮等（2008）对2004～2005年生产的45部电影、电视剧（包括29部电影和16部电视剧）中的吸烟镜头进行了调查，结果发现：有15部电影出现了吸烟镜头，共计134次，70.7分钟；与国外电影比较，国产电影每片吸烟镜头数较高，吸烟镜头总时间较长，但一次吸烟镜头持续时间较短。有10部电视剧出现了吸烟镜头，共计485次，628.5分钟。电影电视剧中吸烟角色绝大多是成年男性，吸烟场景国产电影多为家庭，占34.4%，国外电影多为休闲娱乐场所，占45.5%。可见，电影、电视剧中吸烟镜头出现比较频繁，尤其是国产电影、电视剧，这对预防和控制青少年吸烟是极为不利的，因此，我国急需加强对电影、电视剧的管理，力争为青少年创造无烟影视环境。

2008年，由厦门市贸发局“关工委”、厦门市酒类同业工会等机构联合开展的、“为下一代健康成长，让未成年人远离酒品”为主题的、厦门市未成年人饮酒行为的调查表明：有52%的学生通过电视了解饮酒及品牌；有6%通过报刊认识酒；5.7%通过网络结识酒。在我国酒类商品的广告宣传内容方面，对于酒会对人产生的危害性极少提及，更难以见到禁止未成年人饮酒的内容。

第二节 教育策略——循循善诱

青少年正处于生长发育期，心理发展尚未成熟，身体各器官对烟酒中的有害物质极为敏感，吸烟、饮酒对青少年生理、心理造成的不良后果比成人严重得多。由于青少年吸烟、饮酒人数不断增加，因此，采取有效的预防和干预措施刻不容缓。由于学校是青少年学习、生活和活动的主要场所，因此，学校是对青少年进行禁烟、禁酒教育的主要阵地。

知识窗

青少年吸烟行为的预防和干预

目前，西方以学校为基础的吸烟预防和干预措施主要包括以下四种模式：

1. 健康教育干预模式

该模式将预防和干预的重点集中在吸烟对健康有长期的负面影响上，强调提高学生对吸烟长期危害的认识。但是，这种干预方法的效果令人失望，绝大多数研究结果表明，该模式对学生的吸烟行为没有或只有轻微的影响。

2. 社会影响干预模式

该模式从心理学层面出发，强调让青少年了解对吸烟行为有重要影响的社会因素，教给青少年识别引诱他们吸烟的社会因素，并提高抵制这些因素的技能和方法。一些基于该模式的实证研究收到了较好的效果。追踪研究表明，干预组的吸烟人数要大大少于控制组。

3. 生活技能干预模式

这种模式将个体的一般心理特征引入干预方案，强调教给青少年一般的生活技能、沟通技能以及社会技能等，在发展个体一般的生活应对技能的同时，也提高他们抵制吸烟的特定能力和认识。以此为基础的预防和干预研究也收到了较好的效果，一些研究表明，后测中实验组吸烟人数少于控制组，实验组学生表现出更多的为人所接受的个性特征。

4. 认知发展干预模式

这种模式认为以上三种干预方法都忽视了个体吸烟行为的发展过程：个体从不吸烟者变成一个经常吸烟者平均需要两年的时间，要经历很多阶段和过程，但上述的干预法只将重点集中于开始阶段，也就是从从不吸烟到第一次尝试的过渡。因此，在青少年发展为经常吸烟者的过程中，它们错失了许多干预的机会。同时，该模式针对以上三种干预方法忽视青少年使用抵制技能动机的问题，提出干预的重点应集中在改变青少年的认知上，通过让青少年合理地解释吸烟与同伴友谊、情绪应对和成熟的关系，来达到干预的目的。美国威斯康辛实验结果表明，在即时后测、6个月的后测和18个月的后测中，实验组学生比控制组学生尝试吸烟的可能性小，且后两次的差异都达到了显著的水平。

（方晓义，林丹华，2003）

行为检测

酒精依赖疾患识别测验

指导语

请仔细阅读下列各题目，然后在适合自己实际情况的答案上划“√”。

1. 你喝酒的次数为多少？

（0）从不　（1）每月约1次　（2）每月2～4次　（3）每周2～3次

（4）每周4次以上

2. 在喝酒的那一天中所饮的酒量为多少“杯”？

（0）1或2杯　（1）3或4杯　（2）5或6杯　（3）7～9杯　（4）10杯以上

3. 每次喝6“杯”以上的次数为多少？

（0）从不　（1）每月不到1次　（2）每月1次　（3）几乎每周1次

（4）每天或几乎每天1次

4. 是否一开始喝酒就无法立即中断？这种情况在最近一年有几次？

（0）从不　（1）每月不到1次　（2）每月1次　（3）几乎每周1次

（4）每天或几乎每天1次

5. 你有没有因为喝酒而贻误了该做的事情？这种情况在最近一年中有几次？

（0）从不　（1）每月不到1次　（2）每月1次　（3）几乎每周1次

（4）每天或几乎每天1次

6. 在一次大量饮酒后，你是否需要在次日早上喝一些酒才能正常生活？这种情况在最近一年中有几次？

（0）从不　（1）每月不到1次　（2）每月1次　（3）几乎每周1次

（4）每天或几乎每天1次

7. 你会不会在饮酒后感到内疚或后悔？这种情况在最近一年中有几次？

（0）从不　（1）每月不到1次　（2）每月一次　（3）几乎每周1次

（4）每天或几乎每天1次

8. 你会不会因为喝酒而回忆不起前夜所发生的情况？这种情况在最近一年中有几次？

（0）从不　（1）每月不到1次　（2）每月1次　（3）几乎每周1次

（4）每天或几乎每天1次

9. 你有没有因为喝酒而使本人或他人受到损伤的情况？

（0）没有　（2）有，但不在过去一年　（4）有，是在过去一年中

10. 亲朋好友、医生或其他卫生工作者有没有关心过你的饮酒问题，并劝过你戒酒？

（0）没有　（2）有，但不在过去一年　（4）有，是在过去一年中

* 饮酒中含有酒精10克为"一杯"，如250ml啤酒、一小盅（15ml烈酒）、一玻璃杯葡萄酒或黄酒。

酒精依赖疾患识别测验

评分与解释

将10个题的得分相加，即得出问卷总分。问卷总分≥8，说明被测者具有酒精依赖疾患。通常说来，前3个问题高分而其余不见高分者则提示严重危害性饮酒；问题4、5、6高分则表示酒精依赖；最后部分高分则说明酒精有伤害。

（汪向东，王希林，马弘．心理卫生评定量表手册增订版．

中国心理卫生杂志社，1999.349-351）。

一、提高青少年对吸烟、饮酒危害性的认识

不论青少年因何种原因而吸烟、饮酒，都与他们对吸烟、饮酒危害性的认识不足密切相关。因此，学校要加强对青少年吸烟、饮酒危害性的宣传教育，让青少年认识、了解吸烟、饮酒的危害性。学校教育的方法很多，教师既可以在生理卫生课中添加有关吸烟、饮酒危害性的内容，也可以通过录像、动画、小品表演、板报、宣传海报、专家讲座、漫画大赛、知识竞赛、宣传画、小册子、校园网、讲故事、歌谣、电话咨询热线等方法向青少年宣传吸烟、饮酒的危害，提高他们对吸烟、饮酒危害性的认识。下面，介绍其中的四种方法。

（一）小册子

学校可以组织教师编写关于青少年戒烟、戒酒的自我帮助手册，并向青少年发放，确保每人一份。戒烟、戒酒自我帮助手册应该包括以下主要内容：介绍吸烟、饮酒对身心健康的危害和尼古丁、酒精的成瘾性；鼓励青少年了解吸烟、饮酒的影响因素和产生吸烟、饮酒行为的情景或场合；帮助青少年确认其目前吸烟、饮酒行为是生理依赖还是心理依赖；讨论戒烟、饮酒的原因，激发青少年记录自己戒烟、戒酒的过程。自我帮助手册，要有理有据，图文并茂，通俗易懂。为了提高青少年的认识程度，帮助其树立戒烟、戒酒的信心和决心，自我帮助手册应穿插大量真实、生动的因吸烟、饮酒而影响身心健康，甚至是违法犯罪的案例，给青少年造成一种对烟酒的警惕心理。自我帮助手册用激励的方法激发青少年自己采取戒烟、戒酒行为，在很大程度上能够降低青少年的抵触情绪和逆反心理，便于青少年接受，从而确保戒烟、戒酒的可行性。

（二）歌谣

歌谣，琅琅上口，便于记忆。教师既可以向学生介绍已有的关于戒烟、戒酒的歌谣，也可以自己动手编写。例如，教师可以向学生介绍20世纪90年代在台湾比较流行的《戒烟歌》：

当地烟，外国烟，成瘾苦海都无边。前人唱，后人和，饭后一支，神仙生活，错！错！错！烟如泪，人苦透，咳嗽气喘罪受够。喜乐少，愁苦多。一朝上瘾，终身枷锁，莫！莫！莫！

（三）小品表演

教师可以通过下列小品表演的形式，让学生认识吸烟的危害性。

（教师挑选三名学生，一名扮演大夫甲，一名扮演大夫乙，一名扮演病人。舞台一分为二，一半为内科，一半为外科，各坐着一位大夫）

大夫甲：下一个，3号！

病人（3号）：（扮成成人模样，手里拿着燃着的香烟，耳朵上还夹着一支烟，摇摇晃晃地走进内科门诊）唉，来了（走到大夫面前，坐下）。

大夫甲：哪里不舒服？

病人：大夫，我胸痛，气喘，咳嗽，浑身没劲，不想吃饭……

大夫甲：（用听诊器听了一下胸部）先透视一下再说（说完后开透视单，交给病人）。

（病人一手拿着单子，一手拿着烟，走进放射科）

大夫乙：请过来，把烟掐掉，脱去外衣，站好（病人做接受透视的动作）。

大夫乙：哎哟！你的肺部有黑洞！（病人吓得坐在地上，过了好一会才起来）这两片肺像蜂窝似的，全让烟给熏黑了。你从多大开始抽烟的？

病人：12岁！

大夫乙：你可能患了肺癌，得进一步进行检查。

病人：大夫，我还有救吗？以后我再也不抽烟了！（说完，把烟狠狠地扔在地上）

（表演到此结束）

小品表演完以后，教师除请表演的同学谈自己的感受外，还可以请观看小品的同学谈观后感。而后，教师可以组织全班同学讨论吸烟的危害。

最后，教师进行总结。教师要根据同学们讨论的结果，概括、提炼吸烟的危害。此外，教师还可以根据同学们讨论的结果，适当补充吸烟的危害。在此，教师要进一步提醒同学：吸烟不仅违反校规、校纪，要受到处罚；更重要的是吸烟严重影响个人的身心健康，是人类健康的大敌。同学们不但自己不应该吸烟，而且应该对周围的吸烟者进行劝阻。

（四）录像

为增加直观性，可以以学校或班级为单位，组织青少年观看宣传吸烟、饮酒危害的录像片或资料，使青少年进一步了解吸烟、饮酒的危害性。

知识窗

青少年吸烟的危害性

第一，吸烟对身体的危害。大部分烟经过气管进入肺，通过血液循环到达全身各部位，少量的烟经过唾液进入消化道。吸烟会造成缺氧，加重心脏负担，损害青少年智力的发育，导致心血管疾病，造成青少年记忆力下降，精神不振，自然学习成绩也就不好。除此，烟中的毒素还会破坏皮肤中胶原蛋白的形成，加速皮肤松弛和皱纹的出现，让人的青春早逝至少5年。尼古丁通过血液循环在中枢神经形成“尼古丁”受体，该受体缺少了尼古丁，吸烟者就会焦虑不安，这就是吸烟者明知烟有害，却欲罢不能的原因。医学研究表明：人体的任何部位都不能幸免于吸烟的危害，吸烟不仅与肺癌、喉癌、胃癌等多种癌症关系密切，而且也与慢性气管炎、肺心病、高血压、动脉硬化等呼吸系统和心血管疾病密切相关。孕妇吸烟或被动吸烟的婴儿，更易出现婴儿猝死综合征、低体重、发育迟缓等，而且吸烟引起的疾病直接与烟龄、吸烟量等因素有关。青少年正处在身体发育和成长时期，各器官系统尚未发育完善，仍处于稚嫩、敏感、抵抗力差的状态，各种毒物的吸收比成年人要容易，所以中毒更深，更易患各种与吸烟有关的疾病。

第二，吸烟影响中学生不良心理品质的滋长。在实际生活中，一些不肯刻苦学习的中学生，思想空虚，常在吸烟中消磨时间。那些沾上赌博、逃学等不良行为的中学生，多数会抽烟。可以说，吸烟容易成为其他不良行为的媒介。

第三，吸烟加重经济负担。烟需要花钱去买，而青少年无独立经济来源。同时，在人际交往中吸烟，易交上坏朋友。因此，中学生吸烟容易成为走向违法犯罪道路的诱发因素。

另外，吸烟还会污染环境、引起火灾。据统计，目前1/4～1/3的火灾是由吸烟引起的，一个小小的烟头，就能使珍贵的森林资源化为灰烬，高楼大厦化为一片废墟，夺走人宝贵的生命，给人类造成重大的损失。

（hppt://www.yongyao.net/newshtml/51409e57-e901-4c89-8cfa-0d0e142d7e39.htm）

知识窗

青少年饮酒的危害性

对于成年人来说，适量饮酒能起到舒筋活血、精神振奋的作用。但是，如果饮酒过量，酒中的各种有害物质则会对人体造成损伤。研究发现，过量饮酒对人造成的身心危害主要有：损伤人的神经及脑功能；引起性机能异常；造成对肝脏的伤害；对眼睛造成损害；引起心脏、心血管、消化道病变；过量饮酒还会造成中毒死亡。据有关资料统计，全世界每年有1500万至2000万人酗酒，其中10%至20%的人有不同程度的酒精肝。我国酒精性肝病的患病率达4.34%；在食道癌患者里，过量饮酒者占60%以上。全世界每年死于酒精中毒的达到几十万人，因酗酒而引发的过失行为和暴力犯罪更是不胜枚举。对正处于身心发育期的青少年来说，酗酒中毒对他们的身心造成的损害程度更加严重。

（陈天祥，2008）

二、增强青少年抵制不良诱惑的能力

“近朱者赤，近墨者黑。”绝大多数青少年是在他人的影响或引诱下开始吸烟、饮酒的。因此，教师要关心青少年成长的周围环境，注意青少年交往的朋友，恰当引导青少年交往，帮助青少年学会辨别什么是合理的需要以及什么是诱惑，培养他们坚强的毅力，增强他们高度自制、抵制不良诱惑的能力。例如，教师可以向青少年讲述奥德赛的故事，让青少年懂得抵御诱惑的重要性。

《荷马史诗》中描述了这样一个古老的关于抵御诱惑的故事：奥德赛与船员驶过海峡时，半人半鸟的海妖唱起了美妙动人的歌曲，她想以歌声诱惑奥德赛，使航船触礁毁灭。奥德赛非常喜欢听优美的歌曲，却又不想让航船离女妖太近。他采用了一个非常聪明的计策：他命令手下的人把自己捆在桅杆上，不论怎样求饶也不松绑。然后，他命令手下的人用蜡烛把他们自己的耳朵堵上，使他们牢记命令而听不到女妖的歌声。就这样，奥德赛一举两得，既听到了歌声又安全地驶过了海峡。

教师要告诉青少年：人有各种各样的需要（自然需要、社会文化需要、物质需要、精神需要等），需要是人活动的基本动力，是个体积极性的重要源泉。动机是指引和维持个体活动并使活动朝向某一目标的内部心理过程或内部动力。人的各种活动是在动机的指引下并向着某一目标进行的。需要是动机产生的重要基础，当个体某种需要没有得到满足时，它就会推动个体去寻找满足需要的对象，从而产生活动的动机。动机的产生除了个体的某种需要外，诱因或诱惑的存在也是一个重要的条件。所谓诱因是指能够激起个体的定向行为，并能满足某种需要的外部条件或刺激物。在动机中，需要和诱因是紧密联系的。需要比较内在、隐蔽，是支配个体行动的内部原因；诱因是与需要相联系的外界刺激物，它吸引个体的活动，并使需要有可能得到满足。然而，有的需要的满足，可能只会带来眼前一时的快乐或满足，符合当前的利益，而不能符合未来或长远的利益，甚至会造成重大损害。以上述奥德赛的故事为例，海妖美妙动人的歌声是诱因，奥德赛非常喜欢听优美的歌曲是需要。如果奥德赛听海妖动听的歌声，满足自己当时对美的欣赏的需要，就会危及全船人的生命。可贵的是，奥德赛采取巧妙的办法，抵制了海妖的诱惑，值得青少年学习。

当青少年面对吸烟、饮酒的诱惑时，教师应该如何帮助他们驾驭自我、控制自我，成功地抵制诱惑呢？教师要教导青少年学会说“不”。例如，教师可以向青少年讲授一种A-S-T说“不”三步法。A-S-T是三个英文单词的缩写。A-ask，提出问题。当别人提出吸烟、饮酒的要求或建议时，你要问一下自己：这个要求或建议合理吗？正确吗？可行吗？应该做吗？这是考验自己能否做出正确选择的重要一步，也是抵制诱惑的重要一步。在此环节中，一定要放长眼光，三思而后行，不能局限于眼前的利益或好处。S-say“NO”，如果分析后觉得这是一种诱惑，不能做、不该做，就要勇敢地说“不”。在此环节中，要讲究说话的技巧。T-think，想出替代方式。在拒绝诱惑的同时，可以提出一个健康可行、可供选择的替代方式，还可以给对方一个较好的建议。

三、帮助青少年掌握科学、正确的戒烟、戒酒方法

科学、正确的戒烟、戒酒方法可以有效地帮助青少年戒除烟酒，为此，教师可以直接向青少年传授以下戒烟、戒酒的方法。

（一）戒烟方法

1. 主动戒烟十二法

(1) 特意在一两天内超量吸烟，使人体对香烟的味道产生反感，从而戒烟；或在患伤风感冒没有吸烟欲望时戒烟。

(2) 想象自己在吸烟，同时想象令人作呕的事情（比如你手中烟盒或香烟上有痰渍等）。

(3) 将戒烟的原因写在纸上，经常阅读；如有可能，尽量补充新内容。

(4) 将想购买的物品写下来，按其价格计算可购买香烟的包数。逐日将用来购买香烟的钱储存在"聚宝盆"内。每过一个月，清点一次钱数。

(5) 同朋友打"赌"，保证戒烟。当然，这要用自己的烟钱作为"赌注"。

(6) 不整条买烟。

(7) 不随身带烟、火柴或打火机。

(8) 每周换一种牌号的香烟，但新牌号香烟的焦油含量必须低于原牌号香烟的焦油量。

(9) 经常思考烟雾中的毒素可能对肺、肾和血管造成的危害。

(10) 观察烟味对呼吸、衣服和室内陈设造成的影响。

(11) 考虑一下你的行为对家庭其他成员造成的危害，他们正在呼吸被污染了的空气。

(12) 问自己你的健康对你父母、亲朋是否重要。

2. 药物治疗法

缓释盐酸安非他酮、尼古丁口胶、尼古丁吸入剂、尼古丁鼻腔喷雾剂和尼古丁贴片五种一线药物可以帮助青少年戒烟。青少年在利用药物尝试戒烟的过程中，必须有坚强的意志和戒烟的毅力与决心，否则容易因为意志不坚定而导致戒烟失败。著名作家杰克·伦敦说过："戒烟最容易，我戒过一千次。"这说明他是个戒烟失败者。伟大的革命导师列宁也曾是一位烟瘾不小的烟民，但是他立志戒烟，毫无反复就成功了。

3. 尼古丁替代疗法

可用尼古丁贴片，作用是减少戒断症状的严重程度。有研究证明，安非他酮和尼古丁贴片联合使用明显要比单用尼古丁贴片更有效。

（二）戒酒方法

1. 写作法

青少年通过写作可以巩固学到的知识。写作既可以是与饮酒有关的资料的读后感或观后感，也可以是作文、书信等。例如，教师可以鼓励青少年给饮酒的亲戚朋友写信，向其介绍饮酒的危害。

2. 小组活动法

小组活动法是将饮酒的青少年组成一个小组或让全班同学参加关于饮酒的调查，调查的内容包括饮酒的危害性、饮酒的影响因素、戒酒的措施等方面，通过亲身实践，可以改变青少年不正确的观点、态度和行为。

3. 公开承诺法

公开承诺法是与写作和小组活动相关的活动。例如，教师可以让学生写一份“不要饮酒”的倡仪书或公开信，并让每个学生在全体同学面前宣读。这样，全体同学能够监督个体的言行，提高学生戒酒行为的自觉性。

4. 厌恶疗法

厌恶疗法是一种帮助人们（包括患者）将所要戒除的靶行为（或症状）同某种使人厌恶的或惩罚性的刺激结合起来，通过厌恶性条件作用，达到戒除或减少靶行为出现的目的。这一疗法也是行为治疗中最早和最广泛被应用的方法之一。在临床上多用于戒除吸烟、吸毒、酗酒、性行为异常和适应不良性行为，也可以用于治疗某些强迫症。

厌恶刺激可采用疼痛刺激（如橡皮圈弹痛刺激和电刺激）、催吐剂（如阿朴吗啡）和令人难以忍受的气味或声响刺激等，也可以采取食物剥夺或社会交往剥夺措施等，还可以通过想象作用使人在头脑中出现极端憎恶或无法接受的想象场面，从而达到厌恶刺激强化的目的。

例如，要戒除青少年饮酒的不良行为，教师可以通过各种途径了解饮酒青少年厌恶的气味或声音，然后让青少年在饮酒念头产生时想象自己厌恶的气味或声音，造成对酒的厌恶反应，从而阻止并消除原来饮酒的不良行为。

上述“主动戒烟十二法”中的第一、第二个方法实质上就是利用了厌恶疗法。此外，还可以采用“戒烟糖”“戒烟漱口水”等，都可以直接或间接地使吸烟的青少年在吸烟时感觉到一种难受的气味，而对吸烟产生厌恶感，以至最终放弃吸烟的不良行为。

四、加强青少年健康教育的力度

仅仅让青少年明白吸烟、饮酒的危害，提高认识水平是远远不够的，学校、教师要综合运用各种方法，加强对青少年健康教育的力度。

例如，学校可以开设综合课，从历史知识的角度让学生明白鸦片战争对我国造成的影响，从化学知识的角度分析烟、酒的成分，从生物知识的角度分析吸烟、饮酒对呼吸道、心、脑、血管以及其他器官的危害，从经济学的角度分析我国为什么征收消费调节税等。通过综合知识的分析，引导学生调整消费结构，合理消费，文明消费。

教师还可以采用苏格拉底对话教学法。苏格拉底对话教学法是一种由教师提问，引导学生学习相关的吸烟、饮酒预防知识的教学方法。通过该教学方法，能够减少学生对吸烟、饮酒知识的抵触并鼓励学生讨论，在小组成员中达成一致的意见。该教学方法与教师简单地告诫学生吸烟、饮酒有害，不能吸烟、饮酒相比，比较容易被学生理解和接受。

学校领导和教师要为人师表，不吸烟、不饮酒。在学校显著位置要竖立“禁烟”“禁酒”警示牌，张贴“禁烟”“禁酒”标示，提出“远离香烟”“远离酒”的宣传口号，禁止校园内一切吸烟、饮酒的行为。另外，学校和教师可以有意识地培养、指导青少年形成交流、讨论、分析信息的习惯。例如，开展吸烟、饮酒行为的主题班会，对学生接收的信息加以正确引导，消除其负面影响，增强学生的分辨能力和道德判断能力，对学生个体产生潜移默化的导向作用。此外，教师可以向青少年介绍一些与戒烟、戒酒有关的网站、书籍等，鼓励青少年在戒烟、戒酒遇到问题时及时向家长和老师求助。学校可以以班级或年级为单位建立戒烟、戒酒帮助小组，也可以利用校园网建立戒烟、戒酒网站或设立戒烟、戒酒版块，使吸烟、饮酒的青少年能够便利地获得戒烟、戒酒的各种知识和帮助。

五、引导家长采取恰当的教育方法

青少年戒烟、戒酒离不开家长的支持和配合，教师应引导家长采取恰当的教育方法，以巩固、维持和提高学校教育的效果。

（一）家长应宽容青少年

当发现孩子吸烟、饮酒时，教师应引导家长和孩子适时、客观、开诚布公地谈一谈，不要用“恐吓”的方法，更不要动辄打骂孩子，而应采取宽容的态度，让孩子明白什么样的行为要鼓励，什么样的行为要纠正。这是因为“恐吓”和打骂不仅不能使青少年对烟酒产生免疫力，相反会激起他们的“逆反心理”，出现“不让我吸烟，我偏要吸烟”“不让我饮酒，我偏要饮酒”的想法和行为。在交谈过程中，家长不要自己滔滔不绝地讲，而要给孩子发言的机会和权利，要耐心听听孩子自己的想法。

宽容是一种美德，是亲子间互赠的礼物。父母在青少年犯错误的时候适当地给予谅解、宽容，往往比一味地批评、训斥和处罚，更能让他们心悦诚服并建立对父母的信任，从而促使其弃邪归正。例如，教师可以向家长介绍印度民族英雄甘地戒烟的故事。

印度民族英雄甘地在回忆自己成长经历时说过:“是父亲那崇高的宽容挽救了我。”原来，甘地青少年时，由于好奇，染上了烟瘾，后来发展到偷兄长和家臣的钱买烟抽，而且越陷越深。渐渐地，他觉察到自己偷别人的钱、背着父母抽烟的行为太可耻了，他便把自己的整个堕落过程写在了笔记本上，鼓足勇气，交给了父亲，渴望得到父亲的严厉批评、惩罚，以减轻内心的痛苦。

父亲看后，非常生气，心情十分沉痛，但并没有责备他，只是流下了伤心的泪水，久久地望着儿子。甘地看到父亲痛心的样子，受到极大的刺激，从此，他痛下决心，彻底改正了错误，走上了正路。

甘地的故事说明了宽容的力量。在青少年有了过失而诚心主动地认识错误并向父母沟通时，父母应当以宽容的态度给青少年心灵上的抚慰，这样，青少年不仅敢于承认错误，而且敢于敞开心扉与父母沟通。

（二）家长应给青少年树立榜样

成年人吸烟、饮酒虽然“合法”，但对孩子影响最大，作为父母应非常注意自己的言行，才能为孩子树立良好的榜样。首先，家长自己对吸烟、饮酒应持正确的态度，要正确认识吸烟、饮酒对青少年的危害。其次，如果父母吸烟、饮酒的话，应自己先戒烟、戒酒，然后再教育青少年不要吸烟、饮酒。最后，在家庭中不兴敬烟、劝酒之风。即使是逢年过节，亲戚、朋友欢聚，也不要互相敬烟、劝酒。只有这样，才能为孩子创造一个有利于健康成长的清新环境，真正地把他们从烟雾、酒精中解放出来。否则，如果家长对子女吸烟、饮酒采取无所谓、默许甚至赞同的态度，如果家长每天吞云吐雾、毫无节制，甚至当着孩子耍酒疯，那么，家长对子女的教育将大打折扣。

（三）鼓励家长与孩子进行“代际交流”

如果家长觉得自己与孩子面对面交流比较困难的话，教师可以鼓励家长与青少年进行“代际交流”。所谓“代际交流”就是家长与青少年互相写信表达彼此对吸烟、饮酒的认识、态度以及对彼此的期望，进行良好沟通，达到双向教育与促进健康行为形成的目的。也就是说，通过“代际交流”，可以使亲子双方了解彼此的内心世界，增进亲子间的了解，便于亲子双方达成控烟、控酒的共识，从而有效预防和干预青少年的吸烟、饮酒行为。

此外，为了确保家庭教育的效果，教师要经常和家长沟通，向家长反映青少年在学校的情况，家长也应及时向教师反映孩子在家的表现。同时，家长还要有意识地询问孩子零花钱的去向，在经济上为孩子把好关。

六、开展控烟、戒酒同伴教育

青少年时期是个体逐步脱离父母影响，而趋于接受同伴影响的时期。此时，同伴关系在青少年的心目中占据了较为重要的位置，出现寻求同伴认可、接纳的倾向。为了得到同伴的认可和接纳，青少年容易受同伴、同伴团体行为或规范的压力，与其行为或规范趋同。

由于同伴吸烟、饮酒的行为与态度、同伴数量、同伴直接或间接压力与青少年吸烟、饮酒密切相关，所以可以在学校内开展控烟、戒酒同伴教育。研究者对英国 10730 名中学生的研究结果显示，曾有不规律吸烟的学生经过一个同伴教育后，其每周吸烟率可以下降18.2%。为此，教师要关注吸烟、饮酒青少年交往的朋友，对班级干部、“学生头”“伙伴头”进行有关吸烟、饮酒有害身心健康知识的教育，进行审美观、拒绝递烟和劝酒技巧的教育和培训，再由他们去影响其他伙伴或同学。安徽省健康教育所在两所学校开展了以“同伴教育”和“生活技能培训”为主的干预实验，结果表明：通过18个月的干预实施，中学生有关吸烟危害健康的知识知晓率由调查时基线的39.2%上升到64.4%；态度正确率由43.0%上升到53.7%；中学生习惯吸烟率由4.3%下降到0。

对于因要取得异性关注而吸烟、饮酒的青少年，可以采取异性劝阻的方法，帮助其戒烟、戒酒。例如，李建等（2000）曾以班为单位开展女生劝说男生远离吸烟的活动，结果显示对青少年的效果比较明显。

七、做好青少年的心理咨询工作

因为青少年吸烟、饮酒主要是由于烦躁、无法解脱苦闷、虚荣、逆反等心理因素。为此，教师特别是心理咨询老师要寻根溯源，要在尽可能的条件下多了解学生的想法和感受。让学生诉说，宣泄自己的情绪本身就是减缓其心理压力的好方法。学生在诉说时，教师要认真倾听，并适时给予“嗯、好、原来这样”等反馈。如果学生的想法、感受有不当之处，教师要及时指出，并给予正确的引导。此外，教师要告诉青少年减缓心理压力的正确方法，比如，听轻音乐、看课外书、昂首阔步地走一段路、和好朋友聊聊天、写日记、跳舞等。

宁夏大学附属中学杨惠琴老师曾设计了一节“做一名受异性欢迎的人”的心理活动课，让女生写出自己喜欢和不喜欢的男生的特点。很多女生把吸烟列入不喜欢的范围之内，并认为这是男生在故意装酷、显示自己并指出吸烟男生在女生心目中的地位，尤其指出烟臭、口臭给人带来的恶心感受，以及对吸烟学生的鄙视，使吸烟学生受到了极大的震动，因为异性同学的评价比教师的说教效果好得多。同时，杨老师又组织了“艺术家与吸烟”的讨论，端正了“吸烟具有艺术家的派头”的错误认识。譬如，讨论会上一个学生说：“我原以为女生比较欣赏男生吸烟，真没想到女生这样看待吸烟男生。”

八、丰富青少年的课余生活

学校的图书室、阅览室不但应该购买丰富多样的适合青少年阅读的书籍，而且应该延长开放时间；课外活动时间，体育器械应全部对青少年开放；学校要定期举办演讲比赛、朗诵比赛、校运会；组织青少年参加劳动、军训；请知名人士给学生做报告等。学校既要组织丰富多彩的课外活动，又要鼓励青少年参加，让他们在活动中找到自己的朋友和位置，放松身心，这样既可以防止他们因无聊而去寻求不良的朋友和吸烟、饮酒的刺激，也能让他们把紧张的学习生活过得有声有色。

第三节 教育个案——我与学生签协议

一、典型个案

小迎，男生，是一名刚从县城中学转学的初二学生。据他的前任班主任介绍，他学习成绩中等，短跑很好。转学不到一周，小迎就被政教处孙主任发现晚上在厕所里偷偷吸烟。于是，孙主任将其交给班主任张老师处理。

二、教育过程

下面，就是张老师对小迎的教育过程。

晚自习后，我悄悄地叫他出来。我找了一间没人的办公室让他坐下，我盯着他问：“每天晚上你休息得好吗？”他小心翼翼地说：“挺好的。”看来他撒谎的毛病又犯了。“真的吗？”我反问了一句。他低下头“喏”了一声。“晚上厕所见。”我对他说，看他脸上有什么表情。他的脸“腾”地一下红了，头更低了。

> 可取之处：
> 没有当众批评小迎，而是与他单独谈话，给小迎留面子，保护了小迎的自尊心。

“是真的吗？”我提高了声音。“是。”他小声地说。“很好，这才是一个男子汉，要勇于承认自己所做的事情。”我停顿了一下，话锋一转：“我知道你的短跑很好，文化课成绩也可以，我感觉你完全可以走体育特长这条路。以你的条件再加上系统的训练，你的实力会更强的。”他抬起了头，眼睛里有了光彩。

> 可取之处：
> 肯定小迎的优点和长处，并以此激励小迎，指明其未来发展之路，提高了小迎的自信心。

“找出一条适合自己走的路，然后竭尽全力去走，你一定能成功的。”我斩钉截铁地对他说。

他不放心地问：“我能行吗？”

“行，一定行。”我看着他，肯定地说。

“只是现在是初二，是掌握文化基础知识的时期。努力让自己的文化课不至于落后，你有没有信心？想不想考上重点高中？想不想让自己的人生更精彩？”

“想。”他有点激动地回答。

“那么就使出你的全部力气，集中精力搞好学习吧！我们签一个君子协定，好吗？”

“君子协定？”他疑惑地看着我。

“对，以前的事情我既往不咎，全力以赴支持你的学习；你呢，也放弃以前，全心全意向着自己的目标往前冲。现在的你就是一张白纸，我想看看，你会给自己的人生留下怎样的痕迹。敢不敢签？”

“敢，怕什么！”

我拿出信纸，郑重地书写了协议的内容，然后签上我的名字，把纸推到他的面前。“你可想好了，当你签下自己的名字之后，就要与以前彻底决裂。每天勤奋刻苦，努力学习，你能吃这样的苦吗？”

“我能。”他也郑重地写下了自己的名字。

> 可取之处：
> 经过师生双方协商后签订的君子协议，不但能约束小迎的行为，而且能提高其行为的自觉性。

“这样好不好，协议一式两份：你一份，时刻告诫自己；我一份，不断提醒你。”他答应了。我把我的那份小心地折叠好，放在了玻璃板下。他也折起，放好。

“协议好签，以后就看行动了。”我拍拍他的肩膀，他紧闭着嘴巴，用力点了点头。我知道他是在给自己力量。

三、教育结果

平静地过了一个多月，期中考试结束了。我赶快看他的成绩：班级第9名，进步了8个名次。我的喜悦绽放在心中，孩子，你是一块玉啊！

之后，我收到了他写给我的纸条：“老师，正是您在路径窄处留一步让我走，送给我一份信任与鼓励，才让我明白，其实我原来还有优点。是您让我看到了希望。那份协议会时时刻刻提醒我、陪伴我的。”他还题了几句诗：

既然已选择了出发，
前进是唯一的指令，
尽管山重水复，
必将柳暗花明。*

* 节选自张爱霞．我与学生签协议．新课程·中学，2008年1月8日，略有改动。

反思驿站

- 请利用前面的酒精依赖疾患识别检测，了解本班学生酒精依赖情况。针对本班酒精依赖的学生，你打算采取哪些对策帮助他们解除对酒精的依赖？

- 你是否吸烟、饮酒？如果你吸烟、饮酒或者是既吸烟又饮酒的话，你对吸烟、饮酒有何认识或感受？你是否曾计划控烟、戒酒？你控烟或戒酒是否成功？你认为自己控烟或戒酒成功或失败的原因是什么？对此，你有哪些经验、教训可以与学生分享？

- 针对吸烟、饮酒的学生，你以前采取何种教育对策？本章所介绍的对策与你以前所采取的对策相比，有何优点或不足之处？

参考文献

1. 陈天祥.浅谈防范未成年学生酗酒的必要性与措施[J].希望月报，2008（5）：22-23.
2. 耳玉亮，刘峥，高维，等.2004-2005年电影电视剧中吸烟镜头调查[J].中国健康教育，2008，24（9）：719-720.
3. 方华，李小妹，王娣妙.西安市青少年吸烟的影响因素调查[J].护理研究，2008，22（4）：1060-1061.
4. 方晓义，林丹华.青少年吸烟行为的预防与干预[J].心理学报，2003，35（3）：379-386.
5. 姜长青.行为疗法之厌恶疗法[EB/OL].
[2007-05-23]http://www.xinli110.com/liaofa/ywlf/200705/27331.html.
6. 李建，杨廷忠，李鲁.几种吸烟干预方法的比较和戒烟心理健康效益评价[J].中国校医，2000，14（4）：259-260.
7. 林丹华，方晓义，李晓铭.环境和个体因素与青少年吸烟行为的发生[J].心理科学，2008，31（2）：304-306
8. 林丹华，方晓义，郑宇.社会榜样与青少年吸烟行为的关系[J].心理发展与教育，2000，16（3）：18-24.
9. 青少年吸烟心态与对策[EB/OL].
[2006-04-19]http: //www.jyan.cn/XYYJK/QSNXY/200604/164.html.
10. 青少年主动戒烟十二法[EB/OL].
[2008-05-08]http://www.yongyao.net/newshtml/14e9d681-d04a-4fa8-b66b-20d2b9962c4c.htm.
11. 三成青少年吸烟只是为了赶时髦[EB/OL].
[2008-04-16]http: //www.jyan.cn.
12. 王星火，郭欣，张檬兮.北京市学生烟草相关知识态度现状调查[J].中国学校卫生，2008，29（5）：402-403.

13. 晓媛.悲剧决不能重演——关于未成年人酗酒[J].江西教育，2008（10）：18-20.

14. 杨惠琴.中学生吸烟行为的心理分析及辅导对策[J].宁夏教育，2007（4）：72-73.

15. 俞国良.高中心理健康教育教材（高中二年级）[M].北京：中国和平出版社，2002.

16. 张琪瑶.青少年戒烟影响因素及方法研究进展[J].中国学校卫生，2008，29（9）：865-866.

17. 郑日昌.小学生心理辅导活动（六年级教师参考书）[M].北京：团结出版社，2001.

第十章

自杀问题与教育

死，决定去死，这对一个少年来说要比对一个大人容易得多。什么？死亡将要夺去的少年的未来不是更远大吗？确实是的，但是，对于一个少年，未来是一种遥不可及、抽象虚幻的东西，他并不真正相信。

——捷克小说家 米兰·昆德拉

章节导读

★ 哪些因素会导致青少年自杀？

★ 如何帮助有自杀意念的青少年消除自杀意念？

★ 如何对青少年进行生命教育？

★ 学校应如何引导家长及时、恰当地帮助青少年走出自杀的误区？

情境故事

生命不能承受之重

覃瑶，女，14岁，枝江一中高二学生，有望在15岁时成为一名大学生。2006年11月8日，《宜昌三峡商报》曾以“12岁枝江女孩的高中生活”为题报道了覃瑶，文中称覃瑶为“小神童”。然而，就是这个令人羡慕的“小神童”却因在课堂上“看杂志被抓，老师要求见家长”而在校内池塘自杀。自杀前，她给父母留下了这样一封遗书。

爸、妈：

请原谅我做出这不孝的决定。

我知道你们会很伤心。但是，请不要为我而损害你们的健康。否则，我会心疼的。

我记得在高一上学期的时候，有一个跳楼自杀的（同学）。当时，你们还问我会不会自杀，我笑着说不会。但我现在真的觉得很累、很累，我要好好地休息一下了。

我知道，我是我们这一辈儿唯一的女孩子。哥哥（指覃瑶的姨爹黄小华的儿子），弟弟，这也许是我这辈子唯一一次这么叫点儿（覃瑶的舅舅的儿子唐点），还有王宜都是男孩子。你们对我都有着很高的期望，对不起，让你们失望了。

我在学校里其实一直承受着巨大的压力，老师特别是李开松一直都对我看得很紧。他说不能看课外书籍，但你们都知道，我不看书是不可能的。于是，在第三次被他看到之后，我做出了这个决定。因为，我不知道要怎么面对你们。

爸、妈，我不知道我还能说什么，但请暂时不要告诉唐点，好吗？

女儿

2008.3.6 绝笔

为什么青少年如花的生命还未来得及绽放就黯然凋零？他们为何会如此轻率地放弃生命？到底是什么原因造成这一令人痛心的结局？为什么青少年的生命如此脆弱、不堪一击？看着一桩桩令人触目惊心的、铁的事实，我们每一个人都有责任深刻反思。

第一节 问题解析——脆弱的心灵

美国自杀学协会主席希尼亚·帕佛说："防止自杀的最好办法不是注意自杀本身，而是应当更广泛地注意是什么因素导致了自杀行为的发生。"当代青少年学生自杀的原因呈现多样化特点，有时单一因素就可能导致自杀，有时是在数个原因综合作用下导致自杀。下面分别从学生自身、同伴、家庭、学校、社会五个方面谈谈导致青少年自杀的原因。

一、青少年自身心理的脆弱

（一）心理状况比较差

国内外研究均显示，有自杀相关行为者心理健康状况较差，多有不同程度的焦虑、抑郁、自卑、绝望、情绪失调和人格障碍等心理特点，焦虑和抑郁情绪是自杀行为的危险因素。一般来说，自杀者比较容易冲动、绝对化、走极端，易倾向于被动和固执地看问题，往往把原因归咎于命运、运气和客观环境；心理上敏感内向，孤僻、多疑，耐受力差，日常生活中许多小事都会使其思绪翩翩、顾虑重重，成为应激源，如受到同学的嘲讽、与好朋友或亲人发生争吵等，都可能引发自杀意向。张敏等的研究证实：有自杀意念的青少年心理健康水平比较低，患有慢性病是青少年产生自杀意念的重要危险因素。这可能是因为患病青少年受身体状况影响，学习及其他活动的能力较差，常有更多失败的体验，内心脆弱、敏感、情绪不稳定、自信心不足，当遭遇意外事件时，更易选择自杀等消极的方式来应对。

（二）自我意识比较低

青少年自我意识发展了，但由于各种原因，仍然存在着不足。家庭和校园的影响可能导致青少年自我调节能力差、个性偏执、独立性差等。同时，青少年的自我评价具有片面性，这种片面性就导致了自我认知的不准确。自我认知的不准确容易导致青少年对自己的看法与他人对自己的看法不一致，从而错误地评估世界和自己。如果这些情况长期得不到及时有效的自我调整，便会造成心理疾病，引发自杀行为。这种自我认知的失调还很容易导致青少年的情绪失调与人格障碍。

（三）挫折承受力差

由于青少年认知功能发育尚不成熟，对因果关系的评价不够完善，从而影响了他们应付和解决问题的能力：冲动性比较高，承受挫折的能力比较差，不能客观、现实地评定所面临的处境。由于发育上的不成熟，必然伴发解决问题和应付技巧的不成熟，面临困境时就会增加绝望感。此外，大多数青少年由于生活道路比较平坦，阅历比较浅，在遇到挫折时，缺乏思想认识和心理准备，也容易出现不良的行为。例如，

淮北市濉溪县高一一名14岁的女生因为考试作弊受到学校广播的公开点名批评而在家喝农药自杀。

2005年7月6日，安徽庐江县青年张某高考虽中榜但未如愿，竟投河自尽。

2005年12月8日，安徽省某中学，一名“懂事”“自信”并且“成绩优秀”的初中生，因为偶然的一次罚站，突然自杀。

（四）人际关系不良

人际关系不良可以诱发自杀行为。青少年已经开始意识到人际交往的重要性，对人际交往的需求明显增强，但一些青少年由于缺乏相应的人际交往能力和社会交往技巧，就会出现强烈的人际冲突。例如，2004年，某校一女学生因与同宿舍大多数同学长期不和，经常孤独一人，最终于一天深夜跳楼自杀未遂。目前，青少年学生大多是独生子女，社会交往有限，找不到朋友倾诉、发泄自己的情绪，一旦遭遇交际挫折，容易产生厌世心理而走上绝路。

（五）早恋受挫

现在，越来越多的青少年加入到了早恋的行列之中。由于自身的不成熟，他们往往把恋爱问题看得过于简单，只凭一时冲动而不计后果。同时，由于受从众心理的影响和缺乏对爱情的理性认识，青少年所谓的爱情往往不能持久，失恋后精神萎靡不振，有的会“看破红尘”，轻率地结束自己的生命。另外，由于互联网的媒介作用，青少年网恋事件频频发生，他们在虚拟世界里“爱”得不能自拔，但在现实世界的接触中往往感到上当、受骗，尤其是女生，以自杀的方式结束生命者不乏其人。

二、在同伴中受欺侮

青少年在同伴中受欺侮也容易导致他们自杀。欺侮是儿童青少年间尤其是中小学生之间经常发生的一种特殊类型的攻击性行为。近年来，青少年欺侮他人的比率，男孩呈上升趋势，女孩则随年龄的增长而有下降趋势。男生最为普遍的是使用直接身体攻击进行暴力欺侮，而女生一般采用语言和心理欺侮等间接攻击。在影响青少年欺侮行为的因素中，同伴起着重要作用，欺侮行为经常是以一种群体现象出现。在我国中小学学生人群中，普遍存在着类似帮会性质的团伙，而这些团伙常做的事情就是斗殴和欺侮他人。

欺侮对受欺侮者的身心健康具有很大的伤害性。经常受欺侮会导致青少年情绪抑郁、悲观、注意力分散、感到孤独、逃学、学习成绩下降和失眠，严重的甚至会导致自杀。欺小凌弱现象的大量存在，是造成青少年自杀的原因之一。一些受到欺侮（尤其是暴力欺侮）又孑然无助不堪忍受的孩子无力反抗，往往将暴力施向自己——自杀。例如：

张雪海等对1802名初中生的研究证实：经常受欺侮的学生容易产生自杀意念和自杀行为。

北京博文私立学校16岁高中一年级学生张冲在校园内遭同校学生董强殴打，睾丸被击碎。张冲自杀身亡。

山西平陆县14岁的初中生王某多次被同学梁某殴打敲诈而服下鼠药自杀。

“从上个学期，他就让我给他写地理、历史和英语作业……他在厕所打我，让我站在尿坑里，我不肯，他就打我，请老师让小波走，他在一天，我就不能安心上学……我没资格让他转学，可是他天天打我……”

——13岁自杀少年写给班主任的遗书

三、家庭关系不协调

家庭是青少年社会化过程的起点，它直接影响孩子的思维方式、行为方式和情感模式。家庭因素与青少年自杀有重要关联。

（一）家庭教养方式不当

母亲在教养过程中，过分干涉、过分保护、拒绝否认、惩罚严厉、情绪不稳定和高精神质等都是能引起青少年自杀的因素。就父亲而言，对孩子的管教一般比较严格、惩罚较为严厉，由于对子女的期望值高，其对子女的要求拒绝更为频繁。中国的父母倾向于不把子女视为独立的个体而作为他们的私有物和附属品,从而对子女有更明显的操纵、控制和惩罚行为。过多拒绝、否认的教养方式表现为不尊重孩子的意愿、无视孩子的需要、经常嘲笑、否认子女的能力或挑剔子女的所为。这种教育方式会使孩子无法消除在成人面前本能的自卑感。惩罚行为包括体罚、变相体罚、责骂、羞辱等，其后果会使子女将父母过于频繁、严厉的惩罚、责骂和苛刻的要求内化，形成“高道德”标准的超我，使得子女在评价自身的行为、态度和欲望时，往往过分苛刻和严厉，从而产生明显的罪恶感、耻辱感和自责感，这既为神经症的产生提供了充分的条件，也为自杀埋下了导火线。在此家庭环境下的孩子，大多感到心理压力大、紧张、苦恼、烦躁、焦虑，感到空虚无助、不知所措并有绝望厌世感。

还有些是父母对孩子过分溺爱、百依百顺，造成孩子任性、自私、蛮横的个性，凡事以自我为价值取向，忽视甚至无视他人的利益和感受。这些孩子通常情感很脆弱，自身承受能力较差，在生活中遇到一点打击就容易以自杀的方式进行自我否定。

（二）家庭成员间人际关系较差

家庭成员间正常、健康的人际关系可以给青少年带来最基本的安全感和情感支持，相反，畸形、不良的家庭关系会给青少年留下长期的阴影和恐惧，问题家庭则会给青少年自杀埋下伏笔。英国教育家尼尔曾说过：“问题少年是问题父母的产物”。家庭成员之间关系紧张、家庭气氛不融洽、缺乏情感交流、缺少家庭温暖是青少年产生自杀行为的重要危险因素。有些父母感情不好，经常争吵，不能给孩子提供一个温暖和谐的生活环境，当父母感情出现裂痕时，孩子就会担心自己成为单亲家庭的一员而精神紧张、不知所措，以至于对未来失去信心，轻率地选择不归之路。随着年龄的增长，青少年与父母交流减少，有的亲子之间格格不入、互不相谋，这种“代际冲突”日趋尖锐，如果不能及时、恰当地处理，就很可能导致青少年厌世。反之，和谐的家庭环境，亲子两代的关系融洽，相处无间、没有代沟，家庭气氛宽松和谐，亲子之间相互理解、相互尊重，则有利于青少年健康心理的形成和发展。

美国一项统计表明，父母不和或父母的不良行为会直接导致家庭中青少年自杀行为的多发。美国心理学家赫茨曾对全世界五大洲20多个国家中8～14岁的少年儿童进行广泛的调查，惊人地发现，不同国家、不同种族、不同社会制度国家中的孩子对父母的不满和要求都大同小异。孩子们对家庭的经济水平和社会地位并不太重视，能否使孩子感到幸福并不取决于家庭的贫富程度，而在于是否能使孩子感到自己是真正属于这个小集体并得到家人的最大关怀，孩子们最不满意的是父母吵架。

（三）家庭构成情况异常

随着我国社会的转型和人们婚恋观与价值观的变化，离婚率逐年上升。随着计划生育政策的有效实施，家庭结构也开始变化。离婚率的上升，导致大批单亲家庭或重组家庭的出现。除离婚之外，所谓“家庭内离婚”（即分居）现象已十分普遍，加之中国农村有1亿以上的青壮年劳动力远距离流动（“民工潮”），使得农村家庭结构也发生了重大变化。家庭关系的淡化、家庭的分崩离析也是造成青少年自杀日益严重的一个原因。由于家庭中较差的依恋关系会影响孩子内在发展与人际应对技能，所以，单亲家庭、重组家庭的青少年自杀率较高。

我国城市人口的家庭结构已发生了巨大的变化，三口之家成为家庭构成状况的基本单元。随着人们价值观、婚姻观的演变，致使许多孩子在离婚、再婚或单亲家庭中成长。家庭结构的骤然变化对孩子的影响是巨大的，就以父母离异或再婚来看，相当一部分孩子在发生突变的家庭环境中一时无法正视现实，很多人不知所措，心理和精神上所承受的压力，往往比家长和老师所想象的要严重得多。单亲家庭生活压力往往较大，或由于其他原因，家长常常没有充分的时间和精力与孩子进行情感交流。重组家庭往往使孩子们得不到所需的关怀与爱护，在感情上多有被抛弃之感。自然而然，他们心中就滋生灰心失望、孤独无依和愤世嫉俗等感情，这些都可能触发他们自寻短见之念。

此外，无双亲家庭的孩子由于与祖辈或亲戚等生活在一起，缺少父母的关爱，自杀率也比较高。例如：

庄勋等（2007）对南通市高中生自杀行为的调查发现，无双亲家庭、单亲家庭的学生自杀行为报告率分别为33.3％和30.7％，明显高于双亲家庭的学生（23.3％）。

（四）家长的期望过高

随着社会经济的快速发展，竞争日益激烈，一些父母过于苛求，对青少年寄予太高的期望，非常关注学习成绩，施加过大压力，甚至进行各种严厉惩罚，给青少年造成沉重的心理负担。同时，盲目的从众心理使得很多家长逼迫青少年参加各种各样的补习，担负不必要的学习压力，过早地跳入竞争的怪圈。通常来讲，在城市，很多6岁的孩子就已经开始参加各种培训班了。同样，钢琴、古筝等乐器的考级也在此时开始了。这种状态扭曲的学习目的，同样妖魔化了学习的本质，打消了学习兴趣，过早地灌输了功利主义。一旦遇到意外的学习事件，自杀常成为青少年解脱的一种方式。张敏等研究发现，学习成绩差、父母的期望过高、有学习焦虑倾向等均是青少年有自杀意念的危险因素。

经典研究

江苏省中学生自杀意念发生情况及其影响因素

2007年，江苏省疾病预防控制中心张熳为了了解中学生自杀意念的发生情况及其影响因素，采用多阶段分层整群抽样方法，随机抽取江苏省初中学生2625名和高中学生2495名进行问卷调查，研究结果如下：

一、中学生自杀意念发生率

本次调查自杀意念报告率为15.35 %（786/5120）。初中生自杀意念报告率为13.37 %（351/2625），高中生为17.43 %（435/2495），后者显著高于前者（χ^2=15.94，$P < 0.001$）。男生自杀意念报告率为12.64 %（345/2729），女生为18.44 %（441/2391），男生自杀意念报告率显著低于女生（χ^2=32.57，$P < 0.001$）。城市学生自杀意念报告率为17.82 %（373/2093），县城学生为13.84 %（66/477），农村学生为13.61 %（347/2550），县城和农村差异无统计学意义（χ^2 = 0.02，$P > 0.05$），而城市高于县城和农村，差异有统计学意义（χ^2 = 16.63，$P <0.001$）。

二、中学生自杀意念的影响因素

与自杀意念相关联的可能危险因素，依次为家庭成员关系不融洽、使用过成瘾药物、感到父母在学习上施加压力、在学校受欺负、饮酒、自觉学习上压力大、与父亲交流时间每周在2天及以下等。

四、学校生命教育的缺失与超负荷的学习压力

（一）生命教育缺失

近年来，人本教育理念贯彻不够，教育的评价机制不成熟，教育实用主义倾向得到强化，应试教育的情况并没有改变，学校主要强调知识的传授和积累，过于关注学生学习成绩和学校排名，往往忽视学生个性的形成和发展以及个性心理特征的培养和塑造，生命教育、心理健康教育不够。由于生命教育的缺失和心理健康教育的不足，以及青少年认知能力尚未成熟，因果概念十分模糊，对自毁或自杀行为的程度与结果无估计能力，导致青少年没有形成对生命的敬畏感，缺乏生命价值感和生命意识，对死亡的真正含义没有认识，不能正确看待生命和死亡等现象，生与死对他们而言还是一个十分模糊的概念。特别是对患有心理问题的青少年来讲，如果得不到及时有效的矫正，很容易出现生命态度模糊，发生心理崩溃，选择自杀结束生命。

（二）学习压力过大

学校教学竞争机制的引入，考试分数、排名决定一切，高考独木桥优胜劣汰的现实导致当代青少年普遍面临学习任务繁重、学习压力过大的状况。他们往往对学业比较敏感，都希望取得好成绩，但由于自制力差、学习习惯不良、不能很好地适应新的教育教学方法等，一些学生成绩不理想，造成了较大精神压力和心理负担。

中国教育学会“十一五”规划课题“心理素质培育与心理保健研究”在湖南省的调查统计结果显示：青少年学生主要的心理压力源依次为考试、家庭、经济、就业、自我素质、人际关系、情感、适应、长相和社会。其中，考试是青少年首要的和第一位的压力源，占青少年心理压力源的59.2%。中国科学院心理研究所曾历时多年对北京500多个班、2万多名学生进行测试，所得出的结果表明：当今中学生三个人中就有一人存在心理问题。测试结果显示，中学生问题最多的要数学习压力大，1/3的学生感到学习负担太重。学习压力过大很容易使学生失去求学的乐趣，影响心理健康，这已经得到很多专家的证实。

1993年，美国耶鲁大学心理学家布鲁斯·麦艾温就专门研究过压力与疾病的关系，并指出：过重的心理压力会导致肠胃不适，可能伤害到大脑甚至损及记忆，

更为严重的是会使人心理崩溃，采取自杀等极端手段寻求解脱。例如：

普宁市第一中学18岁女生罗某，性格内向、多愁善感，由于学习压力太大、担心无力回报父母恩情，趁学校双休日放假之机，在学校一单杠上上吊自杀。

再如，情境故事中的覃瑶之所以自杀，是因为“学习压力太大，不能读课外书”。

目前，中小学流传着“5 + 2 = － 1”这样一种怪现象。它指学生每周7天，在学校5天，双休日在家2天，如果在家的这2天时间处理不当，教育不妥就会适得其反，成了“－ 1”。当前看来，学生“减负”以后，还要消除“－ 1”现象。

五、社会环境的变迁与媒体的误导

青少年学生自杀并不是简单的个体生命行为，而是转型时期，中国面临的一个社会问题，它的产生发展具有深刻的社会原因。

（一）社会环境的变迁

许多关于自杀的社会性理论认为，社会环境的大幅度变迁是影响自杀率的最重要因素。19世纪法国社会学家涂尔干认为，自杀并不是简单的个人行为，而是对正在转型裂变的社会的反应。著名社会学家杜尔凯姆在《自杀论》一书中强调，一个人的自杀是由于在社会上感到外界环境失意所导致的。由于社会的急剧变革造成了社会、文化的不稳定状态，破坏了对个体非常重要的社会支持和交往，削弱了部分人生存的信心和意志，导致自杀率上升。我国目前正处于社会转型时期，经济和社会生活变化急剧，一些社会文化的不稳定状态，比如文化的转型、价值观念的变迁、社会失范现象的增加等，往往会影响和冲击青少年的生活方式和行为模式，破坏对他们来说非常重要的社会支持与交往，削弱青少年生存的能力、信心和意志，由此导致自杀率的增高。

（二）传媒的不良影响

影视、书籍、报刊、网络等作品中对死亡的过度渲染和对自杀的不当态度，对青少年起到了潜移默化的诱导作用，容易扭曲青少年的生死观、生命观和价值观。他们误认为自杀或许是一个解决问题、获得解脱、令冤枉委屈自己的人感到自责和后悔的途径。基于这样的错误态度，在遇到冲突挫折时，青少年觉得自己处在极度的绝望之中，只有自我表现、自我毁灭才是唯一的解脱方式。比如，有的青少年模仿国内外电影、电视、小说中主人公的自杀行为，正如当年《少年维特之烦恼》一书问世后，导致不少青少年模仿自杀，美国社会学家菲利普斯称这种现象为“维特效应”。尤其值得一提的是，当前大量呈现在青少年面前的日、美卡通片和卡通连环画、电子游戏中，对死都是采取了一种游戏的态度。在电子游戏中，人物可任意死而复生，这样，模糊了青少年的道德认识，使青少年缺乏对有关人生意义和价值的认识，以致生命态度淡薄，意识不到生命的不可挽回和珍贵。比如在让青少年心醉神迷的美国迪斯尼卡通连续片《猫和老鼠》中，猫被炸、被摔、被淹、被撵成一片或浑身是窟窿也死不了等，都使青少年从死中感受到了一种游戏的乐趣，似乎生死之间只不过是形式不同而已。

新闻媒体对名人自杀的大肆报道也在不同程度上潜移默化地影响着还缺乏足够识别能力和抵抗能力的青少年。由于青少年好奇心、模仿心理、尝试心理比较强，容易造成一些本来并无自杀念头的青少年，在别人自杀意图的感染、影响下，采取自杀行为。现实生活中就有著名影星自杀后，青少年效仿自杀的案例。例如，2003年，著名影星张国荣跳楼自杀当晚，就有七人模仿他的行为，实在令人惋惜。因而，世界卫生组织在预防自杀的建议中提到：媒体要淡化自杀报道，并就媒体的报道制定了一些指导原则。

第二节　教育策略——拯救心灵

生命既是脆弱的，又是非常宝贵的，生命对每个人都只有一次。每个人的生命都是上天的赐予，任何人，包括自己，都无权加以伤害、剥夺、取代。青少年自杀的损失是非常巨大的，教师可以采取以下教育策略，最大限度地避免和减少自杀事件的发生。

一、　建立和加强有自杀意念青少年的预警机制

（一）了解青少年的自杀意念

自杀意念是各种威胁自己生命的意向，包括可观察到的行为，但未见行动，具有隐蔽性、广泛性、偶发性以及个体差异性的特点。日本学者长冈利贞指出，自杀过程一般经历：产生自杀意念——下决心自杀——行为出现变化+思考自杀的方式——选择自杀的地点与时间——采取自杀行为。有自杀意念便具有自杀倾向。在有自杀意念的人中，5%会发生自杀行为；有自杀行为的人中，10%将自杀死亡。近年来，青少年自杀人数的逐年增加引起了全社会的高度关注，而自杀意念作为自杀企图和未遂的早期心理活动应该受到教师的重视。教师及时、准确地了解青少年的自杀意念，对预防自杀具有重要意义。教师可以利用下面的自杀意念问卷，早期识别有自杀意念的青少年，以便及时采取积极的干预措施，阻止青少年自杀行为继续发展，降低自杀死亡率。

通过自杀意念问卷发现有自杀倾向的学生后，学校要按照科学、保密和实用的原则专门建立有自杀意念青少年档案，建立相应的信息反馈机制。学校行政部门、班主任应有针对性地了解、掌握有自杀倾向学生的信息，对该类学生做到情况明、信息准，并密切关注其言行举止。

（二）善于捕捉自杀征兆

自杀是有征兆的，大部分青少年自杀者由于求生的本能，都有明显或间接的求助讯息。研究表明，青少年自杀前都以各种方式和身边的人说过自己的念头。其实，青少年自杀者在做最后的决定前，很大程度会表现出内心的痛苦及犹豫，其

行为检测

自杀意念问卷

以下是一些有关你对生命看法的问题。请认真依你最近2周的真实感受给出最适合的答案。

1. 目前你活下去的愿望有多大?

A 中等或强烈

B 微弱

C 不希望

2. 目前你死亡的愿望有多大?

A 不希望

B 微弱

C 中等或强烈

3. 当前你活下去的理由多于死亡的理由吗?

A 生的理由多于死的理由

B 生与死的理由同样多

C 死的理由多于生的理由

4. 目前你是否希望或企图自杀?

A 没有

B 有点希望

C 中等或十分强烈

5. 你是否小心地确保自己生命的安全?

A 会事事小心以确保自己的生命安全

B 听天由命（例如：满不在乎地横穿马路）

C 不会采取措施来维护生命安全

计分规则：

1. 每个题中A计为1分，B计为2分，C计为3分。

2. 将第1至5题得分相加，即为问卷总分。

判断标准：

无自杀意念：第1题至第5题都为1分。

中等自杀意念：第1至3题中一个为1分，并且第4题和第5题都为1分。

有自杀意念：第1至3题中的一个为1分，以及第4或第5题一个为1分。

实他们并不想死。若青少年自杀者身边的人能及时察觉并加以援助，可能会阻止悲剧的发生。因此，教师要善于及时捕捉青少年的自杀征兆或迹象，从而为他们提供所需要的帮助。

那么，有自杀倾向的青少年会表露出哪些迹象呢？

某种程度的精神失调（忧郁）。

情绪变化明显：感到无望、害怕，罪恶感，羞耻感，自我怨恨，持续焦虑与愤怒，非常悲伤，喜怒无常。

常抱怨身体有问题，这些症状常与情绪有关，如胃痛、头痛、疲劳。

表达某种自杀或死的念头（悲伤、无聊、绝望、情绪低落）。

逃避朋友、家庭、社会或正常活动。

不关心个人的衣着，不修边幅。

无法接受表扬或奖励。

对娱乐活动不感兴趣。

焦虑、烦躁不安，难以入睡、经常做噩梦或整天睡觉。

性格有明显的改变。

难以集中精神，旷课，学习退步，不适应学校生活。

自责自己是个坏人或有愧疚感。

格外关注死亡或暴力等话题，经常说活着没意思或想要长眠不醒。给出一些暗示：“我给你惹麻烦的时间不会太长了。”“没用的，我不会再见到你了。”“我好希望我死了。” “你会为今天所做的后悔。” “我今后不会让你为我操心了。”“没有我，大家会更快乐些。”等等。

感觉万念俱灰，自己一文不值；生活无目的，对任何事情无兴趣或什么事都觉得无所谓。

整理自己的东西。例如，把喜欢的东西送给别人，清理自己的房间，扔掉重要的东西。

与好友道别、将事情安排妥当。

收集药物、滥用药物或酒精、暗藏凶器等。

突然少言寡语，很平静或长时间的忧郁后突然很高兴，这并不意味他的情况有明显改善。这可能表明他已经最后做出自杀的决定，因此有解脱的感觉，从而使心境和活动有了改变。

有某些精神病的症状（幻觉、异常想法）。

（三）建立自杀危机信息预警系统

设置班级心理委员、宿舍信息员、校和年级学生会心理健康部、心理协会、朋辈心理咨询员，建立畅通的自杀信息报告渠道，实行心理异常日报制度，及早掌握自杀学生的相关信息，这对于及时挽救自杀学生生命具有重大意义。

（四）建立心理救助机制

对有自杀倾向的青少年，教师应与其谈话，或指定其最信任的同学与其谈话，细心地劝说、开导并控制其情绪，打消其自杀的念头。同时，用婉转的语言引导他们说出自杀的原因和动机，以便制订相应的处置办法。无论教师还是教师指定的同学在与有自杀情绪的青少年谈话时，应认真倾听其诉说，注意力集中，做出必要的反应，如目光交流等，不要随意打断他们的话，适时给予提示和归纳，以了解他们的心理活动。当谈话涉及个人隐私时，教师或同学应该为有自杀倾向的青少年保守秘密。对个别患严重精神疾病或心理障碍的学生，应通过心理疏导和药物治疗相配合的方法，使其稳定情绪、平衡心态，增强心理承受能力和应激能力。此外，学校可以开通心理咨询热线，或在校园网上设立心理咨询信箱，并派心理咨询教师专门负责，为青少年提供倾诉内心痛苦的渠道，以便其宣泄和释放不良情绪。学校要加大心理咨询热线和网上心理咨询信箱宣传的力度，使每一个同学都知道。这样，青少年产生自杀倾向或在自杀前犹豫不决时就可能会拨打心理咨询热线或登陆网上心理咨询信箱，便于心理咨询教师能够及时介入，采取紧急措施，避免自杀行为的发生。

（五）采取恰当的应对策略

在应对想自杀的青少年时，教师应注意运用以下策略：

1. 保持镇静

面对欲自杀的青少年，教师应保持镇定，而不要让当事人的悲伤影响你的判断。当事人需要人帮助他恢复理智，但不需要一个本身就情绪不稳的人来帮助他。

2. 指出优点

想自杀的青少年很可能只看到自身及其生活中不好的一面，而忘记了好的一面，因而教师指出当事人的优点和长处是有益的。例如，当事人可能曾经是乐于助人、努力学习、待人诚恳、活泼开朗的，等等。

3. 帮助欲自杀的青少年获得客观的态度

一个被各种问题和压力压得喘不过气来的青少年很可能无法冷静、客观地评价自己和环境。在这种情况下，教师首先要保持客观的态度，并帮助当事人尽可能客观地看待自己和环境。企图自杀的青少年几乎都是矛盾的：一方面想死；另一方面还想活下去。教师发现并紧紧抓住他们想活下去的愿望是非常有帮助的。

4. 不要发生争论

教师应避免就生命与死亡的哲学问题与当事人争论，同时也应避免说一些陈词滥调，如“还有很多美好的东西在等着你、你的生命才开始”等。这种说话方式使当事人觉得你是在泛泛而谈，而非真正理解他们内心的感受。企图自杀的青少年最需要的是客观的、设身处地的、感情移入的理解和支持。

5. 指出其他的行为选择

由于个人经历、学习压力、家庭变故、缺乏关爱等原因，青少年常常囿于个人对生活的一己之见——只看到了目前的危机而看不到其他的东西，这时与他们谈谈其他的可能选择是有益的。有时，他们处于情绪的最低点，认为人生从来就是如此糟糕，而且永远如此糟糕。这时，教师可以采用打比喻的方法开导他们。例如，教师可以将人生比做是潮水，指出潮水有涨也有落。一个想自杀的青少年很可能曾经“涨”过，并且在以后的生活中将再次“涨”起来，指出这种生活涨落的规律是有益的。

6. 帮助欲自杀的青少年获得资源

对当事人最有力、最具体的支持就是帮助他们得到想要的东西。因为想自杀的青少年一般说来比较孤独，因此，教师要尽可能地帮助他们获得各种资源。这些资源包括家庭和朋友，也许还包括帮助当事人去见一位非常想见的师长、崇拜者或者偶像等。

二、加强对自杀未遂青少年的特殊教育

（一）帮助自杀未遂青少年学会问题解决策略

问题解决策略一般遵循以下几个内容：①列出一个问题清单；②将问题分解为一个一个的小问题；③根据问题的重要性、影响力以及能否迅速见效排列解决问题的先后次序；④让青少年选择一个急于要解决的问题；⑤确定解决方法的可能范围，鼓励青少年自由想象各种可能的解决方法；⑥通过详细分析可能方法的优缺点，写出每一种方法的利与弊；⑦从中选择一种他认为比较好的方法，并加以实施；⑧评价方法的结果如何；⑨如果不成功，让他再选择另外的方法加以尝试；⑩需要时重复⑦～⑨。下面，以实例具体说明教师如何帮助自杀未遂青少年学习、掌握问题解决策略。

有一个青少年因为与家长吵架而自杀未遂。教师可以帮助他将问题分解：缺乏解决人际冲突的技能；与家长缺乏沟通；与家长的关系比较紧张；不能摆脱父母的唠叨；想独立自主；挫折承受力比较差。教师可以让青少年首先选择一个想解决的问题是如何摆脱父母的唠叨，教师帮助他分析利弊：可能的方法，一是理解父母的苦心，利是能增进亲子关系，弊是不容易；二是找长辈调解，利是能解决亲子之间的冲突，弊是让他人知道“家丑”，没面子；三是离家出走，利是清静，能摆脱父母的唠叨，弊是失去经济来源，无法独立生活；四是听从父母的“教诲”，利是避免亲子冲突，弊是自己成了傀儡，不能发表自己的意见和看法等。教师要让青少年从所有可能的解决方法中选择一种方法去尝试，同时评价此方法是否有效，如果无效再选择另外的方法加以尝试。

在问题解决过程中，青少年重构困难，学会把每一个困难看成是学习和尝试的机会，不断运用新的方法克服困难，最终解决问题。这个过程循序渐进，青少年不仅学会明确具体的问题，而且也学会系统地应用解决问题的策略。整个过程强调对困难的重新认识、反复思考解决方法及具体实践操作。这样可以纠正青少年认知上的偏差，改善和提高他们解决问题的能力。自杀未遂青少年原有的无用、

无助及无望的消极情绪将逐渐减轻。

（二）打消青少年再次自杀的企图

第一次企图自杀的青少年学生不会因为自杀未遂或被他人劝止就完全打消自杀企图，仍可能再次自杀。只有在原来所处的环境确实改变并从绝望心理状态摆脱出来后，自杀情绪才会完全消除。因而，学校要弄清楚青少年学生自杀的原因和动机，时刻保持防范意识，努力做好思想疏导工作，启发当事人“与其有勇气选择死，何不鼓起勇气生”。例如：

可以引用卓别林的一句话：“死是早晚的，着什么急呢？”实际上每个人都会面临死亡，而死亡是生命中最大的一件事，你连这件事都不害怕了，你还有什么事害怕呢？有什么困难能够打倒你呢？

再如，俄罗斯著名作家契诃夫，曾经专门针对自杀写了一篇文章——《生活是美好的（对企图自杀者进一言）》，以幽默的口吻，巧妙地引导人们走出误区。教师也可以借用此文，引导青少年明确生活的方向，发现、发掘生活的美好，遇到困难、逆境不至于产生挫折感，消除自杀意念。

生活是极不愉快的玩笑，不过要使它美好却也不难。为了做到这点，光是中头彩赢20万卢布、得个“白鹰”勋章、娶个漂亮女人、以好人出名还是不够的——这些福分都是无常的，而且也容易习惯。为了不断地感到幸福，那就需要：一是善于满足现状；二是很高兴地感到：“事情原本可能是更糟呢。”这是不难的。

要是火柴在你的衣袋里燃起来了，那你应该高兴，而且感谢上苍；多亏你的衣袋不是火药库。

要有穷亲戚上别墅来找你，那你不要脸色发白，而要喜洋洋地叫道：“挺好，幸亏来的不是警察！”

要是你的手指头扎了一根刺，那你应当高兴：“挺好，多亏这根刺不是扎在眼睛里！”

如果你的妻子或小姨练钢琴，那你不要发脾气，而要感激这份福气；你是在听音乐，而不是在听狼嚎或者猫的音乐会。

你该高兴，因为你不是拉长途马车的马，不是寇克的“小点”（寇克是19世纪德国的细菌学家，“小点”指细菌），不是旋毛虫，不是猪，不是驴，不是茨冈人牵的熊，不是臭虫。

你要高兴，因为眼下你没有坐在被告席上，也没有看到债主在你面前，更没有跟主笔土尔巴谈稿费问题。

如果你不是住在十分边远的地方，那你一想到命运总算没有把你送到边远地方去，岂不觉着幸福？

要是你有一颗牙痛起来，那你应该高兴；幸亏不是满口的牙痛。

你该高兴，因为你居然可以不必读《公民报》，不必坐在垃圾车上，不必一下子跟三个人结婚。

要是你被送到警察局去了，那就该乐得跳起来，因为多亏没有把你送到地狱的大火里去。

要是你挨了一顿桦木棍子的打，那就该蹦蹦跳跳，叫道："我多运气，人家总算没有拿带刺的棒子打我！"

要是你妻子对你变了心，那就该高兴，多亏她背叛的是你，不是国家。

依此类推……朋友，照着我的劝告去做吧，你的生活就会欢乐无穷。

另外，学校要有效控制自杀事件的传播，注意保护自杀未遂青少年的隐私，牢固树立和培育人的爱心、同情心和宽容精神，关心、体贴、爱护自杀未遂学生，不用道德标准去看待心理问题，不挫伤其自尊心，努力减轻自杀未遂学生的心理压力。

三、加强青少年学生防范自杀的普遍性教育

（一）加强生命教育

人的生命是宝贵的，正像罗曼·罗兰所说："只有生命是神圣的，对生命的热爱是第一美德。"青少年自杀事件频频发生的今天，学校在培养学生树立正确的世界观、价值观、人生观的同时，应该加强生命教育，帮助青少年树立正确的生命观和科学的死亡观，引导青少年科学、客观地看待人生、善待人生和珍惜生命。

弗洛伊德指出：生命之真谛和价值就在于生命本身；换句话来说，就在于履行和完成每天提出日程的任务和义务，在于"日之所求"。但是，生命本身需要细心、用心的经营管理，才可能有内涵和深度。如何使生命有内涵和深度，使人生有意义，这全凭我们对人生的了解和经营，假如我们能够了解人生、经营人生，人

生便有意义；假如我们不能了解人生，不经营人生，人生便没有意义。因此，学校教育可以通过课程、讲座、演讲、咨询、旅游、文学、美学、音乐、体育等多种教育形式培养青少年正确的生命观。通过生命教育，引导青少年热爱生命、尊重生命、了解人生、认识人生，从而热爱生活，认知身心发展规律，客观地认识自我和评价自我，培养坚忍的个性品质，活出生命的色彩，发挥生命的意义。因为人类存在的奥秘并不在于仅仅单纯地活着，而在于为什么活着。

当青少年对为什么活着缺乏坚定的信念时，他们是不愿意活着的。也就是说，当青少年不知道生命的意义，不知道为什么事、为什么人而活着才是有价值的时候，他们同样不会去理性思考什么样的死是有意义的，是值得的。只有有了正确的生命观的指导，青少年才会正确地看待人生诸多问题，如学习、家庭、成功、失败、人际关系等，才会理解生活、热爱生活，理解生命、热爱生命，也才不会自杀，不会做出无谓的死亡。

例如，为了使青少年体验死亡、尊重生命，海口景山学校高一某班班主任带领全班同学到海口市殡仪馆了解遗体是如何火化成一堆青灰的。

再如，教师可以利用季羡林先生《漫谈人生的意义与价值》一文，引导青少年如何正确认识人生的意义和价值。

漫谈人生的意义与价值

当我还是一个青年大学生的时候，报刊杂志上曾刮起一阵讨论人生的意义与价值的微风，文章写了一些，议论也发表了一通。我看过一些文章，但自己并没有参加进去。原因是，有的文章不知所云，我看不懂。更重要的是，我认为这种讨论本身就无意义、无价值，不如实实在在地干几件事好。

时光流逝，一转眼，自己已经到了望九之年，活得远远超过了我的预算。有人认为长寿是福，我看也不尽然，人活得太久了，对人生的种种相、众生的种种相，看得透透彻彻，反而鼓舞时少，叹息时多。远不如早一点离开人世这个是非之地，落一个耳根清净。

那么，长寿就一点好处都没有吗？也不是的。这对了解人生的意义与价值，会有一些好处的。

根据我个人的观察，对世界上绝大多数人来说，人生一无意义，二无价值。他们也从来不考虑这样的哲学问题。走运时，手里攥满了钞票，白天两顿美食城，晚上一趟卡拉OK，玩一点小权术，耍一点小聪明，甚至恣睢骄横，飞扬跋扈，昏昏沉沉，浑浑噩噩，等到钻入了骨灰盒，也不明白自己为什么活这一生。

其中不走运的则穷困潦倒，终日为衣食奔波，愁眉苦脸，长吁短叹。即使日子还能过得去的，不愁衣食，能够温饱，然也终日忙忙碌碌，被困于名缰，被缚于利锁。同样是昏昏沉沉，浑浑噩噩，不知道为什么活这一生。

对这样的芸芸众生，人生的意义与价值从何处谈起呢？我自己也属于芸芸众生之列，也难免浑浑噩噩，并不比任何人高一丝一毫。如果想勉强找一点区别的话，那也是有的：我，当然还有一些别的人，对人生有一些想法，动过一点脑筋，而且自认为这些想法是有点道理的。

我有些什么想法呢？话要说得远一点。当今世界战火纷飞，人欲横流，"黄钟毁弃，瓦釜雷鸣"，是一个十分不安定的时代。但是，对于人类的前途，我始终是一个乐观主义者。我相信，不管还要经历多少艰难曲折，不管还要经历多少时间，人类总会越变越好的，人类大同之域决不会仅仅是一个空洞的理想。但是，想要达到这个目的，必须经过无数代人的共同努力。有如接力赛，每一代人都有自己的一段路程要跑。又如一条链子，是由许多环组成，每一环从本身来看，只不过是微不足道的一点东西；但是没有这一点东西，链子就组不成。在人类社会发展的长河中，我们每一代人都有自己的任务，而且绝非可有可无的。如果说人生有意义与价值的话，其意义与价值就在这里。

但是，这个道理在人类社会中只有少数有识之士才能理解。鲁迅先生所称之"中国的脊梁"，指的就是这种人。对于那些肚子里吃满了肯德基、麦当劳、比萨饼，到头来终不过是浑浑噩噩的人来说，有如"夏虫不足以语冰"，这些道理是没法谈的。他们无法理解自己对人类发展所应当承担的责任。

话说到这里，我想把上面说的意思简短扼要地归纳一下：如果人生真有意义与价值的话，其意义与价值就在于对人类发展的承上启下、承先启后的责任感。

此外，学校可以利用各种时机，如地震、海啸灾难、艾滋病事件等，对青少年进行尊重生命和关怀生命的教育，通过逃生训练、抗灾演习、参观访问等活动，让他们感悟生命的珍贵和不可逆性。

（二）开设自杀预防教育

美国学者吉立兰德（B.E.Gilliland）和詹姆斯（R. K.James）提出："自杀预防是每一个人的事。有效的自杀预防包括能使每一个社会面都能接触到，都受到影响，对自杀很敏感，并且都受到广泛的教育与交流。"就学校来讲，为了能有效遏制青少年自杀行为，可以开设自杀预防课程。

例如，可以开设专门讨论自杀行为的专题讲座，除了讲解有关预防自杀的基本常识外，还要教青少年如何辨别同学间有自杀危险的信号、如何向有关机构求助等。对于自杀未遂重返校园者，其他同学应采取不刻意营造快乐的气氛，不与自杀未遂者争辩自杀的害处，不要企图揭穿自杀未遂者为什么自杀，不要嘲笑和挖苦自杀未遂者，要主动与自杀未遂者交往、做朋友等。

此外，学校可以定期出版心理卫生知识报刊等宣传资料，设立"心理教育宣传"网页，完善青少年心理问题筛查、干预、控制、跟踪一体化的预防工作机制。

（三）重视对青少年进行耐挫折教育

首先，教师应培养青少年直面挫折的意识。教师应开导青少年，人生成长过程不可能一风顺，必须面对一次又一次的挫折。生命本身的意义就是在经历人生中不可预知的事件的同时慢慢地长大。挫折虽然会使人精神痛苦，但也会激励人不断进步。古今中外，事业卓有成就的人都是从逆境中走向成功的。教师要善于利用报刊刊载的、现实生活中的、身边发生的挫折事件不失时机地对青少年进行教育，以达到青少年在了解他人挫折事件中学会耐挫折的目的，这有助于青少年身心健康发展，不会使风华正茂的青少年因为一点琐事就走上绝路。

例如，教师可以利用美国总统林肯的故事，对青少年进行耐挫折教育：

"如果把我的感受平均分配给世界上的每一个人，地球上将看不到一张灿烂的笑脸。我不知道我会不会好起来，我强烈地预感，我好不起来了。我不能再这样呆下去，要不就死，要不就好起来。"写这段话的人当时是32岁，那他究竟经过了多少的苦难呢——他9岁时母亲去世；15岁才开始读书；22岁做生意失败；23岁，竞选州议员，又失败；24岁，他重操旧业做生意，赔得一无所有；26岁，情人不幸离开人世；27岁，他的精神完全崩溃，几乎住进疯人院；29岁，他再次竞选州议员失败；31岁竞选国会议员失败。虽然经历了一次又一次的失败，但是他没有放弃，他在寻找光明，在等着新我的出现。幽默是他渡过危机的特色武器。他每天入睡前都要读笑话，有机会就讲给人听。他成了幽默大师。有政敌攻击他，说他有另一副面孔，他说，“诸位，如果我还有另一副面孔，我还会带这一副来吗？”他渐渐走入佳境，51岁，他终于成为了美国的总统。这个人就是林肯。

其次，教师还要在日常的教育过程中创设情境，对青少年进行挫折训练。让青少年讨论：“假如别人错怪了我怎么办？”“与老师发生冲突，该怎么办？”“被同学欺侮该怎么办？”“学习成绩不理想但又不敢告诉父母怎么办？”“高考落榜怎么办？”等等，让青少年在思考中找到答案，增强心理素质，提高抗挫折能力。

四、引导家长对青少年进行恰当的教育

青少年健康成长教育是一项系统工程，预防和干预青少年自杀，不仅仅是学校的责任，也是家庭必须要密切关注的，家长作为青少年的监护人更是责无旁贷。由于家庭与学校合作状况直接关系到预防和干预的效果，所以家庭、学校要共同努力，亲密协作，做好监控。只有家校的认识一致、态度一致、言行一致，才会形成强大的教育合力。

那么，应该如何发挥家庭教育在青少年健康成长中的重要作用呢？教师对家长及时、恰当的引导非常必要。

（一）纠正家长的错误认识

首先，教师要纠正家长的错误认识，改变部分家长所持有的“对青少年的教育是学校的事情，我出了钱，你就要教育好我的孩子”“学生自杀，是学校、教师的失职”等的错误看法。

（二）引导家长充分理解孩子

教师要引导家长充分理解自己的子女，要设身处地从青少年的角度去思考。家长切忌让孩子感到孤独，缺乏爱的家庭是有某种危险性的。家长要认识到孩子的学习任务与压力，避免以繁重的学习和社会竞争的压力逼迫孩子。雨果说过：“苛求等同于毁灭。”教育孩子方面，家长切忌一味高标准、严要求，而应从自己做起，多一点平常心，经常与孩子沟通，关心他们的心理变化，让他们通过正确途径发泄对问题的看法和不满，帮助他们释放压力和不良情绪。特别是发现子女

心情抑郁、心事重重时，父母应引起警惕，及时与学校联系，共同找出缘由，帮助子女解除障碍，减少危险因素。

（三）引导家长向孩子表示父母的关怀之情

一项家庭教育的调查报告显示，广州三成青少年认为家长太专制、不关心自己，这说明父母有必要让孩子知道你对他的关心。当孩子的言语或非言语行为引起父母的担忧时，不要急于作判断或评论，更要避免用批评式的、贴标签式的、使孩子感到羞辱的语气。例如，“你想要的都得到了，还有什么好不高兴的？”教师可以引导父母对孩子说：“我注意到你这几天情绪十分低落，告诉我什么事情困扰你，好吗？”

如果孩子吐露他的担忧，父母应让孩子知道你对他的担忧很关切。孩子跟朋友的争吵在父母看来也许没什么大不了的事，但对青少年来说可能是巨大的、严重的。许多自杀发生于关系冲突之后。不要低估孩子所经受的不愉快事件，不然会增加他的无助感。如果孩子不愿意跟你谈他的问题，可建议找一些他觉得交谈起来比较轻松的人，或者找亲戚、朋友、老师等跟他谈。

（四）帮助家长学会询问孩子有关自杀倾向的问题

有些父母觉得不好问孩子是不是有自杀或伤害自己的想法。他们担心这一问会根植自杀的念头到孩子的脑子里。研究表明，谈论自杀并不会引起别人的自杀念头。不过，问孩子是否有自杀的想法确实难以启齿。首先，父母要让孩子知道你为什么提这样的问题。例如：“我最近听你谈到很多有关死的话题，你不会想伤害自己吧？”类似的问题可使孩子感到父母的关心，创造机会让孩子吐露自身的问题。

（五）开导家长严肃对待孩子任何的自杀尝试

不管孩子是否真有自杀的意图，父母要严肃对待所有的自杀威胁或恐吓，不要轻视任何自杀威胁。在很多情况下，这种威胁是在寻求帮助。如果置之不理，孩子也许会决定付之行动。在孩子试过自杀后，家长更要及时处理；对孩子所有自杀的尝试，家长都要严肃对待。不要把尝试自杀的做法当做是孩子为了吸引注意的行为。试过自杀的人是高危险的再次自杀者。父母在孩子试过自杀后要采取适当的措施，防止意外再次发生：关心孩子的起居，但不要过度保护；仔细观察孩子的言行，但不是打探孩子的一切；尽快恢复正常的日常活动；管好有潜在危险的东西（如药品）。

（六）开导家长教育孩子鼓起正视现实的勇气

当父母感情不合，婚姻大厦即将坍塌时，父母要对孩子敞开心扉，开诚布公地解释，不能以孩子小、不懂事为借口而拒绝与孩子沟通此事，这样只会增加孩子的焦虑、惶恐，不利于孩子的成长。要教育孩子面对现实，培养自立、自强的能力，战胜内心的恐惧与痛苦，勇敢地迎接新生活。

第三节　教育个案——生命不言轻弃

一、典型个案

王菲（化名），女，17岁，某高中二年级学生，学习成绩一般。因其热情礼貌、遵守纪律、团结同学、乐于助人，颇受老师和同学喜欢。王菲的爸爸经商，母亲是一名公交车司机，家庭经济状况较好。王菲的爸爸、妈妈因为工作比较繁忙，平日很少过问她的学习、生活情况。王菲在老师眼里一直是一副乖乖女的形象，但是最近一段时间，她情绪非常低落，整天闷闷不乐，表现出比较严重的抑郁、悲观和焦虑的症状。她曾经向好友透露："活着没意思，真不如死了算了。"

王菲异常的举动引起了班主任刘老师的注意。刘老师经过调查得知，王菲曾经给本校同年级学生凯写过一封情书，表达对他的爱慕之情，希望与他交朋友，不料遭到凯的拒绝。少女萌动的情愫被扼杀了，王菲陷入单相思的漩涡当中不能自拔，进而产生了自杀的念头。

二、教育过程

首先，刘老师及时与王菲的家长联系，就孩子在学校的情况与家长进行了沟通，请家长留心王菲的行为举止。同时，刘老师说服家长在教育方式上做出相应调整，家长一定要抽出时间，多与孩子交流，切忌因孩子单相思而打骂孩子。家长应配合学校做好孩子的教育工作。

其次，刘老师安排王菲的舍友不露声色地关注、呵护她，确保随时有人在其学习、生活中予以陪同。

再次，为了彻底打消王菲的自杀念头，刘老师采取了以下教育对策：

通过讨论，引出
王菲惯常的解决问题的方式，
指出其错误的解决问题方式，
肯定其积极的解决问题方式。

(1) 理解和承认王菲的痛苦。刘老师对王菲讲："爱慕一个人，却遭到其拒绝确实非常痛苦。在这种情况下，产生自杀的念头是正常的，也是可以理解的。庆幸的是，你没有实施自杀行为。实质上，你目前所遇到的问题是可以解决的，痛苦是可以忍受的，自杀也是可以避免的。下面，咱们不如讨论一下如何解决这一问题……”

(2) 提供情绪和解决问题方面的支持。刘老师给王菲提供“危机支持卡”，提供支持电话。告诉她“老师、同学会随时提供帮助”，以便王菲获得这样的信念：“亲人、朋友、同学和老师都非常支持我。”

(3) 纠正王菲的错误认识。“自杀只是消除痛苦的众多方式中的一种，痛苦与自杀之间不存在必然的联系。恋爱是一生中的大事，随着年龄的增长，你会遇到更多优秀的异性，再说你现在还是一名高中生，谈恋爱会影响正常的学业，因此有必要暂时压抑你的情愫。”

(4) 教给王菲解决问题的技巧，帮助王菲制订小的、积极的解决问题的计划。例如，对自己说10遍：“我是一个坚强的人，不管发生什么事情，我都不会自杀。”刘老师告诉王菲：“要学会立即将自己的困难和痛苦告诉关系最密切的亲人或朋友等。”并反复强调：“老师会随时提供帮助。”

(5) 帮助王菲构建未来生活的蓝图。刘老师询问王菲：“你希望你的生活是什么样子呢？”之后，刘老师指导和帮助她制订生活目标和具体、积极的实施步骤。

(6) 加强与王菲的联系和沟通。刘老师课下经常与王菲谈心，用短信、QQ等与王菲进行交流。

三、教育结果

经过40多天的教育之后，王菲的脸上渐渐恢复了往日的笑容，学习、生活也逐渐步入正轨。

反思驿站

- 小兵，男，17岁，父母离婚后，他被判给了爸爸抚养。不久，爸爸就带回家一个“阿姨”和一个“妹妹”。父亲认为儿子快成年了，不应该太过问他的生活。小兵与母亲联系比较少，所以母子关系比较差，他非常希望得到父亲的关心和照顾，甚至希望父亲能对他唠叨一点，哪怕是批评也好。但是，父亲对他的态度简单又平淡：“你读书成绩一般，考不上大学也没关系，只要能找到一份工作自食其力就行了。”家庭破裂、缺乏关爱、学习压力等，这些都造成了小兵消极厌世，他经常对同学说“没人需要我，没人关心我，我也不需要任何人”“活着真痛苦，死了一了百了”之类的话，常常发愣，性情孤僻。针对以上情况，你打算采取哪些措施打消小兵的自杀念头？

- 你的人生观是什么？请剖析你的人生观是否正确。你的人生观对学生进行生命教育会产生哪些影响？

- 你所在班级是否建立了自杀危机预警机制？如果有的话，与本章所介绍的内容相比，有哪些优劣？如果没有的话，请根据本班的实际情况制定。

参考文献

1. 陈远岭.自杀患者的认知行为治疗[J].中国康复，2006，21（6）：422-423.
2. 飞之鸿.青果能否不早凋？——青少年自杀危机干预[EB/OL].
[2006-04-03]http://www.xici.net/b354613/d36130439.htm.
3. 黄娟，周少斌.高职生自杀成因分析及危机干预策略[J].科技信息，2008（25）：358.
4. 季羡林.我的人生感悟[M].北京：中国青年出版社，1995.
5. 李斌，黄建春.大学生自杀倾向成功干预的案例分析[J].和田师范专科学校学报（汉文综合版），2008，28（2）：47-48.
6. 李建军.青少年自杀行为的低龄化问题研究[J].贵州大学学报（社会科学版），2006，24（6）：67-75.
7. 刘佳泰.青少年自杀问题的现状与原因分析[J].消费导刊，2008（10）：165-166.
8. 刘渐飞.14岁神童自杀身亡称压力太大不能读课外书[EB/OL].
[2008-03-20]http://learning.sohu.com/20080320/n255804661.shtml.
9. 冉乃彦.生命教育课：探索教育的根本之道[M].北京：同心出版社，2008.
10. 盛秋菊，王洪涛，金良怡.青少年自杀相关因素分析与预防[J].临床心身疾病杂志，2007，13（4）：369-370.
11. 王求是，黄浦芳.生命教育与心灵成长——大学生的自杀现象分析[J].科技创新导报，2008（18）：140.
12. 张宏宇.沉浸与自传体记忆——自杀意念与抑郁的心理机制[D].北京：北京师范大学心理学院，2008.
13. 张熳.江苏省中学生自杀意念发生情况及其影响因素[J].中国学校卫生，2007，28（2）：131-132.
14. 张敏，王礼桂，邢艳菲.中学生自杀意念及其影响因素研究[J].中国学校卫生，2007，28（5）：429-432.
15. 张雪海，张新卫，章珍珍，等.杭州市初中生自杀倾向现状及其影响因素分析

[J]. 中国学校卫生，2008，29（4）：324-326.

16. 张延华．青少年自杀的原因剖析与防范[J]. 浙江青年专修学院报，2008（1）：20-22.

17. 郑敦淳．第十六讲 青少年自杀问题面面观[EB/OL].[2007-05-28] http：//www.edusun.cn/mwxw/news/view.asp？ id=1168.

18. 庄勋，朱湘竹，周逸萍，等．南通市高中生自杀行为的流行病学特征[J]. 中国学校卫生，2007，28（5）：412-413.

万千教育图书目录

代号	书　目	著、译者	定价(元)
	班主任专业发展丛书		
J903	扶年轻班主任上马	王　莉　著	38.00
J914	全国知名青年班主任谈专业成长	张万祥　主编	34.00
J909	小学班主任的78个临场应变技巧	许丹红　著	32.00
J926	中学班主任的72个临场应变技巧	刘令军　方　庆　著	34.00
J728	把班级还给学生——班集体建设与管理的创新艺术	郑立平　著	26.00
J729	班主任工作的55个“鬼点子”	刘坚新　等编著	26.00
J727	德育智慧源何处——心灵感悟德育经典案例	张万祥　编著	25.00
J732	魅力班会是怎样炼成的	杨　兵　著	25.00
J730	与学生家长“过招”——班主任的家长工作艺术和技巧	郑学志　著	26.00
J731	遭遇问题学生——问题学生的教育与转化技巧	万　玮　编著	25.00
J850	班主任其实好当——44位优秀班主任的秘诀	张万祥　主编	29.00
J851	我和学生谈爱情——将爱情教育进行到底	李　迪　著	28.00
J854	教育西游记——我和“后进生”的故事	钟　杰　著	26.00
J850	做一个励志型的班主任	黎志新　著	28.00
J853	做一个会“偷懒”的班主任	郑学志　著	28.00
J856	做一个魅力班主任	陈晓华　著	26.00
J867	做一个聪明的班主任——对常见七类学生的教育艺术	郑立平　等著	28.00
J865	教师必须掌握的教育惩戒艺术	郑立平　等著	28.00
J841	优秀少先队辅导员的八项修炼	谢金土　等编著	26.00
班主任专业发展丛书合计			538.00
	师生心理成长丛书（丛书主编：林崇德　董奇　副主编：伍新春　石铁）		
J661	教师心理健康教育	刘晓明　孙文影　编著	26.00
J662	教师工作压力管理	李　虹　编著	26.00

J663	教师职业倦怠预防	伍新春 张 军 编著	26.00
J664	教师人际关系和谐	佐 斌 编著	26.00
J665	教师健康人格促进	许 燕 王 芳 编著	28.00
J666	教师职业生涯发展	连 榕 编著	26.00
J667	学生心理健康教育	姚本先 伍新春 编著	28.00
J668	中学生心理健康教育（心理教师用书）	蒋 奖 编著	26.00
J669	中学生心理健康教育（全体教师用书）	郑洪利 寇平平 编著	21.00
J670	小学生心理健康教育（心理教师用书）	张 明 编著	26.00
J671	小学生心理健康教育（全体教师用书）	傅 宏 王晓萍 编著	24.00
J672	幼儿心理健康教育	刘 文 编著	25.00
师生心理成长丛书合计			308.00
教师专业发展丛书			
J905	让教师偷着乐——校园幽默笑话396则	唐劲松 主编	18.00
J881	教师兵法	刘坚新 编著	28.00
J848	老师好好学习，孩子天天向上 ——“麻辣教师”邓睿手记	邓 睿 著	25.00
J845	双赢课堂——积极课堂管理新视点	俎媛媛 译	39.00
J843	课堂纪律问题预防与应对	吕红日 译	20.00
J770	我的课堂我做主	易 进 等编著	20.00
J828	写给教育者的积极心理学	任 俊 著	28.00
J840	零距离美国课堂	王 文 著	28.00
J760	学校何以难办 ——一个教育咨询师的哲学回答	郑 杰 著	25.00
J751	给教师一件“新武器”——教育诊疗	王晓春 著	26.00
J855	课堂管理，会者不难	王晓春 著	26.00
J775	初为人师第一年（小学版）	张彩云 主编	28.00
J777	初为人师第一年（中学版）	张彩云 主编	30.00
J757	让学生都爱听你讲——课堂有效管理6步法	屈宇清 等译	20.00
J789	做个充满激情的教师——教师成功之道	张乃東 译	32.00
J657	积极心理健康教育	孟万金 著	30.00

……